作者简介

郭丽 山东邹平人，1988年毕业于山东大学历史系，现为淄博职业学院稷下研究院副教授、淄博市中华文化促进会齐文化专业委员会理事。长期从事管理学及齐文化的教学与研究，主持、参与完成市厅级及以上课题8项，公开发表学术论文10余篇，主编《管理学基础》教材1部，获得多项市厅级科研奖励。先后获得淄博市高校系统优秀教师、淄博职业学院教学名师等称号。

当代人文经典书库

QiGuo ChengYu DianGu JinDu

齐国成语典故今读

郭　丽◎著

九州出版社
JIUZHOUPRESS

图书在版编目（CIP）数据

齐国成语典故今读／郭丽著 . -- 北京：九州出版社，2017.9

ISBN 978 - 7 - 5108 - 6073 - 7

Ⅰ.①齐… Ⅱ.①郭… Ⅲ.①汉语—成语—典故—青少年读物②中国历史—齐国（前 11 世纪-前 221）—青少年读物 Ⅳ.①H136.31 - 49②K231.09

中国版本图书馆 CIP 数据核字（2017）第 246339 号

齐国成语典故今读

作　　者　郭　丽　著

出版发行　九州出版社

地　　址　北京市西城区阜外大街甲 35 号（100037）

发行电话　（010）68992190/3/5/6

网　　址　www.jiuzhoupress.com

电子信箱　jiuzhou@ jiuzhoupress.com

印　　刷　三河市华东印刷有限公司

开　　本　710 毫米×1000 毫米　16 开

印　　张　17

字　　数　286 千字

版　　次　2018 年 1 月第 1 版

印　　次　2018 年 1 月第 1 次印刷

书　　号　ISBN 978 - 7 - 5108 - 6073 - 7

定　　价　68.00 元

齐国成语典故今读

曹玉玉 题

序

宣兆琦

在人们引颈翘首的渴盼中，《齐国成语典故今读》即将付梓了。为此，著者郭丽教授长长地舒了一口气，长期以来关心她支持她教学与科研工作的领导和朋友们也舒了一口气，因为大家都对这部大著早已有了很多的期待。

白驹过隙。眨眼间，我与郭丽教授认识已经两年了。那是 2015 年，淄博职业学院在原齐文化研究所的基础上成立了稷下研究院，我有幸被学校聘为特聘教授和稷下研究院的特聘院长，而郭丽教授调入研究院做研究工作，于是我们便成了同事。

郭丽教授是山东大学历史文化学院的优秀毕业生，为研究齐文化打下了良好的基础。工作后做过编辑和高校教师。编辑工作为她打下了较深的文字功底，而教师工作则使她对教书育人有了深刻的感悟。为此，她来稷下研究院后，结合自己的研究工作给大学生开设了"齐国成语典故与大学生成长"的选修课。在此基础上，郭丽教授爬梳整理，深思明辨，数易其稿，终成宏著。书成之后，郭教授约我写序，因先睹此书，早读者一步了解该书的内容，姑且把几点粗浅的感受和认识写出来与读者朋友们分享，亦盼赐正。

如众周知，每个地域都有其独特的山川形势，都有其独特的历史演进，都有其独特的乡音方言，都有其独特的民情风俗，故而产生了"十里不同风，百里不同俗"的古训，故而产生了"三里不同俗，五里改规矩"的民谚。这些个所谓的"风"，所谓的"俗"，所谓的"民情"，所谓的"规矩"，所谓的"乡音"，所谓的"俚语"便构成了所谓的地域文化。具体到淄博的传统地域文化无疑就是齐文化了。

如果把齐文化看作浩瀚大海的话，那么齐国成语典故就像大海中美丽的贝壳。每一个成语和典故的背后都有一个意义深远的故事，就像贝壳中珍贵的珍珠，经过岁月的打磨，熠熠生辉。时至今日，大量的齐国成语典故还在现代人的行文中被广泛使用，散发着永恒的韵味，展示着经久不衰的文化意义和艺术价值。因而，研究开发齐国成语典故可谓抓住了研究齐文化的一把金钥匙。这也是《齐国成语典故今读》的价值所在。

通读全书，我认为该书有如下几个特点：

其一，知识性

先秦齐国历时八百余年，其间春秋争霸，战国称雄；战争此起彼伏，局势跌宕变幻。战场上的兵戎相见，军营中的运筹帷幄，外交场合的谋略交锋，给我们留下了大量耳熟能详的历史典故。

《齐国成语典故今读》从浩如烟海的齐国成语典故中精选了一百条进行解读。每个成语典故都设置了"出处""原典""译文""释义""拓展链接""今读新得"等栏目。不但对所选成语典故追本溯源，条分缕析，而且对成语典故中涉及的人物、事件、历史背景、社会环境、典章制度，乃至于相关的历史知识等，郭丽教授通过"拓展链接"的方式都给予了充分的关注和介绍。链接既有人物链接，比如"志在四方"中链接齐孝公；又有典籍链接，比如"一鸣惊人"中链接《韩非子》；还有知识链接，比如"孙膑膑膝"中链接五刑等。而典故拓展，则把历史故事梗概、时代背景、主要人物等都收进视野了。这样，读者从中可以学到丰富的历史知识，懂得更多深刻的道理，感受到齐文化的浩瀚，获取更加丰富的历史知识滋养。

其二，哲理性

齐国成语典故是齐国历史的投影和文明的积淀，处处闪烁着睿智的光芒，是中华民族的文化瑰宝。每一个成语典故都是那么深刻隽永，言简意赅。它们作为语言文化的精华，蕴藏着深刻的哲理和无穷的智慧。郭丽教授无疑是以一种独特的智慧思维，读出了齐国成语典故中的智慧。这部分内容作为本书的精华和精彩集中在"今读新得"中。比如，在"孙膑膑膝"的今读新得中，作者这样写道："应学学孙膑的隐忍。……隐忍不是软弱，而是韬光养晦、伺机而动，因而是智者的一种境界，也是一种高贵的坚持。懂得隐忍，学会宽容，不仅善待了他人，更是自我的救赎，它让我们在宽容和忍耐中变得更加强大，也让这个世界更加和谐。"再如，"一箭之仇"的今读新得中这样写道："齐桓公弃一箭之仇值得每一个人尤其是管理者学习，一是博大的胸襟和宽广的胸怀，是管理者的必备修养。……宽广的胸怀体现在一个"容"字。管理者只有拥有博大的胸襟，容人之长，容人之过，容人之能，容人之言，给有能力者以更大发展空间，才能提升自身影响力，才能收获下属的尊敬、认可和拥戴。"凡此语句不胜列举，俯拾即是。这就使得本书实而不板，论而不空，处处充盈着智慧，闪烁着哲理的烛照。

其三，通俗性

先秦齐国已远离我们两三千年了，当时的人物与事件，典章与制度，风情与民俗，语言与文字都笼罩了厚厚的历史烟云，今人视之犹如雾里看花，甚至很多的典籍都读不懂了。因而，齐国成语典故的通俗化是一个大问题了。郭丽教授在对《齐国成语典故今读》的撰写中务求知识性和通俗性并举，每个成语典故总是先注明"出处"，再引出"原典"，继之以"译文"，然后是"释义"。凡涉及来源之处皆严肃、谨慎，必考证其最初之源始，以求正本清源，并明示其演变流传。译文与释义无不文字准确，语句生动，言简意赅，通畅优美。又总是以平易而生动的语言将每一个成语典故背后的人物和故事娓娓道来。比如，"乐极生悲"的今读新得中这样写道："塞翁失马，安知非福。人生一世，荣与辱、成和败、得与失、聚或散，都是在所难免的。唯其如此，才能把人生渲染得璀璨多彩。"

这些文字都晓畅明了，又很优美。因而，通俗性便构成本书的一大特色了。

其四，现实性

我们为什么研究历史？为什么研究齐文化？我们的研究不是寄兴亡之长叹，不是抒怀古之感慨，不是发思古之幽情，而是古为今用，推陈出新，用历史的智慧解决当代的社会问题。亦如《管子》所言："疑今者，察之古；不知来者，视之往。"郭丽教授原在淄博职业学院工商管理学院执教，2015年成立稷下研究院时调入研究院任研究员。教研相长，她做研究的同时，也给学生讲课。结合自己的研究方向和研究课题，她开出了"齐国成语典故与大学生成长"这门公共选修课，并受到学生的好评。本书就是在这门课的讲义基础上升华而来的。因而，大学生的成长与成才便成了作者关注的焦点和核心了。这种关注主要体现在"今读新得"栏目中。比如，"缇萦救父"的"今读新得"这样写道："常言道，'羊有跪乳之恩，鸦有反哺之义'。孝敬父母是做人的本分，也是中华民族的传统美德，更是每个公民应尽的法律义务。中国还有一句古话：'树欲静而风不止，子欲养而亲不待。'可见，人生最不能等待的事情就是孝顺父母。青年学子们，趁我们还年轻，趁他们尚未老去，去好好珍惜和报答这份沉甸甸的爱吧！"这样动之以情、晓之以理的谆谆教诲贯穿于本书的始终。由此可知，以大学生成长作为写作的起始点和落脚点的现实性也就构成了本书的又一鲜明特点了。

当然，该书绝非尽善尽美之作。换言之，还有许多值得商榷的地方，亦有很大的提升空间。然而，瑕不掩玉。这并不妨碍该书是一本有创新价值的齐文化研究力作。

是为序

2017 年 5 月写于淄博职业学院北校区立德楼

前　言

　　又到一年麦收时节，我的《齐国成语典故今读》也行将付梓。当手捧沉甸甸的书稿时，我激动不已，同时又思绪万千……

　　《齐国成语典故今读》的编撰，源于我多年的一个夙愿。自1988年大学毕业以来，我一直在教育战线上默默耕耘，先后在师专、党校和职业院校等不同类型的学校从事教育教学工作，在三尺讲台上无悔地谱写着自己的人生交响乐。长期的教育教学实践，使我深深懂得了教学相长的道理。我在辛勤付出的同时，也见证了学生们的成长，并与他们分享来自课堂内外、校园内外的喜怒哀乐，同时自己也得到了历练、滋润和成长。特别是自2003年调入淄博职业学院以来，我一直秉承"为人师表，教书育人"的理念，在教育生涯中努力严格要求自己，以高尚的师德影响和教育学生，在平凡的岗位上，恪守教师职责，自己也获得了不小的成长与进步，并深深地感受到了身为人师的职业幸福。德国存在主义哲学家、心理学家和教育家雅斯贝尔斯在《什么是教育》中这样理解教育："教育的本质意味着：一棵树摇动另一棵树，一朵云推动另一朵云，一个灵魂唤醒另一个灵魂。"近三十载的教育教学生涯让我对这句话有了更深刻的理解与感悟。是的，教育是静静的陪伴，是教师和学生互相感染、相互影响、共同成长的过程。这个过程不是疾风骤雨，也并非一日之功，而是春风化雨、润物无声、潜移默化的漫长过程，由此也就意味着，教育不单单是向学生传道授业解惑，不单单局限于课堂和校园，也不仅仅局限于学生在校期间，而应是覆盖学生学习、生活、工作诸方面，贯穿于学生人生全过程的活动。同时，一个不可否认的事实是：随着改革开放的逐步深入和竞争的日益激烈，社会对人才的需求越来越强烈，对学生综合素质的要求也越来越高。

这些都为教育工作者提出了新的挑战，我也越来越意识到：单靠单纯的知识灌输和简单说教难以培养出全面发展的高素质人才，难以实现教书育人的任务，于是便萌生了通过写书这样一种特殊方式，与我的学生们分享、交流人生智慧，并激励其不断奋进、启迪其心智成长的愿望。特别是近些年来，随着与学生交流的日益频繁，尤其是与一些已步入社会的学生深度交流的增加，渐渐认识到：学习应该是伴随我们每个人终生的一件大事，而教育亦应具有更广、更深的内涵和外延，于是就愈发坚定了写书的决心。

最终促成我写这本书的是近两年前的岗位调整。2015 年 8 月，在新一轮全员竞聘浪潮中，我来到新成立的稷下研究院。作为专职研究人员，研究和普及齐文化自然就成为我的主业。初来之时，齐文化的博大精深、源远流长，既令我自豪，又让我心生汪洋之叹，感到无从下手。后来在淄博职业学院稷下研究院特聘院长、我省齐文化研究首席专家宣兆琦教授及其他领导与同事的鼓励和启发之下，我渐渐找到了了解、认知、研究、普及齐文化的一个切入点——齐国成语典故，并首次在全院开设了公共选修课"齐国成语典故与大学生成长"。在备课、授课以及参与其他齐文化研究、普及活动的过程中，我渐渐意识到：中华文化源远流长、辉煌灿烂。成语典故则是中华民族璀璨的文化瑰宝，是中华民族智慧的结晶。齐文化是中华民族优秀传统文化的重要组成部分。如果把齐文化看作浩瀚大海的话，那么齐国成语典故就像大海中美丽的贝壳。它们通俗易懂，内涵深刻而又妙趣无穷，虽历经数千年，却依旧散发着迷人的魅力，对今人的生活、工作、学习等等都具有极高的借鉴和应用价值。齐国成语典故又似一座储量丰富的宝藏，其中蕴含的非凡智慧等待我们去挖掘、开发和应用。通过两年的"齐国成语典故与大学生成长"课程教学，以及参与大量的齐文化研究与普及工作，我又产生了一种想法：如果能够从大学生成长的角度去系统梳理、挖掘、阐释、解读齐国成语典故，既能向学生分享与普及了齐文化，也能够让他们通过分享，获得更多的人生启迪与感悟，岂不是两全其美之事？当我忐忑地将这一想法向宣兆琦教授做了汇报以后，他竟然表示赞同并全力支持，同时还提出了一些建设性意见，我由此更理清了思路，增强了写书的信心。于是，在原有授课讲义的基础上，我又对发生在两千多年以前齐国大地上的这些成语典故进行了更为全面而系统的梳理，并紧紧围绕大学生成长中所面临的诸多问题，从七个方面将百余个成语典故连线串珠，形成了本书的雏形。在对书稿进行不断修改、完善的过程中，我进一步认识到：爱国、励志、管理、职场、智慧生活、亲情、友情、爱情等问题，其实并不只是青年学子们面临的问题，它们原本就是我们每个人都必将或正在面对的问题，而包括齐文化在内的中华优秀传统文化早已融入我们每个人的血脉之中，成为我们每个人内心最强烈的渴望。因此，我最终又大胆地往前迈了一步，将本书的目标读者由单纯的青年学子推而广之为每一个人。同时，也兼顾到了青年学子成长的特殊需要，在某些成语典故中，如"孙膑膑膝"等，通过"今读新得"栏目，有针对性地与他们分享些许感悟。而本书亦最终命名为《齐国成语典故今读》了。

《齐国成语典故今读》以齐国成语典故为经度（个别成语典故发生在西汉时期的齐国），以每个人的成长尤其是青年学子的成长为维度，精选了一百零一个成语典故（如果加上"典故链接"和"衍生成语"中涉及的成语典故，总共一百四十七个成语典故），并将其相应归入"家国情怀"、"励志成才"、"管理有道"、"纵横职场"、"智慧生活"、"亲情如水"、"友情无价"等七个模块之中，当然这种归纳与划分并不是绝对的，只是大致的划分。同时所选的每个成语典故又都设置了"出处"、"原典"、"译文"、"释义"、"拓展链接"、"今读新得"等六个栏目，由此便形成了"七纵六横"的结构格局，从而立体化地呈现了齐国历史上发生的成语故事。其中，就横向的六个栏目而言，"出处"主要是对所选成语典故追本溯源，介绍成语典故的典籍出处。鉴于不少成语典故有多个出处，所以用"又见"加以说明。"原典"主要是介绍含有该成语或能够体现该成语含义的语句。"译文"则是对"原典"中语句的翻译。"释义"即解释该成语典故的含义（包括引申含义）。为了便于读者更全面地了解该成语典故，特设置"拓展链接"栏目，具体对每一个成语典故的拓展故事、涉及的相关人物、相关典籍、相关成语以及其他相关知识做必要交代，因此，根据具体需要，在大栏目"拓展链接"之下，又增设了"典故拓展"、"人物链接"、"典籍链接"、"典故链接"、"知识链接"和"衍生成语"等小栏目。其中，"典故拓展"是对围绕该成语典故所发生故事的拓展交代；"人物链接"是对该成语典故中涉及的主要人物的介绍；"典籍链接"是对成语典故典出的典籍简介；"典故链接"是为了更好地理解成语典故，对当时发生的其他相关典故故事的介绍；"知识链接"是与该成语有关的地名、制度等的拓展推介；而"衍生成语"则是对该成语典故引申或成语故事中蕴含着的成语的介绍。最后一个大栏目名为"今读新得"，它是本书的亮点，主要是从不同视角解读该成语典故（以及"典故链接"中提到的成语典故），与读者分享它（们）带给我们的多元感悟与启迪。以上为本书的基本架构。

另外，本书在构思、写作过程中，得到了许许多多朋友的大力关心和鼎力相助。他们既有知名书画家，也有我的大学同窗，还有淄博职业学院的部分部门领导和同事，以及我的多年好友，更有已经毕业或正在就读的我院学生。在本书写作、修改的过程中，他们都以不同方式给予本书极大的关注和支持，或欣然挥毫，或慷慨制印，或精心烙画，或给予精神鼓励。我在感恩鸣谢之余，更是如获至宝地将他们无私奉献的三十余幅书画印原创作品一并插入本书，从而使本书也呈现出图文并茂的特点，这也成为本书的一大亮点。由此，可以毫不夸张地说，各位朋友、同事既是对我的关心与帮助，更是对齐文化普及的热切关注与身体力行的参与。而说此书乃集各位朋友集体智慧与热情之作，亦毫不为过。

《齐国成语典故今读》的写作缘起与基本架构大致如上。在该书即将付梓之际，略述数语，聊为前言。

郭丽

2017 年 5 月 20 日

目　录
CONTENTS

一、家国情怀篇 ……………………………………………………… 1

　1. 九合一匡 ………………………………………………………… 3

　2. 以人为本 ………………………………………………………… 6

　3. 与民同乐 ………………………………………………………… 9

　4. 因俗简礼 ……………………………………………………… 14

　5. 生死利齐 ……………………………………………………… 18

　6. 不死君难 ……………………………………………………… 20

　7. 勿忘在莒 ……………………………………………………… 22

　8. 倚门而望 ……………………………………………………… 25

　9. 田单复齐 ……………………………………………………… 28

　10. 王蠋殉国 …………………………………………………… 31

　11. 雍门刎首 …………………………………………………… 34

　12. 晏子使楚 …………………………………………………… 36

　13. 百家争鸣 …………………………………………………… 39

　14. 泱泱大风 …………………………………………………… 43

二、励志成才篇 …………………………………………………… 47

　1. 志在四方 ……………………………………………………… 49

　2. 为者常成 ……………………………………………………… 51

　3. 一暴十寒 ……………………………………………………… 53

　4. 一鸣惊人 ……………………………………………………… 55

　5. 一鼓作气 ……………………………………………………… 57

　6. 孙膑膑膝 ……………………………………………………… 60

　7. 嗟来之食 ……………………………………………………… 63

　8. 乐极生悲 ……………………………………………………… 64

　9. 丑若无盐 ……………………………………………………… 67

三、管理有道篇 ……………………………………… 69

1. 十年树木，百年树人 …………………………… 71
2. 管仲荐五杰 ……………………………………… 74
3. 国有三不祥 ……………………………………… 77
4. 威王论宝 ………………………………………… 78
5. 予之为取 ………………………………………… 80
6. 国之四维 ………………………………………… 83
7. 规矩绳墨 ………………………………………… 85
8. 有备无患 ………………………………………… 87
9. 一箭之仇 ………………………………………… 89
10. 及瓜而代 ……………………………………… 92
11. 节俭力行 ……………………………………… 94
12. 齐王好紫衣 …………………………………… 97
13. 愚公之谷 ……………………………………… 99
14. 出裘发粟 ……………………………………… 101
15. 讳疾忌医 ……………………………………… 104
16. 门庭若市 ……………………………………… 106
17. 弹琴论政 ……………………………………… 108
18. 宣王之弓 ……………………………………… 111
19. 和而不同 ……………………………………… 112
20. 鸡鸣狗盗 ……………………………………… 115
21. 平易近人 ……………………………………… 117
22. 明察秋毫 ……………………………………… 119
23. 舍本逐末 ……………………………………… 121
24. 王顾左右而言他 ……………………………… 122
25. 二桃杀三士 …………………………………… 124
26. 田忌赛马 ……………………………………… 127
27. 围魏救赵 ……………………………………… 129
28. 买鹿制楚 ……………………………………… 131

四、纵横职场篇 ································· 137

1. 知彼知己,百战不殆 ················ 139

2. 太公钓鱼 ························ 141

3. 老马识途 ························ 143

4. 文挚殉医 ························ 146

5. 秉笔直书 ························ 148

6. 三月不知肉味 ···················· 151

7. 余音绕梁 ························ 153

8. 滥竽充数 ························ 154

9. 华而不实 ························ 156

10. 一问三不知 ····················· 157

11. 犬兔俱毙 ······················ 159

12. 缘木求鱼 ······················ 161

13. 以羊易牛 ······················ 163

14. 意气扬扬 ······················ 165

15. 言多必失 ······················ 167

16. 轮扁斫轮 ······················ 169

五、智慧生活篇 ································· 171

1. 足欲则亡 ························ 173

2. 齐人攫金 ························ 176

3. 墦间乞余 ························ 177

4. 金壶丹书 ························ 179

5. 呆若木鸡 ························ 180

6. 见异思迁 ························ 182

7. 千虑一得 ························ 184

8. 莫众而迷 ························ 186

9. 静若处子,动若脱兔 ··············· 187

10. 螳臂当车 ······················ 189

11. 安步当车 ······················ 191

12. 弹剑作歌 ······················ 195

13. 当断不断 ……………………………………………… 199

14. 轻重缓急 ……………………………………………… 202

15. 不管三七二十一 ……………………………………… 203

16. 贪小失大 ……………………………………………… 204

17. 言归于好 ……………………………………………… 207

18. 有恃无恐 ……………………………………………… 209

19. 居必择邻 ……………………………………………… 210

六、亲情如水篇 ………………………………………………… 213

1. 孺子牛 ………………………………………………… 215

2. 缇萦救父 ……………………………………………… 218

3. 不义之财 ……………………………………………… 220

4. 义继母重义守信 ……………………………………… 222

5. 凿楹纳书 ……………………………………………… 223

6. 覆水难收 ……………………………………………… 225

七、友情无价篇 ………………………………………………… 229

1. 物以类聚 ……………………………………………… 231

2. 管鲍之交 ……………………………………………… 233

3. 晏越之交 ……………………………………………… 235

4. 白头如新 ……………………………………………… 237

5. 布衣之交 ……………………………………………… 239

6. 膑庞之交 ……………………………………………… 241

7. 杀妻求将 ……………………………………………… 243

8. 齐大非偶 ……………………………………………… 245

9. 东食西宿 ……………………………………………… 248

征引参考文献 …………………………………………………… 250

后 记 …………………………………………………………… 253

01

家国情怀篇

.

1. 九合一匡

【出处】《论语·宪问》（又见《史记·主父偃列传》）

【原典】"子曰：'桓公九合诸侯，不以兵车，管仲之力也。'"

【译文】"孔子说：'齐桓公多次召集各诸侯国的盟会，不用武力，都是管仲的力量啊。'"

【释义】九合：多次会盟。匡：匡正。本指齐桓公称霸，多次会合诸侯，使混乱的政局得以安定。后形容能治国安邦。

【拓展链接】

1. 人物链接

（1）齐桓公其人

齐桓公（？—公元前 643 年），"春秋五霸"之首，公元前 685—公元前 643 年在位，春秋时期齐国第十五位国君，姜姓，吕氏，名小白。齐桓公是姜太公吕尚的第十二代孙，齐僖公第三子，齐襄公弟，其母为卫国人。在齐僖公长子齐襄公和僖公侄子公孙无知相继死于齐国内乱后，公子小白与公子纠争位成功，即国君位。齐桓公任管仲为相，推行改革，实行军政合一、兵民合一的制度，齐国逐渐强盛。桓公于公元前（以后均简称"前"）681 年在北杏同宋、陈、蔡、邾四国诸侯会见，是为了平定宋国的动乱。后宋国违背盟

（杜国建作）

约，桓公以周天子的名义，率几国诸侯伐宋，迫使宋国求和，此即为"九合诸侯"的第一次。前 679 年，诸侯与桓公在甄地盟会，桓公从此成为天下诸侯的霸主。另外，桓公还灭了谭、遂、郕等小国。当时中原华夏诸侯苦于戎狄等游牧部落的攻击，于是桓公打出"尊王攘夷"的旗号，九合诸侯，北击山戎，南伐楚国，成为中原第一个霸主，受到周天子赏赐。

（2）管仲其人

管仲（约前 730 年—前 645 年），名夷吾，字仲，谥敬，春秋时期齐颍上人

（今安徽省颍上县）。管仲的祖先是姬姓后代，与周王室同宗。管仲的父亲管庄是齐国的大夫，后来家道中衰，到管仲时已经很贫困。管仲生活的时代，正值春秋诸侯崛起争霸，夷狄少数民族日亟侵扰的乱世。动荡的岁月，贫困的生活，使管仲步履维艰地踏上了生活的旅程。为了谋生，管仲做过当时认为是微贱的商人，与鲍叔牙合伙做生意失败。他到过许多地方，接触过各式各样的人，见过许多世面，从而积累了丰富的社会经验。他当兵的时候临阵脱逃，几次想当官，但都没有成功。齐僖公三十三年（前698年），管仲开始辅助公子纠。齐桓公元年（前685年），在鲍叔牙的极力推荐下，管仲被拜为相，并被桓公尊称为"仲父"。管仲在任内大兴改革，即管仲改革，富国强兵。齐桓公四十一年（前645年），管仲病逝。管仲是春秋时期法家代表人物，是中国古代著名的经济学家、哲学家、政治家、军事家。被誉为"法家先驱""圣人之师""华夏文明的保护者""华夏第一相"等。

2. 典故链接

（1）尊王攘夷

从管仲的治国思想和历史功绩来看，他却是一位地道的大师级治理国家的智者和奇才。齐国就是在他的辅佐下一跃而为强国，并因此而称霸天下。正因为管仲辅佐治国有功，不仅赢得了齐桓公的百般信赖，还赢得了时人的讴歌和膜拜，更赢得了后人的称颂和敬仰。

春秋时期，周王室的势力逐渐衰落，失去了控制诸侯的力量，各诸侯国展开激烈的竞争和兼并，形成了大国争霸的局面。其中，地处黄河中下游的齐国是最早称霸的国家。齐国是姜尚（即姜太公）的封国，是西周设置在东方的最强大的诸侯国之一。从姜尚下传到第十四个君主齐襄公当政时，荒淫无道，政治腐败，并且由于他赏罚不明，诛杀不当，臣民人人自危，甚至连他的亲兄弟也害怕被害，公子纠由管仲辅佐逃往鲁国，公子小白由鲍叔牙辅佐逃往莒国。前686年，齐国发生政变，襄公在政变中被杀死。

襄公死后，齐国一时没有了国君。各派大臣都开始了策划拥立君主的活动。管仲和鲍叔牙是很要好的朋友，但是现在都想辅佐他们各自的主子夺得齐国国君的位置。这时，齐国的大贵族国氏和高氏偷偷派人到莒国去，召公子小白回国；而此时鲁国也正派军队护送公子纠回国，另派管仲率军去莒国通往齐国的道路边守候，阻拦公子小白回国。管仲赶到莒国边境时，正好遇见鲍叔牙和公子小白匆匆往齐国赶去。管仲见此，忙拿出弓箭，对准公子小白射了一箭，但箭只射到铜制衣带钩，没有伤着身子。小白为了迷惑对方，假装中箭，大叫一声，倒在车上。鲁国护送公子纠回齐国的军队听到小白已死的消息，觉得已经再没有人和公子纠争位了，便放缓了行军速度。而公子小白和鲍叔牙一行却更加警惕，飞速向齐国挺进。当他们来到临淄时，由鲍叔牙先进城劝说，齐国正卿高氏和国氏都同意护立公子小白为国君，于是公子小白就进城，顺利地登上了国君宝座，这就是历史上大名鼎鼎的齐桓公。

桓公即位后，随即发兵在乾时大败鲁军，并要求鲁君杀死公子纠，囚送管仲回齐国。在好友鲍叔牙的极力举荐下，桓公拜管仲为宰相。管仲尽心尽职地辅佐桓公治理国家，协助其在经济、内政、军事等方面进行了一系列改革，使齐国国力很快强大起来。当时中原华夏各诸侯苦于戎狄等部落的攻击，于是管仲又替桓公出主意，桓公打出"尊王攘夷"的旗号。"尊王"即尊重周王室，承认周天子作为天下共主的地位；"攘夷"则是联合中原各个诸侯中的力量，共同抵御北方游牧部落的进攻和阻遏楚国向北发展的势头。桓公尊王攘夷，北击山戎，南伐楚国，奠定了齐国在中原地区的霸主地位，受到周天子的赏赐。九合一匡指的就是春秋时期桓公多次会合各国诸侯，称霸主，纠正混乱局势，使天下安定下来这段史实。关于此，史料多有记载。《论语·宪问》说齐桓公：九合诸侯，不以兵车。《史记》记录为：兵车之会三，乘车之会六。九合诸侯，一匡天下。《穀梁传》称衣裳之会十一次，兵车之会四次。

（2）披发左衽

据《论语·宪问》记载：有一天，孔子的得意门生子贡问："管仲不是仁德的人吧？桓公杀公子纠，管仲不为主人去死，反而做了齐桓公的宰相。"孔子则说："如果没有管仲，我们恐怕还要披头散发穿左开襟的衣服了。他怎么会像小老百姓那样守着小信小节，自杀在小山沟里也不让人知道呢。"由此就诞生了成语"披发左衽"。衽，指衣襟。左衽：衣襟向左掩。意为披头散发，衣襟左开。由于自古汉人的服饰规矩是生右死左，就是汉人的汉服交领的开口都是右衽，左衽压右衽，领子呈 Y 形；发式是束发，不披发。只有死去的人才使用左衽、披发。蛮夷正好相反，其服饰象征是披发左衽。在华夏文化中，人们认为生者衣襟左衽是对华夏传统文化与精神的背离，或用"左衽"表示落后、野蛮的异族。在儒家"尊王攘夷"思想基础上，"左衽"更被视为家园遭入侵、占领，甚至国家被异族灭亡、华夏文明沦落的标志。因此，披发左衽借指异族入侵为主。

披发左衽的成语故事一方面反映出孔子对服饰习俗的重视，同时更可以看出，孔子对管仲辅佐齐桓公创建霸业、尊王攘夷、九合一匡的高度评价。管仲的功业实在太大，以至于孔子也不得不承认他对于捍卫华夏文明民族所做的巨大贡献。

【今读新得】在管仲的辅佐下，一代霸主齐桓公自称霸始，就一直以尊王为号召，突出周王的地位和权威。他打着周王室的旗号，将各诸侯国联络起来，加强同邻国的联盟，打击敢于背叛周王室和齐国的国家，灭亡那些昏乱的国家，增强了团结。之后又安诸夏而攘夷狄，使得春秋时期各诸侯国的混战局面得到纠正，使天下安定下来。此为"九合诸侯，一匡天下"。齐桓公在位的四十多年中，北伐山戎，南征强楚，尊王室，安诸夏，对于保存中原文化，以及促进经济发展，都做出了巨大贡献。从这个意义上说，桓公的九合一匡，体现了他作为一国之君对国家统一的追求和维护，也彰显了其对国家强烈的责任感和使命感。由此可以看出，中国自古以来就是一个统一的多民族大家庭。坚持祖国统一的理念，维护祖国统一和民族团结，是中华民族的最高利益，也是每一个公民的神圣职责。作为新时代的青年学子，理应弘扬我们民族爱好和平、维护统一的优良传统，将爱国主义的接力棒传承下去。

（陈根远制）

2. 以人为本

【出处】《管子·霸言》

【原典】"夫霸王之所始也，以人为本。本理则国固，本乱则国危。"

【译文】"建立王霸之业的基础是以人民为国家根本。本治则国家巩固，本乱则国家危亡。"

【释义】以人民为根本。意指要重民、爱民、富民、惠民，重视人民的作用。

【拓展链接】

1. 典故链接

（1）民贵为天

管仲任齐相以后，殚精竭虑地为齐桓公一匡天下出谋献策。其治国思想的核心内容之一就是以人为贵、以人为本的思想。桓公曾多次问政于管仲。《说苑》一书中就有这样一段记载：有一天，桓公问管仲："当君王的人，应把什么当作最宝贵的？"管仲回答说："应把天当作最宝贵的。"于是桓公仰起头望着天。管仲解释说："我所说的'天'，不是广阔无边的天。治理国家的人要把百姓当作天。对于一个国家来说，百姓亲附，天下就太平；百姓辅助他，国家强盛。如果百姓反对他，就很危险；百姓背弃他，它就要灭亡。《诗经》中说：'统治者如果不贤良，一个地方的人民都会怨恨他。'百姓怨恨他们的君主，而最后不灭亡的政权，这是从来就没有过的。"可见，管仲从贵字出发，郑重地把人提升到天的高度，即把人定位为天，深刻体现了其民本思想。

又有一次，桓公问管仲：若想修明政治，利行天下，应该从何做起？管仲明确回答："始于爱民。"管仲又说："齐国百姓，公之本也。""士、农、工、商四民者，国之石民。"管仲认为："政之所兴，在顺民心；政之所废，在逆民心。"管仲以上言论均表明，早在春秋中早期，管仲就提出"人本""民本"主张，并认识到百姓的向背决定着国家的兴衰存亡。这在当时是非常了不起的。

（2）九惠之教

基于对民之作用的认识，管仲还进一步要求在思想感情和实际行动上对待人民群众应"爱之、利之、益之、安之"。并提出了一系列利民、富民、爱民的主张，桓公都言听计从，一一采纳。其中最为著名的就是以赡养老人、抚育幼儿、抚恤孤儿、供养残疾、照顾鳏寡、慰问病人、救助贫困、安抚烈属等九项措施为主要内容的"九惠之教"。"一曰老老，二曰慈幼，三曰恤孤，四曰养疾，五曰合独，六曰问疾，七曰通穷，八曰振困，九曰接绝。"（《管子·入国》）例如赡养老人规定，国（国都）和都邑（城镇）要设有专管敬老事务的官员。七十岁以上的老人，一个儿子可以免征兵役；政府保证每三个月给他们赠送一次肉吃。八十岁以上的老人，两个儿子可以免征赋税；每月给他们赠送一次肉吃。九十岁以上的老人，所有的儿子都可以免征役赋，保证他们每天有酒喝、有肉吃；如果人死了，国家还可以提供棺椁。官员有责任经常教育老人的子女孝敬老人。凡此种种，十分具体。这些举措在一定程度上得到了人民的拥护和支持。

结果齐国实行管仲的这些富民强国措施没几年，天下归心，诸国的百姓就像潮水般涌入齐国，使齐国人才济济，兵强马壮，国力日渐强盛，为桓公日后称雄奠定了雄厚的物质基础。可以说，坚持以人为本，以民为天，正是桓管霸业取得成功的一个重要原因。

2. 典籍链接——《管子》

《管子》是我国一部著名的古代典籍，托名管仲，实际上并非管仲所著。它是兼有战国秦汉文字的一部文集，而非一人一时之作。西汉末年经刘向整理，定为八十六篇，今本实存七十六篇，其余十篇仅存目录。《管子》一书虽非管仲所著，却保存了管仲的政治、经济思想以及管仲相齐的历史资料。其篇幅宏伟，内容非常丰富，涉及经济、政治、军事、哲学以及自然科学等各个领域。如《牧民》《形势》等篇讲霸政法术；《侈靡》《治国》等篇论经济生产，此亦为《管子》精华，可谓齐国称霸的经济政策；《七法》《兵法》等篇言兵法；《宙合》《枢言》等篇谈哲学及阴阳五行等；其余如《大匡》《小匡》《戒》《弟子职》《封禅》等为杂说。《管子》不仅是研究管仲本人的重要史料，也是研究齐文化乃至传统文化的重要史料。《汉书·艺文志》将其列入子部道家类，《隋书·经籍志》列入法家类。清代史学家章学诚说：《管子》，道家之言也。

【今读新得】 以上典故均表明，早在两千多年以前，管仲就提出了"以人为本"的执政理念，这是我国历史上首次对民本思想内涵的最深刻、明确、丰富的表述。可见，管仲已经充分认识到人民的社会地位和历史作用，这是前无古人的。更难能可贵的是，管仲不仅有爱民之心、爱民之言，更是大行爱民之举，成爱民之实，而且这些举措不仅对于齐国富强图霸发挥了至关重要的作用，对后世的治国和管理也产生了深远影响。管仲的言行堪称爱民之典范。民是国家的主体，爱民就是爱国，爱国也必爱民。管仲治国理念的关键词就是"人本""民本"，由此再次昭示：人心向背是国家和社会治理成败的关键所在。时至今日，管仲的"人本"治国思想对当代国家治理和组织管理工作依然具有重要的借鉴价值。无论在

夫霸王之所始也 以人为本

管仲语

丁酉春月 吴贵玉书

（吴贵玉作）

当代国家治理中，还是在组织管理中，都应坚持以人为本的理念，做好人的工作，将人民的需求和利益作为一切工作的出发点和落脚点。当代青年学子也应培养热爱人民的情感，树立俯首甘为人民服务的高尚品德，对祖国同胞怀有热爱之心，以管仲等古代圣贤为榜样，做一个忠于国家、有益于人民的人。

3. 与民同乐

【出处】《晏子春秋·内篇杂上》（又见《孟子·梁惠王下》）

【原典】"晏子饮景公酒，令器必新，家老曰：'财不足，请敛于氓。'晏子曰：'止！夫乐者，上下同之。故天子与天下，诸侯与境内，大夫以下各与其僚，无有独乐。今上乐其乐，下伤其费，是独乐者也，不可！'"

【译文】"晏婴请景公饮酒，吩咐酒具一定要用新的，家老说：'钱不够了，向百姓征收一些吧。'晏婴说：'不行！欢乐，应该上下共同享有。所以天子同普天之下同乐，诸侯与国人同乐，大夫以下各自与其僚属同乐，没有独乐的。现在上面追求自己的快乐，百姓耗费财用，这是独乐啊，不能够这样。'"

【释义】和人民一起享受欢乐。

【拓展链接】

1. 典故拓展

晏婴"与民同乐"典故出自《孟子·梁惠王下》中齐宣王与孟子的一段对话。战国时期，"亚圣"孟子曾经先后两次来到齐国。有一天，齐宣王在别墅雪宫里接见孟子。宣王问："贤人也有在这样的别墅里居住、游玩的快乐吗？"孟子回答说："有。人们要是得不到这种快乐，就会埋怨他们的国君。得不到这种快乐就埋怨国君是不对的；可是作为人民的领导人而不与民同乐也是不对的。国君以人民的快乐为快乐，人民也会以国君的快乐为快乐。国君以人民的忧愁为忧愁，人民也会以国君的忧愁为忧愁。以天下人的快乐为快乐，以天下人的忧愁为忧愁，这样还不能够使天下归服，是没有过的。"

孟子接着说："从前齐景公问晏婴说：'我想到转附、朝舞两座山去观光游览，然后沿着海岸向南行，一直到琅琊。我该怎样做才能够和古代圣贤君王的巡游相比呢？'晏婴回答说：'问得好呀！天子到诸侯国家去叫作巡狩。巡狩就是巡视各诸侯所守疆土的意思。诸侯去朝见天子叫述职。述职就是报告在他职责内的工作的意思。没有不和工作有关系的。春天里巡视耕种情况，对粮食不够吃的给予补助；秋天里巡视收获情况，对歉收的给予补助。夏朝的谚语说：我王不出来游历，我怎么能得到休息？我王不出来巡视，我怎么能得到赏赐？一游历一巡视，足以作为诸侯的法度。春秋以后可不是这样了，国君一出游就兴师动众，索取粮食。饥饿的人得不到粮食补助，劳苦的人得不到休息。大家侧目而视，怨声载道，违法乱纪的事情也就做出来了。这种出游违背天意，虐待百姓，大吃大喝如同流水一样浪费。真是流连荒亡，连诸侯们都为此而忧虑。什么叫流连荒亡呢？从上游向下游的游玩乐而忘返叫作流；从下游向上游的游玩乐而忘返叫作连。打猎不知厌倦叫作荒；嗜酒不加节制叫作亡。古代圣贤君王既无流连的享乐，也无荒亡的行为。至于大王您的行为，只有您自己选择了。'齐景公听了晏婴的话非常高兴，先在都城内做了充分准备，然后驻扎在郊外，打开仓库赈济贫困的人。又召集乐官说：'给我创作一些君臣同乐的乐曲！'这就是《徵招》《角招》。其中的歌词说：'畜君有什么不对呢？''畜君'，就是热爱国君的意思。"

以上便是典故"与民同乐"的出处。在该典故中，孟子实际上是以引述齐景公与晏婴的对话，以及景公与民同乐的范例，来劝诫齐宣王也要与民同乐、与民同忧。

另据《晏子春秋·内篇问下》记载：有一次，晋国上大夫叔向请教齐国相国晏婴：什么样的想法才是高明的，什么样的行为才是宽厚的？晏婴回答说："意莫高于爱民，行莫厚于乐民。"意即没有比爱护老百姓更高明的想法，没有比让老百姓快乐更宽厚的做法。这充分体现了晏婴心系天下苍生、以为人民大众谋幸福为己任的高尚情怀，以及以民为本、关心民生疾苦的价值观。晏婴不仅是这样说的，更是这样做的。晏婴在辅政过程中，始终把"民"摆在第一位，宽厚仁慈，关心民生疾苦，留下了很多筑台济民、赈灾济民、开仓济民的历史佳话。

2. 人物链接——晏子其人

晏子（前578年—前500年），名婴，字仲，谥平，习惯上多称平仲。莱之夷维（今山东省高密市）人，春秋时期著名政治家、思想家、外交家。晏婴先人曾事齐桓公，其父晏桓子，名弱，是齐国上大夫，并且是齐国政坛上的重要人物，活跃于政治、军事、外交等领域，颇有建树。齐灵公二十六年（前556年），晏弱病死，晏婴便继承其父的爵位而登上齐国政治舞台，并在景公时任齐国相。晏婴历任齐灵公、庄公、景公三朝，辅政长达五十余年，以有政治远见、外交才能、廉政节俭、作风朴素而闻名诸侯。晏婴聪颖机智，能言善辩。内辅国政，屡谏齐王。对外他既富有灵活性，又坚持原则性，出使不受辱，捍卫了齐国的国格和国威。

3. 典籍链接——《晏子春秋》

《晏子春秋》是记载春秋时期晏婴言行的一部历史典籍，用史料和民间传说汇编而成，是一部带有短篇小说意味的历史人物传记。全书共八篇，即《谏上》《谏下》《问上》《问下》《杂上》《杂下》《外七》《外八》。前六篇称"内篇"，后二篇称"外篇"。八篇共分二百一十五章，每一章都是一个完整的小故事，通过这些故事，生动形象地塑造了一个有血有肉、形象丰满、个性鲜明的晏婴，并从不同角度反映了晏婴的思想。书中记载了很多晏婴劝告君主勤政，不要贪图享乐，以及爱护百姓、任用贤能和虚心纳谏的事例，成为后世人学习的榜样。书中有很多生动情节，表现出晏婴的聪明和机敏，如"晏子使楚"等就在民间广泛流传。

4. 典故链接

（1）履贱踊贵

有一次，齐景公召来晏婴请教如何兴国安邦。晏婴请求先陪景公微服察访，二人来到都城临淄的一家鞋店。只见鞋店里摆放着各种各样的鞋子，但履贱踊贵，即鞋子很贱而假足很贵。景公吃惊地问店主怎么回事，店主神色凄然地说："当今国君滥施酷刑，动辄处人以刖刑，很多人被砍去了脚，不买假脚怎么生活和生产呢？"景公听罢，心中很不是滋味。在回宫的路上，晏婴见景公闷闷不乐，知道刚才看到的那一幕对他刺激不小，便说道："先君桓公之所以建树了丰功伟业，是因为他爱恤百姓，廉洁奉公，不为满足欲望而多征赋税，不为修建宫室而乱役百姓；选贤任能，国风清正。君臣戮力同心，才取得了雄视天下的地位。如今大王亲小人，远贤良，百姓……"还未等晏婴讲完，景公就打断了晏婴的话，说道："相国不必说了，寡人已经明白了。寡人也要效法先君，光大宗祠社稷。"晏婴便趁机劝谏，使得景公下令减轻了刑罚。以上便是成语履贱踊贵的来源，该成语原来讽刺滥施刑罚，后用以比喻世态失常，社会现象不合理。

（2）赈灾济民

另据《晏子春秋·内篇谏上》记载：齐景公三年（前545年）夏秋之交，一场大雨突袭齐国，整整下了十七天。洪水无情地淹没了一个个村庄，冲走了百姓的粮食与财物。人们纷纷扶老携幼往高处逃命。一时间，齐国洪水滔滔，饿殍遍野。国难当头，景公却无动于衷，依然饮酒尽欢，不理政事。晏婴心急如焚，紧急求见景公，请求打开官仓，放粮赈灾。不料连续三次都吃了"闭门羹"。听到景公府内传出的乐曲与嬉笑声，晏婴怒不可遏。正欲离去时，只见大夫伯遽（jù）从里面走出来，晏婴便赶紧迎上前询问，谁知伯遽手里居然拿着一张景公命令到民间招纳歌女舞伎的手令。忍无可忍的晏婴骂了一句："昏君啊！"便转身就走。回到家里，晏婴命人打开自己家的粮仓，将粮食分发灾民。可平日清廉节俭的晏婴，家中积蓄实在有限，很快就分光了所有粮食。面对众多饥饿的百姓，忧心忡忡的晏婴只得冒死再谏景公。晏婴连车马都不要了，急冲冲地徒步硬闯景公府。面对花天酒地的景公，晏婴大声疾呼："整整十七天了！淫雨淹没了庄稼，洪水毁坏了房屋。百姓遭灾，缺衣少食。眼看秋寒即至，寒衣欠缺，秋粮无收。可怜老百姓无依无靠，整个齐国哀鸿遍野。可你身为国君，竟然不闻不问，只顾饮酒作乐。看你府上，用美味佳肴养美人，用好谷大肉喂牲口。我身为齐相，没有帮助你治理好国家，真是失职，有罪过呀！"说罢，便摘下乌纱帽，放在景公面前。然后，整衣行礼，辞官而去。景公顿时晕了头，半天才回过神来。他想起晏婴是三朝元老，平素为治理国家殚精竭虑，实在有大功于齐，赶紧起身去挽留。可是，晏婴已经拂袖远去。景公急忙叫车马，一路追赶晏婴，一直追到晏婴家中，看到那些脸呈菜色的灾民，正在领取粮食、衣服，景公心生惭愧。他在后堂找到晏婴，十分动情地说："我有罪啊！百姓需要你这样的官，你辞了，我像断了左右手；你敢仗义执言说真话，你辞了，我就会更糊涂了。"景公最后近乎恳求道："体恤我吧，看在社稷百姓的份上，请跟我回去吧！我愿拿出国家的粮食财物，请你分发给受苦难的百姓。如何分法，全听你的。"心牵受灾百姓的晏婴，迅即随景公回朝廷处理灾荒。他命令有关官员立即去百姓中巡视调查，根据不同灾情发放一月或一年的赈灾粮。对那些损失惨重而又毫无积蓄的灾民，还发给柴禾，帮助他们度过淫雨期。对房屋倒塌者，则发给钱币重修之。赈灾人命关天，晏婴限所有官员三日之内必须办完这些事，否则，耽误了赈灾，将降罪严厉处罚。景公也积极配合晏婴赈灾，府内减少酒肉，遣散舞女，简便入餐，不鸣钟鼓，不奏宫乐，还进行了一些顺乎民意的改革。三日后，所有官吏按规定时间赈灾完毕，逐一向晏婴汇报。这场天灾，齐国受灾百姓七千家，用粟九十七万钟（齐国以四升为豆，四豆为区，四区为釜，十釜为钟），柴禾三千乘，房屋损坏者二千七百家，用金三千。

由于晏婴的高效率赈灾，齐国百姓安然度过了大灾之年。

（3）晏婴谏景公筑台造钟

晏婴出使鲁国，等到他回到齐国的时候，景公命令齐国的百姓服劳役修筑大台，到年终寒冬也不停息，受冻挨饿的人每乡都有。齐国的百姓盼望晏婴回国。晏婴回到齐国后，向景公汇报了出使鲁国的公事，景公邀请晏婴坐下，喝酒取乐。晏婴说："您如果赏赐我，请让我唱歌给您听。"歌中唱道："平民百姓说：'冰水将冻死我，怎么办？上天要消灭我，怎么办？'"晏婴歌唱完了后，长长地叹了一口气，流出了眼泪。景公走上前制止晏婴说："您为什么要这样呢？大概是为了修筑大台的劳役吧？我将马上把工程停下来。"晏婴拜了两拜，出门后也不说话，就往大台走去。拿起木棍，鞭打不做事的人，说："我们是地位卑微的人，都有住屋，用来避免干燥和潮湿，现在国君要修筑一座大台却不赶快修成，服的什么劳役？"齐国人都说："晏婴帮着老天作恶。"晏婴回去，还没有到家，景公已发出命令，催促停止劳役，坐车的赶着马飞跑，走路的飞快地走。景公要建高台，发动很多百姓劳动。高台建成后，景公还想再造钟。晏婴进谏说："所谓君主，就是不能以百姓的劳苦来成就自己的乐趣。君主无法控制自己的欲望，已经建筑了高台，现在又要造钟，是对百姓很大的负担，百姓必定会不高兴。君主以加重百姓负担来获得自己的乐趣，不是好的做法，不是治理国家的方法。"于是景公就停止造钟。

【今读新得】晏婴辅政长达五十余年，深得齐国三代国君的厚爱和器重，这与他爱民如子、不辱使命、严于自律、廉洁无私、心胸坦荡的官品密不可分。从以上诸多典故均可看出：晏婴施政的中心内容是"仁政爱民"。他所说的"与民同乐"，"爱民至高、乐民至厚"，"意莫高于爱民，行莫厚于乐民"等都蕴含着爱民济民的民本思想。为了民，他对外主张结交诸侯，和睦相处；为了民，他对内主张轻徭薄赋，省刑爱民，赈灾济民；为了民，他节俭廉洁；为了民，他不顾个人进退，屡屡犯颜直谏。这些无不折射出晏婴浓郁的为民情怀、善良无私的胸襟。晏婴去世后，孔子曾赞曰："救民百姓而不夸，行补三君而不有，晏子，果君子也！"意思是说：拯救黎民百姓于水深火热之中，不喜好浮夸。先后经历三个君主辅助朝政，没有过失。晏婴果然真是一个仁人君子啊！孔子的评价可谓恰如其分。由以上典故可以看出，晏婴爱民的显著特征是：不但提出了爱民思想，而且在内政、外交等各个方面都积极践行了为政爱民思想，把解决民生问题放在辅政首位，尽心尽力地为百姓办实事、谋利益。更为可贵的是，晏婴还身体力行，积极践行恤民爱民，节俭自律，始终惦记民间疾苦，从自身做起，救济灾民。由此可见，晏婴的一言一行都深刻诠释了为官者应尽的职责，更体现了其难能可贵的境界和操守，折射出其浓烈的为国为民的赤子情怀。由此可以说，在管仲之后，晏婴又一次奏响了爱民爱国的高歌，并使得爱民即爱国，爱国必爱民具有了穿透时空的强力。也让我们懂得了：群众利益无小事，视人民的利益高于一切，心怀苍生，始终是"家国情怀"中最温暖、最动人的情愫。早在三十多年以前，邓小平同志就满含深情地说："我荣幸地以中华民族一员的资格，而成为世界公民。我是中国人民的儿子，我深情地爱着我的祖国和人民。"这句话不仅是邓小平同志一生高尚赤诚的爱国情怀的真实写照，也必将激励着一代又一代中

（付学勤作）

国人。青年学子们，愿你们以实际行动践行爱民即爱国的赤子情怀，并以自己的方式演绎对祖国和人民的热爱！愿爱国主义旗帜在你们心中高高飘扬，并闪烁着时代光芒！

4. 因俗简礼

【出处】《史记·鲁周公世家》（又见《史记·齐太公世家》）

【原典】"周公曰：'何疾也？'曰：'吾简其君臣礼，从其俗为也。'"

【译文】"周公说：'为何如此迅速？'姜太公说：'我简化其君臣之间的仪节，一切从其风俗去做。'"

【释义】意指因东夷土著之俗，简化西周的繁礼，以适应当地民情。

【拓展链接】

1. 典故拓展

伯禽是周公的长子，周武王的侄子。周武王死后，其子周成王继位。当时周公受封鲁国，由于周成王年幼继位，于是周公便留在都城镐京（今陕西省西

安市）辅佐周成王，而派长子伯禽代替他受封鲁国。伯禽在鲁国苦心经营三年以后，才向周公汇报施政情况。周公问："为何如此迟晚？"伯禽说："变其风俗，改其礼仪，要等服丧三年除服之后才能看到效果，因此迟了。"曾辅佐文王、武王灭商有功的姜尚被封在齐地。他只去了五个月，就来向周公汇报施政情况。周公问："为何如此迅速？"太公说："我简化其君臣之间的仪节，一切从其风俗去做。"等后来太公听说伯禽汇报政情很迟的情况以后，叹息说："唉！鲁国后代将要为齐国之臣了，政令如果不简约易行，民众就不愿意亲近；政令平易，贴近民众的生活，民众必然归附。"

据史料记载：太公安定了大局之后，以其超人的谋略智慧，结合当地实际，确立了务实求功的基本指导思想，制定了"简其礼""因其俗"的立政主张。

一是在政治上"尊贤上功"。据《吕氏春秋·长见》记载："吕太公望封于齐，周公旦封于鲁，二君其相善也。相谓曰：'何以治国？'太公望曰：'尊贤上功。'周公旦曰：'亲亲上恩。'""亲亲上恩"是周王朝的封建等级制度。为了开拓疆域，调动东夷人的积极性，姜太公打破了这种礼制，实行尊贤上功，即举贤任能不计亲疏，唯才是举，对通过考核符合选贤标准的人，不分亲疏，均用其所长，并督创实绩，让他们在国家建设中发挥应有作用。由此又诞生了成语"尊贤尚功"。

二是在经济上"通商工之业，便渔盐之利"。据《史记·货殖列传》记载："故太公望封于营丘，地潟卤，人民寡，于是太公劝其女功，极技巧，通鱼盐。"实行农、工、商并举。太公在注重发展麦、黍、稻生产的同时，又大力发展桑麻种植，舟车兵器制造，劝女工极技巧。与开发矿业，冶铁相匹配的，就是煮盐捕捞、向河海求利，盐是人的生活必需品，市场广阔，因而很快成为齐国的支柱产业。河海之利进一步带来了经济的发展。农业、工业的发展，带来了商业的繁荣。唯其如此，才"人物归之，缯至而辐凑。故齐冠带衣履天下，海岱之间敛袂而往朝焉。"

三是对民众实行"平易近民"的软控制。《史记·货殖列传》还说："临淄亦海岱之间一都会也。其俗宽缓阔达，而足智，好议论，地重，难动摇，怯于众斗，以勇于持刺，故多劫人者，大国之风也。"面对这种舒缓达观、自由开朗的社会风尚，太公没有强制推行严峻拘谨的周礼那一套，而是"因其俗"，实行"平易近民"的软控制。

四是保留了"书社"的组织活动和敬祖、祭天、盟拆等社会民俗。"书社"，又简称"社"，本是以地区为单位，以家庭血缘关系为纽带的农村公社组织。它既是农业生产单位，又是祭祖、祭天和盟拆的场所，是一种男女群众都要参加的大型典礼。太公"简其礼"，实际上是保留了这种地方政权形式。

太公"简其礼""因其俗"的开国立政纲领和政策，很快就使齐国从一个"地薄人稀"的荒僻之地变成"世为强国"的大齐，为齐国的政治强盛和经济发展开创了广阔道路。太公凭借其雄才大略，因地制宜，到齐国才五个月就胸有成竹地向周公汇报施政情况，在很短的时间内就站稳了脚跟。太公开国立政在历史上记下了生动的一笔。

2. 人物链接——姜太公其人

姜太公，名尚，字子牙，号太公望，简称太公，武王尊称他为"师尚父"。他出自炎帝神农氏部族，东海上人（今山东省日照市东）。先祖伯夷辅佐大禹治水有功，被封于吕地，所以姜太公又称为吕尚、吕望、吕子牙、吕太公。史称他"生而早慧，预知未来"。自幼喜好学道修礼，画阵比战。年长后进一步精研传统推数之术，善于洞察时事，分析形势，应时权变，是西周著名的政治家、军事家、经济改革先驱人物。其政治和军事才能在兴周灭商及封齐建国的过程中皆有突出表现，他的一生也充满了神奇色彩。为求贤主入西周，周文王

（杜国建作）

拜他为师。他以文韬武略，不畏天命、不惧鬼神、顺势进取，佐周灭纣。太公辅佐周王灭商之后，以首功被封到齐地，创建了东方大国——齐国的千载业基，受到永世赞誉，姜太公也称为齐国的第一代国君。前1045年，他击退了莱人的进攻，建立齐国，定都营丘（今山东省淄博市临淄北，后改名临淄）。他因俗简礼，尊贤尚功，通商工之业，便渔盐之利，使齐国经济初现繁荣，以致"冠带衣履天下"，为齐国发展成为东方大国，建立霸业，打下了良好而深厚的基础。其军事理论思想，被后人集录在《六韬》里。

【今读新得】太公治齐地之初，就从齐地民俗特点出发，实施了"简其礼""因其俗"的开国立政纲领和政策，既体现了太公的高瞻远瞩、雄才大略，也体现了其积极开明的改革精神、有容乃大的包容精神以及非凡战略家的胆识。而且从实施效果看，这一政策也奠定了齐国强盛的基石，使齐国的历史有了一个良好开端。当然这一切都是基于太公对齐地、齐民的深厚感情，以及对自己国家的一种高度认同感、责任感和使命感。而这些无不是其浓郁家国情怀的最好体现。因俗简礼最大限度地调动了齐民兴齐建国的积极性，也开了改革开放之先河，更铸就了齐文化之精髓，在齐国的青史上写下了卓越一笔。及至桓公时代，管仲又提出："古之所谓明君者……皆随时而变，因俗而动。"他又说："不慕古，不留今，与时变，与俗化。"并辅佐桓公进行了大刀阔斧的改革。到了战国时期，邹忌也辅佐齐威王进行大规模改革。可以说，改革精神是齐国一以贯之的优良传统，也是齐国发展强盛的精神动力。而实践也证明，齐国的每一次改革都为它的政治机体注入了新鲜血液，使其充满活力，也使齐国跻身于五霸、七雄之列。两千多年后的今天，太公因俗简礼所体现的改革与包容精神也并不过时。现代人特别是青年学子也应学太公这种积极改革、敢于担当、勇于奉献、有容乃大的精神。多一些"家国情怀"，就是要恪尽兴国敬业之责。国是千万个家的集合，是无数个家的放大。常思国之兴衰，是我们每个人的责任和使命。在今天中华民族伟大复兴的新征程中，面对日益激烈的国与国竞争，当代青年学子要以一种高度的历史责任感和使命感，敢于担当、勇于奉献，增强主人翁意识，练内功，强本领，为将来建设好生于斯、长于斯的家园做积极准备。

因俗簡禮

亥宁书

（李宁作）

5. 生死利齐

【出处】《管子·大匡》

【原典】"管仲曰:'……夷吾之所死者,社稷破,宗庙灭,祭祀绝,则夷吾死之;非此三者,则夷吾生。夷吾生,则齐国利;夷吾死,则齐国不利。'"

【译文】"管仲说:'……我要为之牺牲的是:国家破、宗庙灭、祭祀绝,只有这样,我才去死。不是这三件事,我就要活下来。我活对齐国有利,我死对齐国不利。'"

【释义】活着和死了都是为了国家。引申为一种生死为国的爱国情怀。

【拓展链接】

1. 典故拓展

据《管子·大匡》记载:齐僖公命鲍叔牙辅佐公子小白,任命管仲、召忽辅佐公子纠,当三人在一起探讨国家形势时,他们对如何尽忠主上都发表了自己的看法。召忽认为如果出现公子纠死的情况,他一定会殉死。管仲对此则有不同看法,管仲说:"我作为人君的臣子,是受君命奉国家以主持宗庙的,岂能为纠个人而牺牲?我要为之牺牲的是:国家破、宗庙灭、祭祀绝,只有这样,我才去死。不是这三件事,我就要活下来。我活对齐国有利,我死对齐国不利。"由此便诞生了典故生死利齐。

孔子对管仲生死利齐给予了高度评价。据《论语·宪问》记载:有一天,孔子的弟子子路问孔子:"齐桓公杀了公子纠。召忽自杀而死,管仲却不死。这是没有仁德吧?"孔子说:"齐桓公多次统一诸侯,不用武力,这是管仲的力量啊。这就是他的仁德,这就是他的仁德啊!"由此可见,在孔子看来,看人不能仅凭一时一事断定,桓公杀公子纠,管仲不死与"桓公九合诸侯,不以兵车"相比是小事,所以孔子认为管仲才是仁德的。管仲小事虽不忠,但大事上却不乏仁德。

2. 典故链接——病榻论相

管仲相齐十年,齐桓公得以称霸。桓公四十一年(前645年),管仲病重,桓公亲往探视。病榻前谈及管仲之后择相之事。桓公问:"仲父如果不幸驾鹤西去,那么应该让谁来接替您的位置呢?"管仲说:"知臣莫如君。您看谁可以啊?"桓公又问:"易牙如何?"管仲说:"易牙烹其子以讨好君主,没有人性。这种人不可接近。"桓公又问:"竖刁如何?"管仲说:"竖刁阉割自己伺候君主,不通人情。这种人不可亲近。"桓公又问:"开方如何?"管仲说:"开方背弃自己的父母侍奉君主,不近人情。况且他本来是千乘之封的太子,能弃千乘之封,其欲望必然超过千乘。应当远离这种人,若重用必定乱国。"桓公接着又问:"鲍叔牙如何?"管仲回答:"鲍叔牙为人清廉纯正,是个真正的君子。但他对于善恶过于分明,一旦知道别人的过失,终身不忘,这是他的短处,不可为相。"桓公又问:"隰朋如何?"管仲说:"隰朋对自己要求很高,能做到不耻下问。对不如自己的人哀怜同情;对于国政,不需要他管的他就不打听;对于事务,不需要他了解的,就不过问;别人有些小毛病,他能装作没看见。不得已的话,可择隰朋为相。"

管仲去世之后,齐桓公不用管仲之言,以竖刁为相。桓公病重,五公子(公子无亏、公子昭、公子潘、公子元、公子商人)各率党羽争位,易牙、竖刁便趁机发动宫廷政变,把桓公囚于宫中。他们先是假传圣旨,不准桓公诸子和大臣入宫探病,后又断了桓公的饮食,只有一宫女晏娥从洞中爬入前来侍奉。桓公问她,晏娥说出实情。桓公这时才醒悟,但为时已晚,最后含恨而死,晏娥也撞柱而亡。桓公死后,易牙、竖刁秘不外宣,并对聚集宫门口的朝廷官员大下毒手。五公子互相攻打对方,齐国一片混乱。桓公死后三个月没人收殓,尸体臭了,浑身蛆虫乱爬。宋襄公会合诸侯,护送太子昭即位。齐国国势一蹶不振,齐桓公一生经营的霸业,也从此结束了。

【今读新得】典故生死利齐折射出管仲和召忽不同的人生观和价值观。二人虽同事一主,但召忽宁为自己的主子而死,而管仲却把自己的生命置于国家大义的背景下,只为社稷而死,这既彰显了管仲殉国不殉主的爱国主义精神,以及生死利齐的责任与担当,更折射出其非凡的胆识与智慧。而从典故病榻论相中可以看出,管仲在病危之际,既没有投桓公之所好,推荐桓公宠爱的三个佞臣,更没有徇私情推荐好友鲍叔牙,而是推荐了为人忠厚、居家不忘公事的隰朋,再一次体现了其公而忘私、以社稷利益为重的崇高精神。这一精神的重要支撑就是他"不羞小节而耻,功名不显于天下"的生死观,以及一心为国的坚定信念。对于管仲的不殉死,就连孔子也没有给予谴责,而是赞扬了由于管仲不殉死而对捍卫整个华夏文明所起的重要作用。殉主事小,国家利益至高无上。这是一种多么博大的爱国情怀呀!穿越了两千多年历史风尘,管仲的这种精神在今天看来依然弥足珍贵，对现代人，尤其是青年学子也仍具重要的鼓舞和启发作用。尽管我们生活在和平年代，很少面临生与死的抉择，但同样需要每个公民都怀有一颗赤子之心，更需要每个人都用自己的实际行动来维护国家利益，为国争光。为此，一是古语云："一屋不扫，何以扫天下。"在生活中可处处彰显爱国主义情怀。青年学子应从身边的一点一滴、一言一行入手，将爱国落实在日常生活、学习、工作的小事、凡事中。二是在个人利益和国家利益发生冲突时，应该坚持国家利益高于一切，要敢于维护国家利益，个人利益必须服从国家利益，坚决反对那些为个人利益而损害国家利益的行为。三是要行报国之举，以实际行动履行爱国义务。为此应将爱国深深镌刻在学习、生活和工作之中，将满腔激情化作清醒务实、砥砺奋进的爱国行动，坚定信念，学好本领，报效祖国，做一个有利于社会、人民、国家的人。青年学子们，让我们从现在做起，永怀一颗报效祖国、奉献社会的赤子之心，站在圣人的肩膀上昂首前行吧！

6. 不死君难

【出处】《左传·襄公二十五年》

【原典】"曰：'故君为社稷死，则死之；为社稷亡，则亡之。若为己死，而为己亡，非其私昵，谁敢任之？且人有君而弑之，吾焉得死之？而焉得亡之？将庸何归？'"

【译文】"（晏婴）说：'因此，君主为国家社稷死就该随他死，为国家社稷逃亡就该随他逃亡。如果是为他自己死，为他自己逃亡，不是他的私密昵友，谁去担这份责啊？况且他人得到君主之位都要将他杀死，我怎么能随他去死，随他去逃亡呢？我将回什么地方啊？'"

【释义】意指以国家利益为重的精神。

【拓展链接】

1. 典故拓展

棠姜是齐国棠邑大夫棠公的遗孀，长得很美，齐国大夫崔杼看见棠姜就喜欢上她，便娶了她。齐庄公贪恋棠姜的美色，便与她私通。崔杼知道后，便设计杀了庄公。晏婴站在崔家的门外。晏婴左右的家臣问："你打算死吗？"晏婴说："国王只是我一人的君主吗，我干嘛死啊？"家臣问："你要走（离开齐国）吗？"晏婴说："我有什么罪吗，我为什么要逃亡？"家臣再问："你要回家吗？"晏婴说："君主死了回哪儿呢？君主是民众的君主，难道是凌驾于民众之上的君主？君主的职责要主掌国家。君主的臣子，岂是为了俸禄？臣子的职责要保护国家。因此，君主为国家社稷死就该随他死，为国家社稷逃亡就该随他逃亡。如果是为他自己死，为他自己逃亡，不是他的私密昵友，谁去担这份责啊？况且他人立了君主却要将他杀死，我怎么能随他去死，随他去逃亡呢？我将回什么地方啊？"崔杼家的大门打开，晏婴进入，将庄公的尸体放在腿上哭，哭完后站起来，一再顿足离去。别人对崔杼说一定要杀死晏婴。崔杼却说："他是民众指望啊，放了他得民心。"以上便是典故"不死君难"的故事梗概。

2. 人物链接——齐庄公其人

齐庄公（？—前548年），亦称齐后庄公，姜姓，吕氏，名光，齐灵公之子，春秋时期齐国国君，前553年—前548年在位。齐后庄公本为齐灵公的太子，但齐灵公却为立宠姬所生的公子牙而派他出守即墨，并改立公子牙为太子，还为了除掉他而攻打鲁国。后来齐灵公病重，大夫崔杼、庆封等从即墨将他迎回，杀死公子牙母子，齐灵公闻变吐血而亡，太子光即位，是为齐后庄公。前548年，齐后庄公因与崔杼之妻东郭姜（又称棠姜）私通，而遭崔杼等人杀害。齐后庄公死后，崔杼拥立齐后庄公的异母弟杵臼即位，是为齐景公。

3. 典籍链接——《左传》

《左传》，全称《春秋左氏传》，原名《左氏春秋》，汉朝时又名《春秋左氏》《春秋内传》《左氏》，汉朝以后才多称《左传》。《左传》相传是春秋末年鲁国太史、著名史家左丘明为《春秋》做注解的一部史书，与《公羊传》《穀梁传》合称"春秋三传"。也是中国第一部叙事详细的编年体史书，共三十五卷，是儒家经典之一，且为十三经中篇幅最长的，在《四库全书》中列为经部。记述范围从前722年（鲁隐公元年）至前468年（鲁哀公二十七年）。主要记载了东周前期254年间各国政治、经济、军事、外交和文化方面的重要事件和重要人物，是研究中国先秦历史很有价值的文献，也是优秀的散文著作。

【今读新得】一个国家、一个民族，是国家重要，还是自己的主子重要，在上一个典故生死利齐中，管仲用言行做了回答。一个国家、一个民族，到底是国君重要，还是社稷重要，在该典故中，晏婴又以实际行动告诉了我们答案。在他看来，无论是国君，还是臣子，都应该为社稷负责。如果国君失职，臣子就不必为他尽忠，这在当时颇具进步意义。齐庄公为了偷女人而被杀，死得下贱。所以，晏婴并不会为他而死，或为他逃亡，或为他回归故里。因此，从晏婴身上，我们感受到了浓浓的正能量。具体地说，一是我们感受到了一种正义的力量。他不因死者是国君而哭，而是因为国君之死对社稷造成的影响而感到惋惜。二是在危难之时，晏婴能够冷静而勇敢地面对，不逞一时之激奋，也不以盲目的忠君报国为念，而是表现出了对齐国政治稳定、长期发展的深切关怀，由此彰显出了晏婴的政治智慧以及博大的胸襟和抱负。概而言之，晏婴不死君难，体现了其为国而生死的高尚情怀。梁启超曾说："晏子可谓爱国矣。其不死庄公之难，非苟活也，边为国民者，有死国而无死君，此大义，我国人罕有知之者，唯晏子明辨之。"这是对晏婴爱国精神的高度评价。晏婴的这一精神值得我们所有人，特别是青年学子学习。一个只关心自己利益的人永远是狭隘的人，而将自己的利益和国家、民族的安危联系在一起的人，其人生才是最有价值和意义的。青年学子们，我们每个人的心中都有一座山峰，雕刻着我们的理想、信念、追求和抱负，而只有将我们的理想、前途、成长同国家和人民的需要结合起来，我们的人生才是最高尚、最无悔的。

7. 勿忘在莒

【出处】《管子·小称》（又见《吕氏春秋·直谏》）

【原典】"桓公、管仲、鲍叔牙、宁戚四人饮，饮醋，桓公谓鲍叔牙曰：'阖不起为寡人寿乎？'鲍叔牙奉杯而起曰：'使公毋忘出如莒时也，使管子毋忘束缚在鲁也，使宁戚毋忘饭牛车下也。'桓公辟席再拜曰：'寡人与二大夫能无忘夫子之言，则国之社稷必不危矣。'"

【译文】"齐桓公、管仲、鲍叔牙、宁戚四人一起喝酒，喝到兴浓时，桓公对鲍叔牙说：'为什么不起身为我祝酒呢？'鲍叔牙起身捧杯说：'希望您不要忘记出奔莒国的时候，希望管仲不要忘记被监禁在鲁国的时候，希望宁戚不要忘记在车下喂牛的时候。'桓公听罢离开座席拜了两拜，然后说：'我和二位大夫能够牢记您的教诲，那么齐国就会江山永固了。'"

【释义】不要忘记逃亡到莒国时的情景。比喻不要忘本。

【拓展链接】

1. 知识链接——地名释义

莒，中国周代诸侯国名，在今山东省日照市莒县境内。莒为地名，始自原始社会东夷民族的莒部落。考古发现也证实莒地在新石器时代就建立了大规模的部落王国。夏为莒部落，商属姑幕国，周为莒子国。据《春秋》记载，西周到春秋初期，莒国疆域相当辽阔，拥有介根等三十一个城邑，大体相当于今东临黄海，北到山东省胶州、高密，西到昌邑、蒙阴，南到苍山、郯城、临沭和江苏省赣榆的范围。在春秋初从计（在今山东省胶州市西南）迁莒后，国势强盛，不断与齐、鲁、晋会盟，对周围小国征战。

该典故中，鲍叔牙说："使公毋忘出如莒时也"，讲的是这样一段往事：春秋时期，齐襄公昏庸，齐国发生内乱，公子小白为逃避杀身之祸，在鲍叔牙的保护下，逃到莒国的姥姥家避难。齐襄公去世后，小白历经艰险回齐国做了国君，他就是春秋第一霸主齐桓公。这便是著名历史典故勿忘在莒的由来。

到春秋中后期，因屡遭征伐，莒国疆域日小。战国时期，前431年为楚所灭（另说齐先灭莒，后又为楚所取）。后属齐地。前350年，齐国修建长城，经莒境东莞北部山岭至琅琊入海。前284年，燕将乐毅率五国联军伐齐，攻克齐都临淄，七十余城沦陷，唯莒与即墨二城未被攻占，齐闵王出奔莒城，次年被杀。其子法章在莒被拥立为襄王，率众保莒城以拒乐毅。田单坚守即墨，后来燕军被田单的火牛阵所破，夺回了七十余城，襄王守莒而最终复国。

2. 典故链接

（1）管子被囚于鲁国

据《史记·管晏列传》等典籍记载：管仲曾经侍奉齐国的公子纠，后来公子纠与公子小白（即后来的齐桓公）争夺君位，失败后逃至鲁国。等到小白立为齐桓公，公子纠被杀死，管仲也被囚禁起来了。鲍叔牙于是向桓公推荐管仲。管仲被任用以后，执掌齐国的政事，齐桓公的霸业因此得以成功，九次会集诸侯，使天下一切得到匡正，都是得益于管仲的计谋。

（2）宁戚叩牛（长夜漫漫）

宁戚，春秋时期卫国（今河南省境内）人，早年怀经世济民之才而不得志，替人拉牛车运货物。据《吕氏春秋·举难》记载：宁戚想要到齐桓公那里去求取官职，因为穷困无法接近齐桓公，于是，受雇替商人赶车到齐国去，夜晚就在城门之外住宿，桓公到郊外迎接客人，夜晚打开城门，所有赶车者都得回避，跟随桓公的人很多，而且都拿着明亮的火把。宁戚在车前给牛喂食，看到桓公而悲伤，便击打牛角而悲唱"商歌"。桓公听见后，扶着仆人的手走下车说："奇怪啊，这个唱歌的人是非一般之人啊。"桓公于是命令，用后面的车子载他一同回朝。桓公回到朝廷，手下人向他请示如何处置宁戚。桓公说："赏赐给他官衣官帽，我将接见他。"宁戚见到桓公，游说桓公统一四境；第二天再见，更劝说桓公统一天下。桓公非常高兴，将重用宁戚。群臣们都纷纷劝桓公说："宁戚是卫国人，离我们齐国只有五百里路，不是很远，不如我们派人去打听打听他的情况，如果他确实是个贤能的人，再重用他也不为晚。"桓公却认为不应以小眚而掩大德，于是就提拔重用了宁戚。桓公二十八年（前685年），桓公拜宁戚为大夫，后长期任齐国大司田，为桓公主要辅佐者之一。此举为桓公赢得了天下的人心，这就是他成为春秋五霸之首的原因。以上便是典故宁戚叩牛和成语长夜漫漫的由来。前者比喻有才的人沦落做低贱的事情。后者则指漫长的黑夜无边无际。多用来比喻社会的黑暗。

【今读新得】在该典故中，鲍叔牙借酒酣之际向桓公及其二位爱臣提出提醒和希望，希望他们要具有危机意识，不要忘记过去的耻辱，要未雨绸缪，不能安于现状。这让我们既看到了鲍叔牙智慧的一面，也感受到他对国家发展强烈的责任感和忧患意识。其实，鲍叔牙是在一个正确的时间，对正确的人，说了正确的话。其言也真，其情也切。特别是他身上折射出的浓浓的忧患意识让人感动和鼓舞。所谓忧患意识，就是通过反思历史和观照现实所产生的忧国忧民的社会意识，是对国家民族命运和民生疾苦的关切而升华的历史使命感和社会责任感。它体现了伟大的民族精神，也是中华民族的优良传统。无论是古代，还

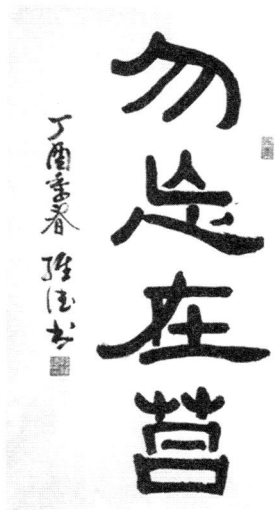

（孙维德作）

是近代、现代，无数仁人志士或基于对灾难深重的现实生活不满，或基于对现实的弊端而产生的对政权巩固的担忧，或基于对外族入侵使国家面临灭亡的危险，产生的极其强烈的忧国忧民、以天下为己任的忧患意识的具体体现。在战乱纷争的春秋战国时期，一个国家要想立于不败之地，就要具有忧患意识，居安思危，奋发图强。正所谓"生于忧患，死于安乐"。鲍叔牙的提醒可谓用心良

苦。时隔几千年，鲍叔牙的提醒无论对于国家、组织还是个人，仍然具有非常强的警示作用。一个国家、一个民族，如果没有忧患意识，其未来必将充满忧患，甚至危险。市场永远充满了变数，因此，一个组织只有时刻保持高度的警惕性和超前的忧患意识，居安思危，未雨绸缪，提高自身各方面的能力，才能在激烈竞争中立于不败之地。而对于个人来说，每一个人的生活都不可能永远一帆风顺，都是顺境和逆境兼而有之，所以，我们只有增强忧患意识，不吃老本，永不知足，不断进取和超越，才会掌握主动，从容应对未来的变化。青年是国家的未来，国家富强和社会进步离不开青年的努力。因此，青年学子更应明白"人无远虑，必有近忧"的道理，重视培养忧患意识，明白自己肩负的使命，明确理想目标，增强发展意识，努力充实自己，强大自己，不能安于现状，不思进取。具体地说，第一，要牢记历史，了解国情和当前形势，培养民族自豪感和自信心，不断增强"忧劳可以兴国，逸豫可以亡身"的社会责任感，时时关心社会疾苦，做一个关心世界和国家命运的人，对冷漠说"不"。第二，应将忧患意识的培养与自身的学习、生活、工作紧密结合起来，用实际行动诠释责任。韶华不过须臾，要珍惜大学时光，及早树立人生目标，坚定理想信念，不怕困难，奋发图强，努力丰富和提升自己，为将来更好地报效祖国、回馈社会而努力奋斗。只有忧患，才能紧迫；只有紧迫，才有动力；只有动力，才能前进。愿与青年学子们共勉！

8. 倚门而望

【出处】《战国策·齐策六》

【原典】"女朝出而晚来，则吾倚门而望，女暮出而不还，则吾倚闾而望。"

【译文】（母亲对王孙贾言）"你早出晚归，我就倚着家门盼望你回来；等到晚上你还未归，我就倚着里巷的门盼望你回来。"

【释义】靠着家门向远处眺望。形容父母盼望子女归来的迫切心情。又作倚门之望。

【拓展链接】

1. 典故拓展

据《战国策·齐策六》记载：战国中晚期齐国少年义士王孙贾因机智过人，

十五岁便入朝服侍齐闵王,深得闵王赏识。前 284 年,燕昭王任命乐毅为上将军,率五国联军合纵攻齐。半年之内,都城临淄沦陷,齐国七十余座城邑失守,仅剩莒邑、即墨两城,闵王弃国而逃。王孙贾在混乱中与闵王失散,只好无奈地回到家中。他在家长吁短叹,面带愁容,其母看出他有心事,便追问究竟。王孙贾见瞒不过,便一五一十地告诉了母亲。其母闻言大惊,面色凛然,非常痛心地对儿子说:"你早晨出去晚上回来,我就倚着家门盼望你回来;你晚上出去不回来,我就倚着里巷的门盼望你回来。你如今侍奉君王,君王逃走了,你却不知道他的下落,你还回来干什么?"王孙贾听罢,感到非常惭愧,连忙离开家,四处打听闵王的下落。当他听说了闵王被楚国大将淖齿残忍杀害的消息后,决心为闵王复仇。他来到街市上,振臂高呼:"淖齿搅乱了齐国,杀死了大王,想要跟我一起去诛杀他的人,将右臂袒露出来!"市场上有四百余民众跟随他,组成了讨伐队伍,英勇作战,最终刺死了淖齿,为闵王报了仇。后来,王孙贾又立闵王之子法章为齐襄王,并号召民众起来抵抗五国联军。最后,与即墨的田单遥相呼应,互相支援,为破燕复齐做出了杰出贡献。以上便是成语倚门而望的由来,也即著名典故王孙贾右袒救国的出处。

2. 人物链接——齐闵王其人

齐闵王(约前 323 年—前 284 年),亦称齐潜王、齐愍王,妫姓,田氏,名地(一作遂),齐宣王之子,战国时期齐国(田齐)国君,前 301 年—前 284 年在位。葬于田齐王陵(在今山东省淄博市临淄区齐陵镇)。前 301 年,齐宣王去世,齐闵王即位。闵王在位期间,正处于战国七雄争霸时期。起初,他屡建武功,破秦、燕诸国,制楚,灭宋,齐闵王十三年(前 288 年),秦昭王和闵王相约共同称帝,秦昭王为西帝,闵王为东帝,为齐国的长远发展做出了贡献。但是到了后期,由于他喜欢享乐,又刚愎自用、穷兵黩武、拒听谏言、不讲策略,致使君臣不和,百姓离心,内外树敌,矛盾日益尖锐。前 284 年,燕昭王利用这一有利时机,任命乐毅为上将军,联合赵、魏、韩、秦等国合纵伐齐。以燕军为首的五国联军长驱直入,大破齐军,随后攻入齐国都城临淄,闵王仓皇出逃。后来,闵王逃亡到了卫国,卫国国君卫嗣君对闵王以礼相待,口中还自称"臣",生怕触彼之怒。卫嗣君身边的大臣们认为堂堂一国之君对闵王卑躬屈膝,有失国君之尊严,于是商议群起讨之闵王,结果闵王狼狈地离开了卫国。闵王被赶出了卫国之后,非常无奈地前往邹、鲁等地,邹人和鲁人也都拒绝接纳,最后流落至莒(今山东省日照市莒县)。由于闵王向来都和楚国关系非常好,因此，楚顷襄王得知闵王流落到莒的消息时，便派大将淖齿率援军救护闵王，谁知淖齿无心救齐，却有心与燕国瓜分齐国。最终淖齿发动政变，抓住了闵王，并对他实施了最惨无人道的酷刑——把闵王的筋活生生抽出来，当作绳子把闵王悬吊在房梁上，闵王的疼痛无以言表，"宿夕而死"（即从傍晚一直吊到次日黎明，才活活疼死）。作为堂堂一国之君，闵王死得可谓凄惨无比。这在中国几千年的历史长河中也是绝无仅有的。

3. 典籍链接——《战国策》

《战国策》，又称《国策》，是一部国别体史学著作。记载了西周、东周及秦、齐、楚、赵、魏、韩、燕、宋、卫、中山各国之事，记事年代起于战国初年，止于秦灭六国，约有二百四十年的历史。分为十二策，三十三卷，共四百九十七篇，主要记述了战国时期游说之士的政治主张和言行策略，也可说是游说之士的实战演习手册。该书是汇编而成的历史著作，作者并非一人，成书并非一时，书中文章作者大多不知是谁。由西汉经学家刘向编定，书名亦为刘向所拟定。《战国策》展示了东周战国时代的历史特点和社会风貌，是研究战国历史的重要典籍。

【今读新得】我们每个人的内心深处，都有父母驻足凝望的身影，它们是我们心底最温暖、最宝贵的记忆。父母的凝望既是一种关爱，也是一种期待，更是一种鞭挞。而在古往今来的凝望中，王孙贾母的凝望最感人、最注目，也最具力量。正是母亲的深情凝望，滋养了王孙贾的英雄气概。正是母亲的谆谆教诲，特别是国家危难关头的训导，唤醒了王孙贾的爱国意识，激励着他英勇作战，保家卫国。因此，该典故不仅让我们看到了一个忠贞不屈的爱国少年形象，也向我们展示了一个深明大义、正气凛然的一代贤母的风采。通过该典故，我们更进一步认识到：家是最小的国，国是最大的家。在中国人的精神谱系里，国家与家庭、社会与个人，都是密不可分的整体。家庭是一个人精神成长的沃土，家国情怀的逻辑起点在于家风的涵养、家教的养成。家国情怀，与其说是心灵感触，毋宁说是生命的自觉和家教的传承。如果说自古英雄出少年，那么齐国彼时的大难不死，当与爱国少年王孙贾的英雄壮举有直接关系。同时，不可否认的是，王孙贾小小少年就能有如此惊天动地之言行，与其母对他的谆谆教诲、言传身教也具有密切关系。因此，该成语故事让我们见识了母爱与母教的力量，也让我们进一步认识到家教的重要性！由此可言，少年王孙贾右袒救国的英雄壮举值得后人称颂和效仿，而其母深明事理、教子保家卫国的伟大形象更应光耀千秋！该典故还告诉我们：爱国不分长幼。自古英雄出少年，齐国少年也爱国！王孙贾在紧要关头所迸发的爱国热情及卫国之举将青史流芳！

9. 田单复齐

【出处】《史记·田单列传》（又见《战国策·齐策六》）

【原典】"田单兵日益多，乘胜，燕日败亡，卒至河上。而齐七十余城皆复为齐。乃迎襄王于莒，入临菑而听政。襄王封田单，号曰安平君。"

【译文】"田单的兵力一天比一天多，乘着胜利的威势（追击），燕军天天败逃，终于退到了黄河北岸（燕国的境内，河上：指齐国的西北界）。而齐国的七十多座城邑又成为齐国领土。于是（田单）到莒城迎接齐襄王，进入齐都临淄处理政事。襄王封赏田单，封号为安平君。"

【释义】意指战国后期，在齐国生死存亡关头，齐国将领田单率领即墨军民击败燕军、收复国土的壮举。

【拓展链接】

1. 人物链接——田单其人

田单，生卒年不详，妫姓，田氏，名单，临淄人，战国时期田齐宗室远房的亲属，任齐都临淄的市掾（管理市场的小官）。在齐国危亡之际，田单坚守即墨（今山东省平度市东南），以火牛阵击破燕军，收复七十余城，挽救了齐国，被齐襄王拜为齐国相国，并把安平城（今山东省淄博市临淄区皇城镇一带）赐给他，故田单亦称安平君。由此引起一些贵族大夫们的不满和嫉妒，他们暗中勾结起来，在襄王面前进谗言。田单很快就受到了襄王的怀疑。刚好，此时赵王愿意效仿燕国，用五十座城池只为换来田单为将。于是田单就到了赵国，成了赵国的相国。死后葬于安平城内。田单墓位于今山东省淄博市临淄区皇城镇皇城营东南约七百米处。略呈正方形，高五米，南北二十三米，东西三十三米，墓前曾有民国七年所立石碑，上刻"齐相田单之墓"，已失。墓前有 1988 年临淄区政府所立"田单之墓"石碑，为省级重点文物保护单位。

2. 典籍链接——《史记》

《史记》是由司马迁撰写的中国第一部纪传体通史，是二十五史的第一部。记载了上自上古传说中的黄帝时代，下至汉武帝太史元年间共三千多年的历史。

一共一百三十篇，五十多万字，分十二本纪、十表、八书、三十世家和七十列传。《史记》最初没有固定书名，或称"太史公书"，或称"太史公传"，也省称"太史公"。司马迁，西汉史学家、文学家。字子长，左冯翊夏阳（今陕西省韩城市西南）人。司马迁出生于史官世家，他的父亲司马谈也是汉朝的太史令，曾掌管汉朝的天文、历法，负责记录历史文献。趁此机会，他收集了大量历史资料，计划写一部全面记述中国历史的"史书"。但由于工作量巨大，他自己又年老多病，已经不可能全部完成这项工程，因此，他在临终前郑重地嘱咐儿子一定要完成自己的这个遗愿。前108年，司马迁继承其父司马谈之职，任太史令，掌管天文历法及皇家图籍，因而得读史官所藏图书。司马迁没有辜负父亲的厚望，早年间游历山水、访人问古，了解风土人情，搜集古事旧闻，为编写《史记》积累了大量翔实丰富的素材。前104年，司马迁着手开始编写《史记》。但不幸的是，前98年，李陵事件发生，司马迁因此受到牵连，并屈辱地受到宫刑处罚。在身体和精神都受到重创之后，司马迁忍辱负重，把所有的精力都花费在撰写《史记》上。经过十多年坚韧不拔的艰苦努力，司马迁终于以自己的生命与血汗，完成了这部传世巨著。司马迁写《史记》的故事，也被人们所传诵。《史记》与后来的《汉书》《后汉书》《三国志》合称"前四史"。刘向等人认为此书"善序事理，辩而不华，质而不俚"。与司马光的《资治通鉴》并称"史学双璧"。鲁迅先生评价《史记》为"史家之绝唱，无韵之离骚"。

3. 典故链接

（1）反间计

前284年，燕昭王任命乐毅为上将军，统率燕、楚、韩、赵、魏五国军队合纵攻齐。他们长驱直入，很快攻克了齐都临淄，整个齐国都被燕军占领，只有莒和即墨两城未被攻克。在这紧急关头，在即墨守城长官阵亡的情况下，田单受命于危难之际，被推为首领。田单先利用新即位的燕惠王和乐毅之间的矛盾，巧施反间计，撤掉了名将乐毅，换上了骑劫，再用计让燕军割下了齐国降卒的鼻子，挖了齐人的祖坟，这些举动都使齐人士气大增。在这种情况下，田单又和士兵同甘共苦，亲自手持工具修筑工事，并把自己最喜欢的妻妾都编入军队之中，进一步使内部团结一心，共击燕军。同时，为了麻痹敌人，田单又让老弱女子上城守卫，派遣使者约期投降，又让富豪之家送去重金贿赂燕将。就这样，经过多方面的准备，提高了自己的士气，削弱了敌人的战斗力，为最后胜利奠定了基础。

（2）火牛阵

即墨之战是中国历史上有名的出奇制胜的战例。田单在城内收集到一千多头牛，叫人做了深红色绸衣给牛穿上，上面画着五颜六色的龙形花纹，并把锋利的尖刀绑在牛角上，把淋了油脂的芦苇扎在牛尾上，再给芦苇梢点火燃烧。在城墙上挖数十个洞，夜晚放开牛，五千多名壮士跟随在牛的后面。牛尾灼热，愤怒地冲向燕军，燕军非常惊异。牛尾上有火把，明亮耀眼，燕军看见狂奔的火牛全身都是龙纹，被它们冲撞的不是死就是伤。五千人趁机攻击燕军，而城中人擂鼓呐喊追击燕军，老弱都击打家中各种铜制器具制造声响，声音震天动地。燕军非常惊惧，落荒而逃。齐人接着诛杀对方的将领骑劫。燕军纷乱逃走，齐人追赶逃跑的敌人，所经过的城邑都背叛了燕国，重新回归齐国。

（3）解裘救人

齐襄王即位后，由于田单复国有功，便封田单为相国，田单当了相国，有了自己的封邑，却依然像从前一样，体恤百姓，问民疾苦，处处为国家着想。相传一个严冬的夜晚，田单处理完了朝中政事，乘坐一辆马车准备回安平去。这时漫天纷纷扬扬地下起了鹅毛大雪，呼呼的西北风吹在人身上，如刀割剑穿一般，树枝摇曳着，发出尖厉的叫声，几只寒鸦在半空中抖动着翅膀，发出阵阵哀鸣，天气异常寒冷。田单的车子出了临淄城东门，到达淄河岸边，一阵冷风吹来，田单禁不住打了个寒战，他急忙裹紧了衣服。就在这时，他忽然看到前方不远处路旁的雪地里，躺了一个人。田单连忙叫车夫停住车子，下车走到近前一看，见是一个老者，佝偻着身子，蜷缩在雪地上，老人身上的衣服既破烂又单薄，消瘦的脸上布满皱纹，须发跟雪一样白，面色蜡黄，两眼紧闭。田单急忙俯下身子，伸手往老人身上摸了摸，老人四肢已经发凉，只有胸口处还有一丝余温，鼻中尚有微微气息。田单明白，老人已命在旦夕，一刻也不能耽误。他来不及多想，立即解开上衣，又把老人的上衣解开，迅速抱起老人，胸对胸紧紧搂在怀里。田单抱住老人上了车子，让车夫加快速度往安平城赶奔。回到了自己府上，田单令家人细心照顾老人，老人终于得救了。田单雪夜解衣救人的事情，一传十，十传百，很快传遍了齐国，人们都纷纷称赞相国爱民如子，对田单更加敬佩，还将田单救起老人的地方取了个名字，就叫作"田单解裘处"。

4. 衍生成语——出奇无穷

在《史记》中，在对田单复齐的事迹进行生动描述以后，司马迁又对田单的奇事奇谋进行了高度评价和歌颂。"太史公曰：兵以正合，以奇胜。善之者，出奇无穷。奇正还相生，如环之无端。……其田单之谓邪！"（《史记·田单列传》）意即太史公说："用兵作战要一面和敌人正面交锋，一面用奇兵突袭制胜。善于用兵的人，总是能够奇兵迭出而变化无穷的。正面的交锋和背侧的奇袭都要发生作用，这两种战术的相互转化，就如同圆环没有起止一般使人捉摸不定。……田单用兵，正是如此吧！"由此又引申出成语出奇无穷：意指事物没有穷尽。指多出奇兵，多用奇计。比喻变化多端，使人难以捉摸。

【今读新得】在齐国山河破碎的紧要关头，作为小人物的田单率领即墨军民，运用奇谋（反间计、火牛阵等）战胜了敌人，一举收复了齐国失地。田单的英雄壮举，奏响了一曲爱国主义的嘹亮高歌。田单的英雄气概鼓舞着一代又一代中国人前赴后继，奋勇杀敌，保家卫国，同时也昭示后人：爱国主义是对祖国最神圣的感情。爱国不仅需要热情，需要勇气和胆魄，更需要谋略和智慧。如果说前者更多的是一种感情的话，那么后者则体现的是一种理性。每当国家与民族的尊严受到侵犯，国家与民族的情感受到伤害和践踏时，纯洁的爱国主义激情就会自然地喷薄而出。但是，爱国也要明辨是非，也要讲究方式方法。爱国既要有"发乎于情"的强烈诉求，更要有"止乎于理"的大局意识和法治意识，也需要有容乃大的宽广胸怀。在当今日趋复杂的国际背景下，青年学子既要有拳拳的爱国之心以及满腔的爱国热情，更需要擦亮眼睛、明辨是非，切忌冲动地采取一些过激行动。要学会善待、善用爱国热情。让我们每一个人以做好本职工作、做好身边事的实际行动，来维护社会稳定的大局，维护一个有利于中国自身发展的环境。这才是最大的爱国，也才是真正的爱国。

10. 王蠋殉国

【出处】《史记·田单列传》

【原典】"王蠋曰：'忠臣不事二君，贞女不更二夫。齐王不听吾谏，故退而耕于野。国既破亡，吾不能存；今又劫之以兵为君将，是助桀为暴也。与其生而无义，固不如烹！'遂经其颈于树枝，自奋绝脰而死。"

【译文】"王蠋说：'尽忠的臣子不能侍奉两个君主，贞烈的女子不能再嫁第二个丈夫。齐王不听从我的劝谏，所以我才隐居在乡间种田。齐国已经破亡，我不能使它复存，现在你们又用武力劫持我当你们的将领，我若是答应了，就是帮助坏人干坏事。与其活着干这不义之事，还不如受烹刑死了更好！'然后他就把自己的脖子吊在树枝上，奋力挣扎，扭断脖子死去。"

【释义】意指战国时期齐国危难之际，王蠋表现出的义不面北、以身殉国的英雄壮举。

【拓展链接】

1. 典故拓展

王蠋，齐国画邑（今山东省淄博市临淄区高阳村一带）人，据《史记·田单列传》记载，王蠋本是齐闵王负责教化、培养太子的太傅，由于闵王非常专横，对内搜刮民财，对外不断挑起战争，弄得国民生怨，邻邦为仇。王蠋多次进行规劝，闵王非但不采纳，反而对其痛加斥责。王蠋遂愤然辞官，退居于故里画邑，樵耕于野，以诗书自娱，过起了布衣生活。王蠋为人正直善良，他见乡亲们生活艰难，便将自己家里的财物分给了周围的穷人，自己一家却过着跟平民一样的简朴生活，因此很受人们的尊敬。

齐闵王十七年（前284年），燕国任用乐毅为上将军，统率燕、赵、韩、魏、秦五国军队合纵伐齐，一路长驱直入，攻占齐都临淄，闵王仓皇出逃。乐毅率军侵地，欲破齐城西的画邑。王蠋动员乡亲，拿起武器，决心与入侵者拼死一战。乐毅慑于王蠋的威望，传令军中，环围画邑三十里，不许入侵，派使者携黄金、礼品到王蠋家中劝降。使者很有礼貌地说："我们知道齐国的臣民多是重义尽忠之人，先生更是画邑之高士，德高望重。先生若肯率全城乡民放下武器，归顺上将军麾下，什么都好商量。"王蠋不卑不亢地说："老夫已风烛残年，且身体多病，实难从命。"使者见劝降无效，便引诱道："上将军有命：太傅若肯降，即用为将，赐你万户之邑，并荐于燕王，加官进爵，享受荣华富贵，以享晚年，请先生三思。"王蠋嘿然而笑，轻蔑地说："老夫退耕于野，自食其力，志如磐石。与燕为官，那是助桀为暴，加官进爵，吾视如粪土，你们休在此辱我清白之志！"使者见劝说、引诱皆不从，便凶相毕露，厉色威胁道："先生若不识抬举，我燕军即日破城，杀个鸡犬不留！"王蠋毫无惧色，大义凛然，拍案而起，呵斥道："大丈夫生而何患，死而何惧。我以礼相待，尔等却以武力相逼，是不为客，快滚！"使者见软硬兼施，均遭碰壁，便落荒而去。王蠋知道自己势单力薄，身处重兵包围之中，难以固守画邑，不由仰天长叹："古人云：忠臣不事二君，烈女不更二夫。今齐城失陷，国家危亡，我焉能独存！与其失忠义而生存，不如全忠义而死!"说罢，面东跪拜齐君，面北叩拜乡亲，遂自结绳于树，引颈入扣中，纵身一跃，绝颈而死。可能是老天昭彰这位爱国者以身殉国的浩然正气吧，顿时电闪雷鸣，风雨交加，愚公山松涛为之鸣咽，淄水狂浪为之号啕! 乐毅闻之，叹息不已，令人厚葬王蠋于画邑城南，愚公山之右。

王蠋壮烈殉国的事迹迅速传遍了齐国，并激励、鼓舞了全国军民抗燕复国的热情。齐国大夫们都惭愧地说："王蠋是个退隐于田野的老人，尚且不屈服于燕军，以身殉国，何况我们这些食君禄的大臣呢?" 少年爱国英雄王孙贾光着右臂，率领四百余名乡勇，擒住了以楚援齐谋杀齐闵王的淖齿，并将他剁为肉泥; 田单在即墨城与军民同仇敌忾，以火牛阵大破燕军，经过浴血奋战，先后光复被燕所侵占的七十余城。王蠋以身殉国的事迹在齐国历史上谱写了最为高昂壮烈的爱国篇章。

齐国复国以后，人民欢庆胜利的时候，也想到了宁死不屈的爱国志士王蠋。齐襄王要重新为王蠋举行隆重的葬礼，王蠋的妻子听说后，便对襄王说："我的丈夫一生为国，从来不无故破费国家的资财，现在他虽然死了，我们也不能违背他的意愿。我的丈夫就义前曾对我说，他最大的愿望就是能盼到国土重圆。要是国民想悼念他，就请国民把自己家乡的土捎一把让他看看，他在九泉之下也就瞑目了。"百姓们听说后更加敬佩王蠋，便纷纷从家乡带一把土撒到王蠋的墓上。就这样日复一日，悼念的人多了，王蠋墓便渐渐大如山丘了。

两千多年以来，爱国志士王蠋殉国的事迹一直为历代人民所敬仰、赞颂。其墓前古有题曰"齐忠臣王蠋之墓"的碑碣。宋代著名词人秦观写了《王蠋论》，称颂王蠋之志"足以无憾于天，无怍于人，无欺于伯夷、叔齐（商之两位名士）、比干（商之名臣）之事。"北宋思想家李觏在《赞王蠋》诗中说："全齐拱手授燕兵，义士谁为国重轻。七十二城皆北面，一时忠愤独书生。"盛赞王蠋的忠烈报国之志。清代临淄诗人王心清的《王蠋墓诗》赞曰："不受甘言诱，宁惊敌势张。贪生羞醒龊，绝脰励方刚，贾（王孙贾）臂呼能奋，单（田单）牛火倍光。一夫明大义，千里复全疆。"梁启超也撰文，称赞王蠋之死的巨大影响及意义。据民国《临淄县志》载："王蠋墓前有碑，字剥蚀不可复辨，今县知事舒孝先筹资立碣，曰'齐烈士王蠋之墓'。"

王蠋之墓虽经两千多年的风雨侵蚀、沧桑之变，依旧巍然矗立于山东省淄博市临淄区凤凰镇东召口村庄南六十米处的田野里，墓高五米，直径十五米，属国家重点文物保护单位。如今，王蠋墓新立墓碑上"王蠋墓"三个大字仍闪烁着不朽光辉，昭示着烈士忠魂千古永存，可歌可泣，美名永葆！

2. 人物链接——齐襄王其人

齐襄王（？—前265年），妫姓，田氏，名法章，齐闵王之子，战国时期齐国（田齐）国君，前283年—前265年在位。前284年，燕国、秦国、赵国、魏国、韩国五国攻打齐国，齐闵王被杀。田法章改名换姓在莒城太史敫（jiǎo）家做佣人。太史敫的女儿认为他状貌奇伟，绝非平常之人，便与他私通。莒城百姓与齐国逃亡大臣想拥立田法章为君。田法章害怕他们诛杀自己，很久才敢承认自己就是齐闵王的儿子。于是莒人立他为君，是为齐襄王。齐襄王继位后，立太史敫之女为王后，史称君王后。前279年，齐将田单攻破燕军，到莒城迎接齐襄王回都城临淄。齐国之前失去的土地全部收复。之后数年赵、秦等国多次派兵攻打齐国。前265年，齐襄王去世，其子田建即位。

【今读新得】国难当头，作为贤士的王蠋不受敌国利诱，以死殉国，充分体现了王蠋忠直刚烈、坚持正义的英雄气节，以及誓死不投降、宁死不屈的壮举。尽管齐军反败为胜，田单的武力固然发挥了主导作用，但是王蠋义不面北、以身殉国的壮举在唤醒民众，激励军民誓死御敌，与国共存亡方面，确也功不可没。王蠋守义不屈而死，理应受到后人的敬仰和膜拜。王蠋的爱国壮举尽管有些悲壮，但是他身上迸发出的坚持正义的气节，以及对祖国的拳拳真情日月可鉴。历史将永远铭记他！

11. 雍门刎首

【出处】《说苑·立节》

【原典】"越人……曰：'齐王有臣钧如雍门子狄，拟使越社稷不血食。'"

【译文】"越人……说：'（如果）齐王所有臣子都像雍门子狄那样，如果同他们打仗，他们一定会灭掉越国的。'"

【释义】形容臣子誓死报国的决心。也可用以指为国事而死。后用为忠君的典实。

【拓展链接】

1. 典故拓展

战国时期，诸侯争战，硝烟不断。一次，越国想侵犯齐国，几十万越国军队集结于齐国边境。齐国上下为之震动，齐王也亲率大军前去应战，一场恶战即将开始。这时，齐国大夫雍门子狄（复姓雍门，名字狄，名也作子迪）跑到边境请求自尽，以显示齐国人民坚决抗敌的决心和信心，威吓敌人。齐王劝止说："现在军队进击的号令尚未发出，两军尚未交战，兵刃还没相接，你为什么要先死在敌人面前呢？"雍门子狄则说："我听说，从前大王到圈养禽兽的场地去打猎，车子左轴发出声响，车右武士请一死，大王问：'你为什么要请死呢？'车右武士说：'因为车子的响声惊吓了君王。'大王说：'那是造车工匠的罪过，你又有什么责任呢？'车右武士回答道：'我没有看见工匠造车，只知道车子惊吓了君王。'于是拔剑自刎而死。有这回事吧？"齐王说："有的。""现在，越军已经大兵压境，他们口口声声要消灭我们的国家。这件事对君王的惊吓，难道在车子的声响之下吗？武士可以为车子发出声响而死，我为什么就不可以为越军入侵而死呢？"子狄说完，飞奔入越军阵中，拔剑刎颈而死。越国军队见此情景，大为惊骇，当天越军统军将领下令撤退七十里，并说："如果齐王的所有臣子都像雍门子狄那样，如果我们同他们打仗，他们一定会灭掉越国的！"于是越军不战自败，撤军回国了。齐王用上卿的葬礼安葬了雍门子狄。以上便是典故"雍门刎首"的故事梗概。

2. 典籍链接——《说苑》

《说苑》，又名《新苑》，古代杂史小说集，西汉经学家刘向编纂。成书于西汉末年，原二十卷。《说苑》是一部富有文学意味的重要文献，内容多哲理深刻的格言警句，叙事意蕴讽喻，故事性颇强，又以对话体为主。除卷十六《谈丛》外，其他各卷的多数篇目都是独立成篇的小故事，有故事情节，有人物对话，文字简洁生动，清新隽永，具有较高的文学欣赏价值，对魏晋乃至明清的笔记小说也有一定影响。

3. 典故链接——狐援哭国

据《吕氏春秋·贵直论》记载：战国时候，齐闵王独断专行，穷兵黩武，国内百姓和邻国都怨恨他，齐国到了亡国边缘，但是大臣们都不敢进谏。这时，一个叫狐援的老臣，冒死去劝说闵王，晓之以利害，希望闵王改正错误，警惕奋勉。但是闵王不但不接受狐援的忠告，还把他赶出宫廷。狐援看到这样下去，齐国将要灭亡，悲痛不已，便哭国三天，唱悲歌不止。他声情并茂地唱道："先出也，衣绤䌷；后出也，满囹圄。吾今见民之洋洋然，东走而不知所处。""有人自南方来，鲋入而鲵居。使人之朝为草而国为墟。殷有比干，吴有子胥，齐有狐援。已不用若言，又斩之东闾。每斩者以吾参夫二子者乎！"后人名曰《狐援辞》。闵王问执法官："哭国之法是怎样规定的？"执法官回答说："斩首。"闵王说："如法执行。"法官就在城内的东闾门前摆下刑具，但他不愿杀狐援，希望狐援马上逃走，离开这里。狐援却风尘仆仆地奔向东闾。法官说："按哭国之法，罪当杀头，还不赶快离开这里，你是老糊涂了还是怎么的？"狐援说："什么叫糊涂？我狐援不是愿意被处死，我忠告齐王，是为了让齐王改正错误，挽救社稷和百姓。既然齐王不听我的话，国家都面临灭亡了，我活着还有什么用呢？"于是欣然赴死。

【今读新得】在一场恶战即将到来之际，大臣雍门子狄以自己的生命避免了这场战争给国家和人民带来的灾难，同时也向齐王和众人表达了自己忠君爱国的决心，其心可敬，其勇可嘉，其行可悯。雍门子狄勇于为国献身的爱国精神固然可贵，但是也要死得其所。爱国无可非议，忠君却值得商榷。而当齐国到了亡国边缘之际，作为老臣的狐援怀着对齐国命运的忧虑，敢于直言，冒死劝谏闵王，充分体现了他以国家安危为重，将个人生死置之度外的高尚爱国精神和可贵的责任与担当。他因直谏被拒以及受迫害时哭唱的歌谣，其声亦悲，其情亦诚！感天动地，使人如闻其声，如见其人，更彰显了其为国为民的精诚及其伟大人格。两位大臣的爱国壮举也再次揭示了：爱国主义是对祖国最纯洁、最高尚、最神圣的感情。爱国是每个人对祖国的一份无以言至的爱。它无关乎身份，无关乎性别，也无关乎年龄。我心虽平凡，却一直爱国。穿越浩瀚的历史时空，雍门子狄和狐援仿佛就在我们眼前，他们至真至诚的爱国情怀依然熠熠生辉，并将永远印在历史的殿堂，永远激励着后人。顾炎武说："天下兴亡，匹夫有责。"青年学子们，就让我们引吭高歌，用歌声传唱我们的爱国胸襟，用行动将这份爱国情怀传递下去吧——"无论何时无论何地，心中一样亲，流在心里的血，澎湃着中华的声音，就算生在他乡也改变不了，我的中国心"！

12. 晏子使楚

【出处】《晏子春秋·内篇杂下》

【原典】"晏子使楚。以晏子短，楚人为小门于大门之侧而延晏子。晏子不入，曰：'使狗国者从狗门入。今臣使楚，不当从此门入。'傧者更道，从大门入。见楚王，王曰：'齐无人耶？使子为使。'晏子对曰：'临淄三百闾，张袂成阴，挥汗成雨，比肩继踵而在，何为无人？'王曰：'然则子何为使？'晏子对曰：'齐命使各有所主。其贤者使使贤王，不肖者使使不肖王。婴最不肖，故宜使楚矣。'"

【译文】 "晏婴出使楚国。楚王知道晏婴身材矮小，在大门旁边开一个五尺高的小洞请他进去。晏婴不进去，说：'出使到狗国的人才从狗洞进去，今天我出使到楚国来，不应该从这个洞进去。'迎接宾客的人带晏婴改从大门进去。晏婴拜见楚王。楚王说：'齐国没有人了吗？竟派您来做使臣。'晏婴回答说：'临淄有七千多户人家，人们展开衣袖就可以遮天蔽日，挥洒汗水就像天下下雨一样，人挨着人，肩并着肩，脚尖碰着脚跟，怎么能说齐国没有人呢？'楚王说：'既然这样，为什么派您这样一个人来做使臣呢？'晏婴回答说：'齐国派遣使臣，各有各的出使对象，贤明的使者被派遣出使贤明的君主那儿，不肖的使者被派遣出使不肖的君主那儿。我晏婴是最无能的人，所以最适宜出使楚国了。'"

【释义】 春秋末期，晏婴出使楚国，楚王三次侮辱他，想显示楚国的威风，晏婴都机智勇敢，巧妙回击，维护了自己和国家的尊严。

【拓展链接】

1. 典故拓展

齐景公执政期间，他意识到单凭齐国的力量是无法与强大的晋国相抗衡的，于是他将目光放到了南方的楚国，决意与楚修好，共抗晋国。在这种情况下，晏婴作为使者访问了楚国。此时的楚国由楚灵王执政，他目空天下，狂妄自傲，因此，打算羞辱一下齐国使节，于是便有了"晏子使楚"这个典故。

《晏子春秋·内篇杂下》还记载：晏婴将要出使楚国。楚王听到这个消息，对身边的人说："晏婴是齐国善于辞令的人，现在他将要来了，我想羞辱他，用什么办法呢？"身边的人回答说："等他来的时候，请允许我们捆绑一个人从大王您面前走过。大王您问：'这是什么国家的人？'我就回答说：'是齐国人。'大王您问：'他犯了什么罪？'我就说：'犯了偷窃罪。'"

晏婴到了，楚王赏赐给他酒，饮酒正酣畅的时候，两个官吏绑着一个人走到楚王面前。楚王问："绑着的人是什么国家的？"小吏回答说："他是齐国人，犯了偷窃罪。"楚王瞟着晏婴说："齐国人向来就善于偷窃吗？"晏婴离开座位恭敬地说："我听说这样的事：橘子生长在淮河以南就是橘子，生长在淮河以北就变成枳了，只是叶子的形状相像，它们果实的味道大不一样。这是什么原因呢？

是水土不同。如今这个人生活在齐国不会偷窃，来到楚国就偷窃，莫非是楚国的水土使人善于偷窃吗？"楚王笑着说："对于圣明的人是不能同他开玩笑的，寡人反而自讨没趣了。"

2. 衍生成语

在晏子使楚这个典故中，面对楚王对晏婴自己以及齐国的轻视和污蔑，晏婴均以不卑不亢的姿态和机智善辩的才能从容应对。由此也衍生出了一批至今使用频率仍颇高的成语。

（成国栋作）

（1）挥汗成雨：意指大家用手抹汗，洒出去的汗珠就像下雨一样。形容人很多。有时也形容十分劳累，或热得汗出得很多。也作挥汗如雨。

（2）比肩继踵：意指肩挨肩，脚碰脚。形容人多，很拥挤。也作比肩接踵。

（3）张袂成阴：意指张开袖子能遮掩天日，成为阴天。形容人多。

（4）南橘北枳：意指南方之橘移植到淮河之北就会变成枳。比喻同一物种因环境条件不同而发生变异。或比喻环境对人的影响。

（5）自取其辱：意指自己所受到的侮辱和难堪，都是因为自己造成的。

【今读新得】读罢该典故，我们不禁为晏婴身上散发出的满满正能量深深感动。在自己及祖国遭受侮辱之时，身为齐国大夫的晏婴能够挺身而出，以他的机智勇敢、善于辞令、灵活善辩的才能从容反击，这既让我们再次领略到他的外交智慧、他的辩才，还让我们看到了其不卑不亢、有礼有节、举重若轻的外交风范，更看到了其不惧大国、不畏强暴的斗争精神。晏子使楚体现出的卓越智慧也彪炳史册，值得万代敬仰。而透过晏子使楚，我们更看到了一种情怀，这一情怀叫"爱国主义"。正因为晏婴对祖国和人民的那份拳拳赤子之情，他才对祖国和

（孙维德作）

（吴晓谕作）

人民产生了高度的荣誉感、尊严感和责任感。当国家尊严受到侵犯时，他才挺身而出，义无反顾，坚决维护。因此，可以说，晏子使楚，不辱使命，丰富了爱国主义的内涵。它告诉我们：爱国并不一定要驰骋疆场、为国捐躯，在外交和外事活动中，斗智斗勇，舌战群儒，为国挽回尊严，化戾气为祥和，同样也是一种爱国。典故晏子使楚虽然历经两千多年，但它给我带来的启发和教育却是永恒的。由此昭示我们："爱国"二字是神圣的，同时也是具体的，它体现在一点一滴的小事中。爱国不仅需要勇气，更需要胆识和智慧！当今时代，和平与发展成为世界的两大主题，因此，国家利益相互交织、得失与共，爱国主义更多地要求通过对话、谈判、沟通加以表达。同时经济全球化使得人与人、国与国之间的交流和沟通也日益频繁。在这一新形势下，我们应该将爱国作为每一个公民义不容辞的责任，同时更要理性爱国，着眼国家利益的大局，选择恰当的方式方法去爱国。对于肩负着祖国未来发展使命的当代青年学子而言，一是应继续弘扬爱国主义精神，坚定爱国之心，不断增强捍卫祖国荣誉和尊严的责任感。二是爱国不需要理由，但需要理智和智慧。要以大局为重，冷静理智、合法有序地表达自己的情感，做一个理性而智慧的爱国者。

13. 百家争鸣

【出处】《汉书·艺文志》

【原典】"诸子十家，其可观者九家而已。皆起于王道既微，诸侯力政，时君世主，好恶殊方，是以九家之术蜂出并作，各引一端，崇其所善，以此驰说，取合诸侯。"

【译文】"诸子共有十家，其中值得观赏的不过九家而已。都是起于王道政治已经衰微以后，诸侯以武力相征伐，当时的国君喜好厌恶的不一样，所以九家的学术纷纷兴起。各自引用他们的一种学说，推崇他们学说的好处，用这学说来奔走游说迎合诸侯的心理。"

【释义】百家：原指先秦时代各种思想流派，后指各种政治、学术派别或各种观点的人；鸣：发表见解。春秋战国时代，社会处于大变革时期，涌现了各种思想流派，他们著书讲学，互相论战，争芳斗艳，使学术上呈现出一派繁荣景象，后世称之为"百家争鸣"。现在多指学术上不同学派可以自由争论，有时也指各抒己见，自由发展。

【拓展链接】

1. 典故拓展

在中国历史上，春秋战国是思想和文化最辉煌、群星璀璨的时代。这一时期出现了诸子百家争奇斗艳、彼此诘难、相互争鸣的蔚为壮观的盛况，在中国思想发展史上占有重要地位。据《汉书·艺文志》记载，数得上名字的一共有一百八十九家，四千三百二十四篇著作。《汉书·艺文志》将战国主要思想学派分为十家——儒、墨、道、法、阴阳、名、纵横、杂、兵、农、小说。西汉人刘歆在《七略·诸子略》中将小说家去掉，称为"九流"。俗称的"十家九流"便是由此而来。其后的《隋书·经籍志》《四库全书总目》等典籍则记载"诸子百家"实有上千家。

"百家争鸣"景象，发源于齐国稷下学宫。稷下学宫，又称稷下之学，始建于齐桓公田午时期，历威、宣、闵、襄，至齐王建时期结束，存在时间长达约一个半世纪之久。

齐桓公田午弑其君田剡及孺子喜而自立，是田齐的第三代国君。据徐干《中论·亡国》记载："齐桓公（田午）立稷下之宫，设大夫之号，招致贤人而尊崇之。"田齐桓公即位以后，为聚集人才，继承了齐国尊贤纳士的优良传统，在齐国都城临淄（今山东省淄博市）的稷门附近建起了巍峨的学宫，专门用于士人讲学与辩论。"稷"是齐都临淄西城门的名称，故而得名为"稷下学宫"。稷下学宫设大夫之号，招揽天下贤士。这时的稷下学宫尚属初创阶段。

齐宣王即位以后，随着国力的强盛，他采取了更为开明的政策，"趋士""贵士""好士"，大力振兴稷下学宫，为稷下学者提供优厚的物质与政治待遇，"开第康庄之衢"，修起"高门大屋"，政治上，授之"上大夫"之号，享受大夫的政治地位和政治待遇。因此，众多的天下贤士纷至沓来，可谓大师云集，群贤毕至。据《史记·田敬仲完世家》记载："宣王喜文学游说之士，自如邹衍、淳于髡、田骈、接予、慎到、环渊之徒七十六人，皆赐列第为上大夫，不治而议论，是以稷下学士复盛，且数百千人。"号称"稷下之冠"的淳于髡有功于齐，被封为上卿，又被赐予很多黄金和车马，享受很高的政治和生活待遇。"亚圣"孟子在齐国先后逗留了近十年，宣王以"养弟子以万钟"为条件来挽留他，并将其列为客卿。孟子出门时带着十多辆车，后面有一百多人跟从。田骈是战国时期齐国著名的思想家，他善于辩论，人称"天口骈"，曾经在稷下学宫讲学。虽然田骈不想入仕途为官，一心只求为百姓出力，宣王却给了他很多粮食和仆役。稷下先生地位之高，待遇之优厚，可见一斑。这样一来，天下贤才蜂拥而至。自此，稷下学宫的规模和成就均达到顶峰。当时的齐国，儒家、道家、名家、墨家、阴阳家、小说家、纵横家、兵家、农家等学派林立。各派的代表人物围绕着天人、王霸、义利等时代课题各抒己见、相互问答、互融互长、共同发展，出现了百家争鸣的盛况。

齐威王即位之初，沉溺酒色，不理朝政，结果造成内外交困，民怨沸腾。这个昏君幡然醒悟，做出一鸣惊人之举，在邹忌等人的辅佐下，革新政治，选贤任能，广开言路，发奋图强，进一步扩建了稷下学宫，广收天下人才作为镇国之宝，来自各国的士大夫聚集于稷下学宫，稷下学宫由此也进入了一个蓬勃发展的新阶段。据《史记·孟子荀卿列传》："于是齐王嘉之，自如淳于髡以下，皆命曰列大夫，为开第康庄之衢，高门大屋，尊宠之。"大意是：威王时，为嘉许聚集于稷下讲学议论的文学游士：淳于髡、慎到、环渊、接予、田骈、等人，任命为列大夫，并且为他们建筑高大的屋宅、平坦畅达的大路，倍受尊重、恩宠。后来"康庄大道"这个成语就从此处演变而出，用来形容四通八达的大路。也用来比喻光明的前途。

经过齐闵王的苦心经营，稷下学宫修建了许多漂亮的馆舍，由国家供养，使学宫的规模大为扩展。闵王后期，不听谏言，邹衍很快离开齐国，去了燕国，随后，齐几乎为燕将乐毅攻灭。

齐襄王时期，齐国重建，虽努力发展稷下学宫，但它仍然没能恢复到鼎盛时期的面貌。

至末代齐王田建即位，稷下学宫仍未能得到进一步发展。直到秦始皇统一中国时，稷下学宫才消失。可以说，稷下学宫与田齐政权的存在时间基本一致。

稷下学宫是一个集政治、学术和教育等多重功能于一身的机构。首先，它是齐国君主咨询问政以及稷下学者议论国事、天下事的场所，是齐王的智囊团，是一个政治智库。其次，稷下学宫是战国时期诸子百家荟萃的中心，学派林立，各学派平等共存，学术自由，相互争鸣，同时还著书立说，进行学术研究，因而是当时的文化学术中心。作为当时诸子百家的活动中心，稷下学宫直接促成了先秦时期学术争鸣的辉煌。再次，稷下学宫还广收门徒，培养人才，传播文化知识，起到了很好的教育效果，被誉为"齐国的最高学府"，其在教育史上也产生了巨大影响。在中国几千年历史中，稷下学宫学术氛围之浓厚，思想之自由，成果之丰硕，都是绝无仅有的。

2. 典籍链接——《汉书》

《汉书》，又称《前汉书》，由东汉史学家班固编撰，前后历时二十余年，于建初中基本修成，由唐朝学者颜师古释注。是中国第一部纪传体断代史，"二十四史"之一。《汉书》是继《史记》之后我国古代又一部重要史书，与《史记》《后汉书》《三国志》并称为"前四史"。《汉书》全书主要记述了上起西汉的汉高祖元年（前206年），下至新朝的王莽地皇四年（公元23年），共二百三十年的史事。包括纪十二篇、表八篇、志十篇、传七十篇，共一百篇，后人划分为一百二十卷，共八十万字。

3. 人物链接——齐废王其人

齐废王（约前280年—前221年），妫姓，田氏，名建，战国时期齐国（田齐）的亡国之君。齐废王在位时间长达四十四年。期间，长达四十一年国家因得到太后君王后的扶持而得以安定，另一方面，也由于秦国实行远交近攻的策略，笼络齐国，优先进攻韩国、魏国、赵国等三晋，齐国才得以安享太平。君王后逝世后，王后的族弟后胜执政。后胜是个贪官，在秦国的不断贿赂之下，齐国对其余五国袖手旁观，终于到五国灭亡后，秦王派陈驰诱使齐王建入秦，许以五百里之地封之，此刻齐王建若听即墨大夫之言，临危一搏，鹿死谁手还难料，可是到最后齐王建还是不听即墨大夫之言而听信陈驰。秦兵卒入临淄，和平生活了四十年的临淄之民无人敢反抗。齐王建降，秦迁之共地，处之太行松柏之间，因饥饿而死。

【今读新得】距今两千三百年前的稷下学宫的创建和发展，并非偶然，它得益于齐国尊贤重士的优良传统，得益于田齐时期以齐桓公、齐宣王、齐威王为代表的齐国国君为图国家富强而实行的大刀阔斧的改革措施，也得益于这些君主前赴后继，实行的以人为本、礼法并用、和而不同的开明政策。正因为此，天下饱学之士才前来讲学授徒，著书立说，诸子百家方争奇斗艳，彼此诘难，相互争鸣。因此可以说，稷下学宫的创建与繁荣，特别是以此为基础的百家争鸣盛况的形成，彰显了齐国尊重人才的优良传统，也体现了齐文化中一以贯之的积极变革精神和兼容并包的包容、民主精神。这些良好的传统与精神经过长期的积淀，已经逐步成为齐国历史发展的精神支撑，升华为齐文化最具代表性的精神内核，也成为中华民族精神的一个重要部分，更成为全人类共同的精神财富。而且实践也充分证明，这些优良传统和文化精神也不断为齐国的生命机体注入了新鲜血液，带来新的活力，使齐国一步步成为大国、富国和强国，并完成了霸业和王业，由此也奏响了变革爱国的最强音。春秋战国时代，中国的思想文化所出现的这一前所未有的辉煌发展和繁荣局面，对后世产生了深远影响。时至今日，也颇具积极的现实意义。第一，诸子百家的许多思想给后代留下了深刻启示。如借鉴儒家的刚健有为、公忠为国精神来激励自己发愤图强，培育自己的爱国情怀，借鉴儒家的"以义制利"精神、"仁爱"精神来启示自己正确对待物质利益，培育自己热爱人民的高尚情操等等。再如道家注重修身，崇尚自然，主张清静无为，法家主张以法治国，力行变革等等，都值得现代社会吸收和利用。可见诸子百家的很多思想对我们理想追求、人格养成以至国家治理都能提供重要借鉴和帮助。我们应该取其精华为我所用，弃其糟粕为我所鉴。第二，在创建和繁荣稷下学宫、形成百家争鸣局面的过程中体现出来的优良传统和精神，值得我们学习和借鉴。如积极倡导变革，兼容并包，允许学术自由，重视人才，并允许人才流动等等，不仅彰显了齐文化精神，还对今天的国家治理和文化繁荣具有重要借鉴价值。我们应该汲取齐文化的正能量，助力实现中国梦。

14. 泱泱大风

【出处】《左传·襄公二十九年》

【原典】"为之歌《齐》，曰：'美哉，泱泱乎，大风也哉！表东海者，其大公乎！国未可量也。'"

【译文】"为他歌唱《齐风》之歌，他说：'美啊，多么宏大的声音啊！这是大国的音乐啊！作为东海的表率的，大概是太公的国家吧！国家前途是不可限量的。'"

【释义】泱泱：宏大的样子。幅员辽阔、人口众多的国家。

【拓展链接】

成语泱泱大风来源于春秋时期吴国的公子季札的一次观乐活动。据《左传》记载：吴国的公子季札自幼精通音乐。鲁襄公二十九年（前540年），他访问鲁国。因为鲁国是礼乐最完备的国家，季札便请求欣赏周朝各国的音乐和舞蹈。于是让乐工为他歌唱《周南》《召南》。季札说："美啊！王业开始奠定基础了，还没有完善，然而百姓勤劳而不怨恨了。"为他歌唱《邶风》《卫风》之歌，他说："美好又深沉啊！忧愁而不困惑。我听说卫康叔、武公的德行就像这样，这大概就是《卫风》吧！"为他歌唱《王风》之歌，他说："美啊！思虑而不恐惧，大概是周室东迁以后的音乐吧！"为他歌唱《郑风》之歌，他说："美啊！但是它琐碎得太过分了，百姓不堪忍受了。这大概是郑国要先灭亡的原因吧！"为他歌唱《齐风》之歌，他说："美啊，多么宏大的声音啊！这是大国的音乐啊！作为东海的表率的，大概是太公的国家吧！国家前途是不可限量的。"为他歌唱《豳风》之歌，他说："美啊，浩荡博大呵！欢乐而不过度，大概是周公东征的音乐吧！"为他歌唱《秦风》之歌，他说："这就叫作西方的夏声。夏就是大，大到极点了，恐怕是周朝的旧乐吧！"为他歌唱《魏风》，他说："美啊！抑扬顿挫啊！宏亮而又婉转，艰难而流畅，再用德行加以辅助，就是贤明的君主了。"为他歌唱《唐风》，他说："思虑很深啊！大概有陶唐氏的遗民吧？否则，为什么那么忧深思远呢？不是美德者的后代，谁能像这样？"为他歌唱《陈风》，他说："国家没有主人，难道能够长久吗？"等演奏曹国、郐国的《郐风》以后，季札就没有再发表评论了。以上便是成语泱泱大风的出处。

【今读新得】在该成语故事中，吴公子季札不仅聆听了周代各国的宫廷音乐，还品味到不同旋律中蕴含的境界和韵味，进而上升到社会政治层面的评价，这一方面表现了季札非凡的音乐鉴赏水平和精准的音乐领悟能力，也反映了周代的礼乐之道。季札在对"齐风"的审美体验中感受到了"泱泱乎"的境界，让我们感受到了齐国音乐文化的风采——形式多样、内容丰富、豪华庞大。而这一音乐特色的形成得益于自齐国建国伊始就奉行的"因其俗，简其礼"等治国方针，具体到礼乐发展方面，齐国既不强制推行周礼，也不强制革除夷礼，而是允许不同文化、不同风俗

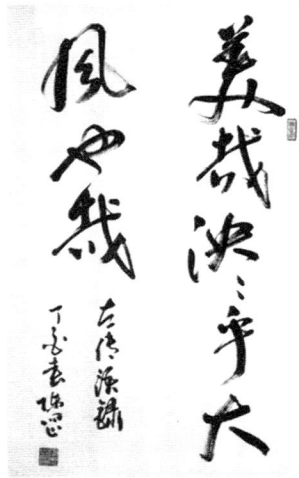

（陈刚作）

自由存在，国家礼乐与俗乐兼容并蓄，正是这一政策，造就了齐国音乐文化"美哉！泱泱乎，大风也哉"的风采和魅力。同时，也让季札直观感受到了齐国的泱泱大国气象和不可限量的发展前景。从这个意义上讲，该典故不仅有助于我们理解中国礼乐之道及民族精神，也让我们进一步认识到了兼容并包、海纳

百川、革故鼎新、不因循守旧的齐文化精神，更让我们在品读成语之余，平添了几分文化自信。习近平总书记指出："坚定中国特色社会主义道路自信、理论自信、制度自信，说到底是要坚定文化自信。"实现中华民族伟大复兴中国梦，必须要有坚定的文化自信作为精神支撑。增强和提升文化自信，着眼点应放在坚定对我们民族优秀传统文化的自信上。作为中华优秀传统文化主要源头之一的齐文化，博大精深，内涵丰富而又源远流长。它深刻地影响了齐地以及整个中华民族文化的发展，也对以后各个时代文化的发展产生了积极影响。它就像一条生生不息的湍急河流，默默地滋养、浸润着我们每一个人，当下仍散发出耀眼光芒。"自信人生二百年，会当水击三千里。"愿我们每个人尤其是各位青年学子，进一步增强文化使命感，努力学好齐文化等中华优秀传统文化，夯实文化修养，传承好中华民族的道德基因，不断树立和坚定文化自信的资本和底气，成为合格的中华优秀传统文化的继承者和开拓者！

02

励志成才篇

1. 志在四方

【出处】《左传·僖公二十三年》（又见《东周列国志》）

【原典】"姜氏杀之，而谓公子曰：'子有四方之志，其闻之者，吾杀之矣。'"

【译文】"重耳的妻子姜氏杀掉侍女后，对重耳说：'男子汉大丈夫，应该志在四方，干出一番轰轰烈烈的大事。现在这位侍女听到了你们的密谈，所以我已把她杀掉灭口了。'"

【释义】四方：东、南、西、北四个方向，泛指天下。指有远大志向，不株守于一地，往往远行以建功立业。

【拓展链接】

1. 典故拓展

据《左传·僖公二十三年》记载：春秋时期，晋献公在宠妾骊姬的挑拨下，杀了太子申生，公子重耳和夷吾也被迫分别逃亡到狄国和梁国。后来，晋献公死了，夷吾在秦穆公和齐桓公的帮助下做了国君，他担心重耳会回来争夺王位，便派人去追杀重耳。于是，重耳又历尽艰险，从狄国逃到了齐国。重耳逃到齐国以后，齐桓公非常喜欢他，对重耳以及追随他的子犯、赵衰、狐偃等人都十分优待，还把自己的女儿齐姜嫁给了他，送给他二十辆四匹马拉的车，并在各方面都很照顾他。七年之后，重耳的岁数已经很大，只想在齐国安度余生，根本不想返回晋国了。他的随从子犯、赵衰等人对于重耳如此胸无大志很是不满，但也无可奈何。

不久，齐桓公离开人世，齐孝公做了齐国国君。晋国大臣子犯、赵衰、狐偃等觉得齐孝公不是一个贤能之人，不会有什么作为，于是便到桑园里秘密商议，要想办法让重耳离开齐国。不料，正巧齐姜的一个侍女在树上采桑叶，把他们说的话全听去了，这个侍女立即把这件事告诉了齐姜。齐姜希望丈夫能做一番大事业，害怕这侍女泄露了秘密，便把她杀了，然后对重耳说："男子汉大丈夫，应该志在四方，干出一番轰轰烈烈的大事。现在这位侍女听到了你们的密谈，所以我已把她杀掉灭口了。"重耳听了很惊讶，说："可是我并没打算离开你，离开齐国呀！我的岁数已经很大，难道还要硬逼我干事业吗？若是如此，老天也太不公平了！"齐姜听了，知道重耳不想走，便不再劝他了，而是把子犯等人叫来，一起商议如何让重耳离去。他们想了半天，最后商量了一个计策：将重耳灌醉，把他送出齐国。后来，重耳在62岁的时候，终于回到晋国，当上了晋国国君，并逐渐成为中原霸主，史称晋文公。他是春秋五霸中的第2位霸主，与齐桓公并称"齐桓晋文"。

　　2.人物链接——齐孝公其人

　　齐孝公（？—前633年），姜姓，吕氏，名昭。春秋时期齐国国君，齐桓公之子，母郑姬。前642年至前633年在位。前633年，孝公卒，弟潘杀太子嗣位，是为齐昭公。

　　【今读新得】由该则成语故事可以看出，晋公子重耳之所以能够在出亡十九年以后，得以归国重掌政权，与其夫人齐姜的提醒、督促具有直接关系。齐姜识大体、明大义、有抱负、有远见、有魄力的可贵品德也颇为后人称道。历史也为她留下了"齐姜助夫成霸业"的美名，这也是名实相符的。该成语故事也留下了"好男儿志在四方"的古训。数千年来，这句古训激励着一代又一代有为青年发愤立志，为实现理想而奋斗。时至今日，它已经不单单是中华民族的古训，更是有志青年的一种美德。1913年，周恩来同志在小学毕业时，曾给一位同学题写临别赠言："志在四方。"1917年夏，他由天津赴日本留学前与老同

（尚国梁作）

学相约："愿相会于中华腾飞世界时。"这是何等宏大的雄心壮志啊！古人云："志者，气之帅也。""有志者事竟成。"大哲学家苏格拉底说："世界上最快乐的事，莫过于为理想而奋斗。"巴西著名作家保罗·柯艾略在《牧羊少年奇幻之旅》中也说："当一个人真的渴望某种东西时，整个宇宙都会帮他实现梦想。"可见，古今中外有识之士都认识到志向对于人的重要性。对于当代青年学子而言，现在正处于理想与信念形成的关键时刻。树立远大志向，是迈向人生成长和成功的第一步，也是最后成功的根本原因。而没有理想，我们便失去了成才的目标，就好像航行于大海的船只失去了罗盘一般，随波逐流，前途迷茫。古人云："取乎其上，得乎其中；取乎其中，得乎其下；取乎其下，则无所得矣。"

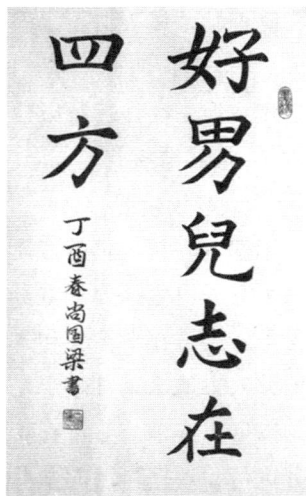

习近平总书记寄语青年："立志是一切开始的前提，青年要立志做大事，不要立志做大官。"都昭示了：青年学子不仅要立志，更要立大志。愿青年学子都以此为座右铭，不断鼓舞和鞭策自己，充分认识到理想和目标对于人生的重要意义，尽早树立正确的人生理想以及远大的志向，明确人生奋斗的方向。愿青年学子们，以梦为马，不负韶华！愿你们扬起理想的风帆，握牢志向的罗盘，演绎出立志与追梦的精彩乐章！

2. 为者常成

【出处】《晏子春秋·内篇杂下》

【原文】"晏子曰：'婴闻之，为者常成，行者常至。'"

【译文】"晏婴说：'我听说：（无论怎么难做的事）总去做，就一定能做成；（无论多么遥远的路）总是走，就一定能到达。'"

【释义】为：实际去做。意指努力去做的人常常可以成功。有时也作行者常至，或为者常成，行者常至。

【拓展链接】

该成语源自梁丘据和晏婴的一段对话。梁丘据是齐侯姜尚后裔，春秋时期齐国的大夫，深受齐景公的赏识，后受封地于山东梁丘（今山东省城武县东北梁丘山南边），以封地名为姓，为梁丘姓始祖。按文献记载，梁丘据为人热情开朗，虚心好学，温顺和善，且善于揣摩景公的心思，所以景公对其关爱有加，让他办理了许多事情，皆出色完成。梁丘据与当朝宰相晏婴虽为朋友，但也是政治对手，晏婴一直对梁丘据的利益集团予以攻击和打压，并从景公欲杀祝司一事，认定梁丘据这个人铁石心肠，不近人情，并在梁丘据死后，进谏景公不要予以厚葬。

有一天，梁丘据对晏婴说："我到死也赶不上先生您了！"晏婴说："我听说：（无论怎么难做的事）总去做，就一定能做成；（无论多么遥远的路）总是走，就一定能到达。我并没有比别人两样的（地方）。（只要你）总去努力而不中断，总是前进而不休止，还有什么难以达到的呢？"这便是"为者常成"成语故事的梗概。

【今读新得】在该成语故事中，晏婴与梁丘据的对话告诉我们一个道理：无论是做人还是做事，只有不断进取，不懈努力，才能做到最好，获得成功。如果不努力，或半途而废，则一定不会成功！从该则成语中，我们可以得到诸多启迪：一是事在人为。一分耕耘，一分收获。就一件事来说，做与不做是成功与否的关键。纵有一万个想象，不如一个坚定的行动。只有走，才能到；只有做，才能成。做一件事要想取得结果，必须付出行动，而不是纸上谈兵。只有行动，才会有收获，才会有结果。要做行动上的巨人。二是成功贵有恒。诚如荀子在《劝学》中所说："不积跬步，无以至千里；不积小流，无以成江海。"一切成功都有一个从量变到质变的过程，需要深厚的积累，因此，做事要锲而不舍，持之以恒，坚持不懈，脚踏实地，不畏艰险。只有勇敢实践的人，才可能获得成功；也只有不倦前行、坚持不懈的人，才会有机会到达目的地。老子云："千里之行，始于足下。"西方谚语也说："罗马不是一天建成的。"由此可以说，为者常成

（郭丽作）

成不仅是一种态度，更是一种精神。青年学子们，前程就在脚下，命运就在手中。愿你们恪守为者常成的古训，拿出"咬定青山不放松"的精神，脚踏实地，勇于面对失败和挫折，以超强的行动力和可贵的恒心铸就人生之辉煌。

3. 一暴十寒

【出处】《孟子·告子上》

【原文】"虽有天下易生之物也，一日暴之，十日寒之，未有能生者也。"

【译文】"即使是天下最容易生长的植物，晒它一天，又冻它十天，也不能生长。"

【释义】暴：同"曝"，晒。原意是说，虽然是最容易生长的植物，晒一天，冻十天，也不可能生长。比喻做事没有恒心。

【拓展链接】

1. 典故拓展

战国时代，百家争鸣，游说之风十分盛行。一般游说之士，不但有高深的学问、丰富的知识，尤其是以用深刻生动的比喻，来讽劝执政者，最为突出。"亚圣"孟子也是当时的一个著名辩士，《孟子·告子上》中有这样一段记载：齐宣王昏庸无能，常被朝中的奸人利用。孟子游历到齐国时，孟子对宣王的昏庸，做事没有坚持性、轻信奸佞谗言很不满，但又无能为力。他认为宣王并不是不聪明，而是没有受到好的方面的熏陶。有一天，孟子拜见宣王，便不客气地对他说："大王的不明智，没有什么不可理解的。即使是天下最容易生长的植物，晒它一天，又冻它十天，也不能生长。我见到齐王的机会少之甚少，即使给了他一些良好的影响与帮助，我一离开，一些和我主张不同的人，又带给他许多不好影响。我怎么能使大王的思想、品质好起来呢？"接着，他便打了一个生动的比喻："下棋看起来是一件小事，但假使你不专心致志，也同样学不好，下不赢，弈秋是全国最善下棋的能手，他教了两个徒弟，其中一个专心致志，处处听弈秋的指导，另一个却老是认为有大天鹅飞来，准备用箭射鹅。两个徒弟虽然是一个师傅教的，一起学的，然而后者的成绩却差得很远，这不是因为他们的智力有什么区别，而是专心的程度不一样啊。"后人便将孟子所言"一日暴之，十日寒之"精简为"一暴十寒"这个成语，用以比喻修学、做事无恒心，作辍无常的现象。

2. 典籍链接——《孟子》

《孟子》，战国中期著名思想家、政治家、教育家孟子及其弟子记录并整理而成。《汉书·艺文志》著录《孟子》十一篇，现存七篇十四卷。总字数三万五千字，二百八十六章。书中记载有孟子及其弟子的政治、教育、哲学、伦理等方面的思想观点和政治活动。《孟子》属语录体散文集，在儒家典籍中占有很重要的地位，为"四书"之一。

3. 人物链接——齐宣王其人

齐宣王（约前 350 年—前 301 年），妫姓、田氏，名辟疆，战国时期齐国（田齐）国君，齐威王之子。前 320 年，齐威王去世，田辟疆即位，是为齐宣王。前 314 年，燕国燕王哙禅让王位给宰相子之，太子平被迫起兵夺回权力，反而被杀。宣王乘此大乱，派匡章率军攻破燕国，燕王哙被杀，子之逃亡，后被齐人抓住做成肉酱。前 312 年，宣王杀王后，后娶钟离春为后。相传钟离春是一位相貌奇丑的女子。随后宣王向孟子请教称霸天下的方法，孟子因势利导，游说宣王弃霸道而行王道，但是齐宣王没有听从，反而败坏军纪，掠夺民财，导致燕人叛乱，不久齐军就在赵、魏、韩、楚、秦等国的压力下被迫撤军，而燕人则共立公子职，是为燕昭王，宣王感叹："吾甚惭于孟子。"南郭先生爱听吹竽，要三百人合奏，南郭先生不会吹竽，混进竽乐队里，一直到宣王去世，都没被拆穿。齐闵王即位后，喜欢单独演奏，南郭先生赶紧逃亡，这是成语滥竽充数的由来。齐宣王十九年（前 301 年），齐宣王去世，其子田地即位，是为齐闵王。

【今读新得】该成语揭示了一个朴素的道理：世界上没有一劳永逸之事。无论做任何事情，都需要经历一个循序渐进的过程。三天打鱼，两天晒网固然悠闲惬意，但难有所成。成功属于有准备的人，更属于有恒心、不断坚持的人。该成语对于我们每一个人，尤其是当代青年学子重要的警示作用。大学生活是丰富多彩的，值得我们去珍惜和奋斗。每个同学都有对未来的美好憧憬，但是它的实现绝非一日之功，而需要一个循序渐进、聚沙成塔、厚积薄发的漫长过程。为此，必须既要有向着自己的目标去奋斗拼搏、踏实行动的勇气和执行力，更要有永不言弃的执着精神，以及"铁杵才能磨成针"的恒心与坚持。切忌急于求成，切忌心猿意马，切忌三分钟热血。毛泽东主席曾经说过："贵有恒，何必三更起，五更眠。最无益，只怕一日曝，十日寒。"唐代名臣、大书法家颜真卿也曾说："三更灯火五更鸡，正是男儿读书时。黑发不知勤学早，白首方悔读书迟。"青年学子们，愿我们在追梦的道路上，再多一点勤奋，多一点坚持，耐得住寂寞，乐于坐冷板凳，也许人生最曼妙的风景就在这份执着的坚持中。

4. 一鸣惊人

【出处】《史记·滑稽列传》（又见《韩非子·喻老》）

【原典】"王曰：'此鸟不飞则已，一飞冲天；不鸣则已，一鸣惊人。'"

【译文】"齐威王说：'这鸟不飞则罢，一飞就直冲云天；不鸣叫则罢，一鸣叫就震惊世人。'"

【释义】鸣：鸟叫。一声鸣叫使人震惊。比喻平时默默无闻的人，突然取得优异的成绩而引起人们的惊讶。

【拓展链接】

1. 典故拓展

据《史记·滑稽列传》记载：战国时期，淳于髡是齐国的赘婿，机智善辩，几次出使诸侯国，从没有受过屈辱。齐威王继承王位已有三年了，可是他整天饮酒作乐，不理朝政。威王喜欢隐语，爱恣意作乐，整夜唱酒，陷在里面不理朝政，把国事托付给卿大夫。官吏们怠工腐化，诸侯国一起来犯，齐国危亡就在朝夕之间了，左右没有一个敢谏诤的。淳于髡于是用隐语来劝说威王："国内有一只大鸟，栖息在大王的宫廷里，三年不飞也不鸣叫，大王可知道这鸟是为什么？"威王说："这鸟不飞则罢，一飞就直冲云天；不鸣叫则罢，一鸣叫就震惊世人。"于是他上朝召集各县令县长七十二人，奖励了一个，处死了一个，重振军威出战。诸侯国一时震惊，都归还了侵占齐国的土地。从此声威盛行三十六年。以上便是成语一鸣惊人的来历。

此外，《韩非子·喻老》中也有"虽无飞，飞必冲天；虽无鸣，鸣必惊人"。说的是春秋时期楚国国君楚庄王一鸣惊人的故事。两个故事蕴含的道理是相同的。

2. 人物链接——淳于髡其人

淳于髡（kūn）（约前 386 年—前 310 年），黄县（今山东省龙口市）人，战国时期齐国的政治家和思想家。齐之赘婿，齐威王用为客卿。淳于髡出身卑贱，其貌不扬。《史记·滑稽列传》记载："淳于髡者，齐之赘婿也，长不满七尺。"（注：当时一尺合今 23.1cm）"髡"是先秦时的一种刑法，指剃掉头顶周围的头发，是对人侮辱性的惩罚。淳于髡以此为名，可见其社会地位之低。"赘婿"则源自于春秋时期齐国的风俗。当时齐国风俗认为，家中长女不能出嫁，要在家里主持祭祀，否则不利于家运。这些在家主持祭祀的长女，被称作"巫儿"，巫儿要结婚，只好招婿入门，于是就有了"赘婿"。此风俗在齐地由来已久，一直到汉代还很流行。如果不是经济贫困，无力娶妻，一般人是不会入赘的。所以，淳于髡身为赘婿，更可以确定他是出身于社会底层的了。

淳于髡以博学多才、善于辩论著称，是稷下学宫中最具影响力的学者之一。他智慧超群，滑稽多辩。他学无所主，博闻强记，能言善辩。他多次用隐言微语的方式讽谏齐威王，居安思危，革新朝政。他还多次以特使身份，周旋于诸侯之间，不辱国格，不负君命。齐威王拜其为政卿大夫。齐威王八年，楚发兵伐齐。威王使淳于髡至赵国请救兵，赵王与之精兵十万，革车千乘。楚国闻之退兵。他长期活跃在齐国的政治和学术领域，上说下教，不治而议论，曾对齐国新兴封建制度的巩固和发展，对齐国的振兴与强盛，对威、宣之际稷下之学的发展，都做出了重要贡献。他曾经辅佐过魏惠王、陈轸等人。

【今读新得】淳于髡仰天大笑，一个具有英雄气概的齐威王横空出世！该成语为我们塑造了一个从谏如流、知错能改的明君形象，昭示我们管理者只有虚怀若谷，广开言路，虚心接受下属的批评意见，并积极加以改正，才会赢得人心，也才有可能成功。同时，通过该成语，我们也再次见识了淳于髡善良正直、有勇有谋、仗义执言、巧言善辩的智者风范。特别是其非凡的劝谏艺术更令人刮目相看。其劝谏艺术的非凡之处在于：第一，他在劝谏时能够抓住对方的心理和喜好。他知道威王喜好隐语，所以就讲了"大鸟三年不飞又不鸣"的隐语，将威王比作大鸟，来规劝君主，使威王听出了弦外之音，使威王不仅不生气，还乐于接受。第二，他使用的劝谏方法也很独特。淳于髡不愧是劝谏高手，他能根据劝谏情境的不同灵活采用劝谏方法。在这次劝谏中，他使用了隐喻法，具体而言，就是把劝谏的对象委婉地暗喻做某一种事物，让其明白其中的道理。他打了个比方，把威王比作大鸟，形象生动，具体可感，通过委婉含蓄的说话方式，变逆耳为顺耳，让威王在轻松活泼的氛围中认识到自己的错误，并最终改正自己错误，从而达到了成功劝谏的目的。淳于髡的劝谏水平之高令人折服。司马迁也曾高度赞扬他："淳于髡仰天大笑，齐威王横行，岂不伟哉！"常言道："良药苦口利于病，忠言逆耳利于行。"淳于髡的劝谏实践也告诉我们，有时良药未必苦口，忠言何须逆耳？关键是要根据劝谏对象的特点和心理需求，巧妙地使用多样化的劝谏方法。对于现代人来说，淳于髡的劝谏艺术同样具有现实指导意义。如果我们能够学以致用，相信我们的生活、学习、工作，以及为人处世，都将会达到一个更高的境界。此外，一鸣惊人成语本身经过数千年的流传和使用，也已经成为一个高频词。它多比喻一个人平时很一般，突然做出惊人的事情。很多情况下，我们往往更关注一个人"一鸣惊人"时的惊鸿一瞥，而忽略了"鸣叫"之前的蛰伏状态。但是纵观不少成功人士的人生轨迹不难发现，其成功都不是偶然的，背后都一段艰苦的奋斗史，这是一个韬光养晦、不断坚持的过程。其实，人生原本就是一个厚积薄发的过程，这个过程意味着学习，意味着储备，意味着要耐得住寂寞，更意味着长期的坚持与修炼。或许储备越多，爆发力也越强，积累越多，你就越闪耀。正如宋代大诗人苏轼曾说的："博观而约取，厚积而薄发。"信手拈来的从容皆是源于厚积薄发的沉淀。愿青年学子们努力，努力，再努力；坚持，坚持，再坚持。只要努力与坚持，你也终会有一鸣惊人、一飞冲天的那一天！

5. 一鼓作气

【出处】《左传·庄公十年》

【原典】"既克，公问其故。对曰：'夫战，勇气也。一鼓作气，再而衰，三而竭。彼竭我盈，故克之，夫大国，难测也，惧有伏焉。吾视其辙乱，望其旗靡，故逐之。'"

【译文】"战胜了齐国军队后，鲁庄公问这样做的原因。曹刿回答说：'作战是靠勇气的。第一次击鼓振作了勇气，第二次击鼓勇气低落，第三次击鼓勇气就消灭了。他们的勇气消失了，我军的勇气正旺盛，所以战胜了他们。大国，是不容易估计的，怕有伏兵在那里。我看见他们的车轮痕迹混乱了，望见他们的旗帜倒下了，所以追击齐军。'"

【释义】一鼓：第一次击鼓；作：振作；气：勇气。第一次击鼓时士气振奋。原指作战时擂第一通鼓，勇气振作起来。比喻趁情绪高昂之时把事情办好。

【拓展链接】

自前 770 年周平王东迁洛邑（今河南省洛阳市）开始，我国历史进入诸侯兼并、大国争霸的春秋时期。齐国和鲁国都是西周初年分封的重要诸侯国，又相互毗邻，因此势必发生两国之间短兵相接的情况。

　　鲁庄公十年（前684年）的春天，齐桓公在巩固了君位以后，自恃力量强大，不顾管仲的谏阻，决定兴师攻打鲁国。鲁国当时执政的国君是鲁庄公。此前，齐、鲁几次交战，鲁国都被打败。闻听齐大军压境，鲁庄公和群臣大惊失色，不知所措。这时，一直隐居梁甫山的曹刿求见庄公，主动提出为抵抗齐军出谋划策。他的同乡说："大官们会谋划这件事的，你又何必参与呢？"曹刿说："大官们眼光短浅，不能深谋远虑。"于是他进宫去见鲁庄公。曹刿问庄公："您凭什么跟齐国打仗？"庄公说："衣食是使人生活安定的东西，我不敢独自占有，一定拿来分给别人。"曹刿说："这种小恩小惠不能遍及百姓，老百姓是不会听从您的。"庄公又说："祭祀用的牛羊、玉帛之类，我从来不敢虚报数目，一定要做到诚实可信。"曹刿说："这点诚意难以使人信服，神明是不会保佑您的。"庄公接着说："大大小小的案件，虽然不能件件都了解得清楚，但一定要处理得合情合理。"曹刿说："这才是尽本职的事，可以凭这一点去打仗。作战时请允许我跟您一起去。"鲁庄公允诺了他的这一请求。

　　鲁庄公和曹刿同乘一辆战车，在长勺（今山东省曲阜北，一说莱芜东北）迎击来犯的齐军。两军都摆开了决战的态势，等布阵完毕以后，庄公就传令击鼓进

（成国栋作）

军，曹刿说："现在不行。"庄公接受了曹刿的建议，暂时按兵不动。待齐军擂鼓三次之后，曹刿才对庄公说："时机已到，可以出击。"庄公听从了他的建议，传令鲁军全线出击。鲁军凭借高昂的士气，一鼓作气，冲垮齐军的车阵，结果，齐军大败。庄公见齐军败退，要下令追击，曹刿说："现在还不行。"说完他下车去察看齐军车辙的痕迹，然后又登上车，手扶车前横木观望齐军的队形。望见齐军的旗帜东倒西歪之后，判定齐军确实是溃败，才建议庄公乘胜追击。于

是，庄公命令军队追击齐军。

最终，鲁国的军队战胜了齐军，将其赶出了鲁国国境。战争结束后，鲁庄公向曹刿询问取胜的原因。曹刿答道："用兵打仗，靠的是勇气。第一次击鼓能振作士兵们的勇气。第二次击鼓时，士兵们的勇气就会减弱。齐军三通鼓罢，士气已枯竭，而我方的勇气正盛，所以我们打败了他们。"接着曹刿又解释没有立即发起追击的原因："齐国是大国，难以摸清他们的情况，要谨慎其佯装失败设立埋伏。我察看他们的车辙，观察他们的队形，担心的是他们有埋伏。经过观察后，我发现他们的车辙紊乱，军旗歪斜，才大胆地下令追击他们。"鲁庄公听了曹刿的这番话，不禁称赞道："将军真是精通战事的奇才啊！"

以上便是一鼓作气这个成语的来历，它说的是我国古代历史上著名的长勺之战。凭借曹刿的谋略与智慧，该次战役以鲁国的胜利而告终，从而成为中国历史上以少胜多的著名战役。

【今读新得】在长勺之战中，凭借曹刿的谋略与智慧，鲁国军队以少胜多，大获全胜，这场战役之神奇也一直为历代兵家所称道。而

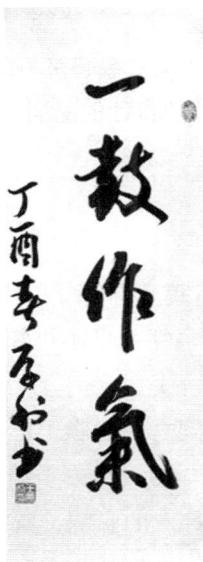

（王厚利作）　　　　　　（付学勤作）

曹刿"一鼓作气，再而衰，三而竭"的名言也演变成了一条古训，一直激励和警示着后人。该成语告诉我们：无论是打仗，还是工作，抑或是做任何事情，都必须一鼓作气，保持高度热情，同时应注意把握机会，学会借力、借势，用智慧将事情做好。在竞争日益激烈的现代社会中，我们首先要认识到自己的优势，同时也要看清楚对手的弱点，然后再对此采取致命一击。当代青年学子也应从该成语中汲取成长的智慧。无论在学习、生活中，还是在工作中，都要学习"一鼓作气"的精神。一是做事应果断，保持高度热情，切忌优柔寡断、拖拖拉拉。二是做事一定要有持之以恒的决心和信心。荀子曰："骐骥一跃，不能

十步；驽马十驾，功在不舍。"做任何事情都不能有丝毫的松懈和懈怠，不能气馁，不要虎头蛇尾，更不能半途而废。否则，将可能与成功失之交臂！

6. 孙膑膑膝

【出处】《史记·孙子吴起列传》

【原典】"膑至，庞涓恐其贤于己，疾之，则以法刑断其两足而黥之，欲隐勿见。"

【译文】"孙膑到来，庞涓害怕他比自己贤能，忌恨他，就假借罪名砍掉他两只脚，并且在他脸上刺了字，想让他隐藏起来不敢抛头露面。"

【释义】膑：特指古代一种剔掉膝盖骨的酷刑。意指孙膑遭旧日同窗庞涓的诬陷，被施以膑刑。

【拓展链接】

1. 典故拓展

孙膑是春秋时期的大军事家孙武（即孙子）的后代，至孙膑时移居于鄄（今山东省菏泽市鄄城县）。其真实名字今已不可知，因他曾遭受过膑刑，故后人就称他为孙膑。孙膑在少年时便下定决心学习兵法，立志做出一番大事业。成年后，他投在精通兵法和纵横捭阖之术的隐士鬼谷子的门下学习兵法，与庞涓同门受业。孙膑天资聪明，勤奋学习，又善于动脑，悟性极高，对师父所授之业常能举一反三。加之受其先祖孙武的影响，所以他很快就掌握了《孙子兵法》的精髓，并且能够根据自己的理解阐述许多精辟独到的见解。其学业长进之快常常出乎师父的预料，鬼谷子非常高兴，常说：此子日后必成大器。

孙膑的同窗庞涓虽很聪明，但学习极不刻苦扎实，而且还是一个心胸狭窄之人，他对孙膑的才能十分妒忌，但表面上却装作和孙膑很要好，相约以后一旦得志，彼此互不相忘。后来，庞涓先行下山，投奔魏国，得到魏惠王的重用，被提拔为将军。但他深知自己的能力远不如辅佐齐国的孙膑，感到他是个威胁，便想方设法把孙膑"挖"到魏国来。

孙膑到来之后，他先是虚情假意地热烈欢迎，而后委之以客卿的官职，孙膑自然对不忘旧日同窗之情的庞涓感激万分。然而半年之后，庞涓盗用法令，罗织罪名，诬陷孙膑私通齐国，对他施以膑刑，即剔除膝盖骨，使其不能行走，脸上也刺上字，目的是让他终身不得重用，而且从精神上销蚀孙膑。当孙膑知道事情的真相后，就想方设法摆脱庞涓手下的监视，准备有朝一日逃离虎口。

不久，齐国使者来到魏国，孙膑以罪犯的身份暗地里会见齐国使者，向其游说。齐国使者非常欣赏孙膑的才华，便把他藏入车中带回齐国。齐国的将领田忌友好地以贵客的标准来接待他。在一次王公贵族的赛马活动中，田忌将足智多谋的孙膑推荐给齐威王。威王问用兵之道，孙膑应对如流，威王大悦，遂任命其为军师。后来，在齐魏马陵一战中，庞涓被孙膑打得"智穷兵败"，无颜见世人而自刎。孙膑凭借非凡的军事才华，指挥千军万马驰骋疆场，且从此名扬天下。

2. 知识链接——五刑

所谓五刑，是指我国古代社会长期存在的墨、劓、剕、宫、大辟等五种法定刑。五刑作为中国古代社会具有代表性的刑法，始于夏，发达于商、周，影响及至三国两晋南北朝，延续了数千年之久。

墨刑，又称黥刑，是在罪人面上或额头上刺字，再染上墨，作为受刑人的标志。这种墨刑既是刻人肌肤的身体刑，又是使受刑人蒙受耻辱、使之区别于常人的一种耻辱刑。它是五刑中最轻的一种刑罚。汉文帝废除肉刑后，经过魏晋隋唐，都没有此刑。但五代和宋又恢复，辽金元明清都有刺面刑，但有的轻罪则刺胳膊。到清末光绪末期，该刑彻底废除。是中国古代社会中使用时间最长的一种肉刑。

劓（yì）刑，就是割去受刑人的鼻子。鼻子是人的重要器官，而且与人的尊严密切相关，因此劓刑较墨刑为重，是最为经常的一种处罚方法，后来演变成一种固定的刑罚方法。汉文帝废除肉刑后，用笞三百代替，后来又减少了笞数。此后，该刑不再出现。

剕（fèi）刑，也作刖刑、膑刑，是指砍去受刑人手或足的重刑。膑刑，即剔去人膝盖骨，孙膑就曾受此刑。起源于夏，砍足曰剕，砍手曰刖。砍去受刑人手足也是早期各个古代民族经常使用的处罚方法。早在中国的夏、商时代，此类刑罚便作为最主要的常用刑之一。

宫刑，又叫淫刑、腐刑、蚕室刑，是破坏受刑人生殖器官的残酷刑罚。对男性为去势，对女性为幽闭。这种宫刑剥夺了受刑人"传宗接代"的能力，在中国古代社会被视为最大的耻辱和不幸，因而是除死刑以外最为残酷和最重的刑罚，一般适用于较重的犯罪者。东汉时曾经用这种刑罚来作为死罪减等刑。

隋朝正式废除。

大辟，即死刑。秦汉以前的死刑种类很多，如戮、烹、车裂（五马分尸）、枭首（砍头后悬挂示众）、弃市（闹市斩首后暴尸于众）、绞、陵迟（也作凌迟）等。

【今读新得】庞涓因嫉妒孙膑的才能，而对其进行无情陷害。庞涓在砍掉孙膑膝盖的那一刹那，也亵渎了两人美好的同窗情谊，但是他砍不掉孙膑的坚强和意志，砍不掉孙膑为理想而奋斗的信念。而面对所谓朋友的诬陷，孙膑身心都遭受了巨大的痛苦，但他没有因此而沉沦下去，而是选择了忍辱苟活，选择了坚强面对，也选择了潜心等待。最终他不仅报仇雪耻，还迎来了事业上的辉煌，使自己的生命绽放出绚丽的光彩。可以说，孙膑的成功历程原本就是一个感人至深的励志故事。它告诉我们：每个人的一生都不可能一帆风顺，前行的路上也时常会荆棘丛生，布满陷阱，正所谓人生不如意处十之八九。那么面对磨难和不如意，我们究竟应该持什么样的态度？孙膑给我们树立了绝好的榜样。磨难是人生之不幸，它会带给我们挫折、痛苦和灾难。面对磨难，不少人选择了消沉堕落。但是，孙膑没有。于是在孙膑的隐忍和顽强抗争下，磨难就可以转化为成长和成功的动力、勇气和智慧。尽管我们绝大多数人不会遭遇如孙膑一样的磨难，但孙膑勇于直面人生磨难的精神给当代人，尤其是正值花样年华的青年学子以鼓舞和启迪。第一，应学学孙膑勇于直面磨难和挫折的勇气。法国大作家罗曼·罗兰说得好："每个人心中都应有两盏灯光，一盏是希望的灯光，一盏是勇气的灯光。有了这两盏灯光，我们就不怕海上的黑暗和风涛的险恶了。"当你面对挫折和困难时，也应学学孙膑，不要低头，不要丧气，昂起头，挺起胸，用微笑面对它，用希望与勇气去战胜它，并在逆境中学会独立和坚强，在磨难中得到历练，谱写人生华美的乐章。第二，面对磨难，应学学孙膑的隐忍。常言道："忍一时风平浪静，退一步海阔天空。""小不忍则乱大谋。"隐忍不是软弱，而是深谋远虑、伺机而动，因而是智者的一种境界，也是一种高贵的坚持。懂得隐忍，学会宽容，不仅善待了他人，更是自我的救赎，它让我们在宽容和忍耐中变得更加强大，也让这个世界更加和谐。无论是在工作、学习中，还是为人处世方面，青年学子也应懂得隐忍之道。当遇到问题的时候，不仅要学会忍耐，还应善于调控自己的情绪和心志。当遇到不如意的时候，不但要学会微笑面对，超然待之，而且要学会静待时机，善于转化势能。叙利亚诗人阿多尼斯曾经说过："世界让我遍体鳞伤，但伤口长出的却是翅膀。"

青年学子们，纵然前行的道路险象环生，既然选择了远方，便只顾风雨兼程。相信你的信念、坚强、勇气和隐忍，将会成就一个身心更为成熟和丰沛的自己！

7. 嗟来之食

【出处】《礼记·檀弓下》

【原典】"曰：'予惟不食嗟来之食以至于斯也！'"

【译文】"（那个饿汉）说：'我就是因为不吃侮辱我尊严的食物，才到这个地步的。'"

【释义】嗟：不礼貌的招呼声，相当于"喂"。原指悯人饥饿，呼其来食。通常指带有侮辱性的或不怀好意的施舍。

【拓展链接】

1. 典故拓展

战国时期，诸侯征战不断，百姓本就处于水深火热之中，如果再加上天灾，百姓就更没法活了。有一年，齐国发生了严重的饥荒。很多穷人被活活饿死。齐国大夫黔敖家里非常富有，就做好饭汤等食物摆在大路边，等待把食物给饥饿的人来吃。一天，有一个瘦骨嶙峋的饥民用衣袖遮住脸，衣衫褴褛，一双鞋子破烂不堪，昏昏沉沉地走了过来，从他摇摇晃晃的步伐便看得出他已经好几天没有吃东西了。黔敖左手端着食物，右手端着汤，对他吆喝道："喂！来吃吧！"那人瞪大眼睛盯着黔敖，说："我就是因为不吃侮辱我尊严的食物，才到这个地步的。"黔敖听了顿时满面羞惭，连忙表示道歉。但那饿汉还是断然谢绝了黔敖的施舍，继续踉踉跄跄地往前走，最终因为不吃东西而饿死了。以上便是典故"嗟来之食"的故事梗概。

2. 典籍链接——《礼记》

《礼记》，是中国古代一部重要的典章制度书籍，儒家经典著作之一。该书由西汉学者、今文经学的开创者戴圣对秦汉以前各种礼仪著作加以辑录，编纂而成，共四十九篇。它阐述的思想，包括社会、政治、伦理、哲学、宗教等各个方面。该书是研究中国古代社会状况、典章制度和儒家思想的重要著作。

【今读新得】"不食嗟来之食"意指为了表示做人的骨气，绝不低三下四地接受别人的施舍，哪怕是饿死。中华民族历来都崇尚有骨气、有志气的人。在中国几千年历史长河中，气节和尊严一直是炎黄子孙屹立于世界民族之林过程中永恒不变的信念。孟子"富贵不能淫，贫贱不能移，威武不能屈，此之谓大丈夫"，陶渊明"不为五斗米折腰"，屈原"宁愿死也不愿看到国家灭亡"，李白"安能摧眉折腰事权贵，使我不得开心颜"，文天祥"人生自古谁无死，留取丹心照汗青"，朱自清"一身重病，宁可饿死，不领美国的救济粮"，等等，都彰显了国人对气节和尊严的一贯重视和坚守。而该成语再次让我们感受到了这位饿汉身上散发出的尊严感与骨气美，这个饿汉重尊严、守节操的可贵精神，更是值得我们所有人，特别是当代青年学子学习。当代青年学子应增强责任感和使命

廉者不受嗟来之食

丁酉年夏耿延奎书

（耿延奎作）

感，中华民族的把这一优秀传统传承下去。同时，该成语故事中的富人黔敖帮助和施舍别人时，表现出来的傲慢无礼的态度也值得今人反思。同情弱者，并对其进行力所能及的关心和帮助，体现的是一种人性的善良和爱。但是俗话说：树活一张皮，人活一张脸。无论是助人者，还是受助者，其人格都是具有独立意识的主体，都有做人的尊严，无论是谁，尊严都不容被践踏。由此也昭示我们：在同情和帮助别人的时候，一定要顾及对方的尊严，为此应注意态度和方式，这样才会让对方体会到善意与尊重，才会让这份关爱产生温暖人心的积极力量。否则效果往往适得其反。可以说，若无尊重，善意也无益。尊重，既是一种传递爱心的方式，更是一种换位思考的智慧。此问题值得我们每个人深思。

8. 乐极生悲

【出处】《史记·滑稽列传》（又见《淮南子·道应训》）

【原典】"故曰酒极则乱，乐极则悲，万事尽然。"

【译文】（淳于髡说:）"所以说酒喝到顶就要做出乱七八糟的事，人如果快乐到了极点，就可能要发生悲伤之事，世上所有的事都是这样。"

【释义】意指人高兴到极点时，会发生使人悲伤的事。

【拓展链接】

1. 典故拓展

战国时期，齐威王喜欢彻夜饮酒。齐威王八年（前 347 年），楚国对齐国大举进攻，威王连忙派自己信得过的使节淳于髡去赵国求救。威王让淳于髡带上赠送的礼品黄金百斤、车马十套去赵国，淳于髡仰天大笑，笑得系在冠上的带子全都断了。威王说："先生嫌它少吗？"淳于髡说："怎么敢呢？"威王又说："那你的笑难道有什么可说的吗？"淳于髡说："刚才臣子从东方来，看见大路旁有祭祈农事消灾的，拿着一只猪蹄，一盂酒，祷告说：'易旱的高地粮食装满笼，易涝的低洼田粮食装满车，五谷茂盛丰收，多得装满了家。'臣子见他所拿的祭品少而想要得到的多，所以在笑他呢。"于是威王就增加赠礼黄金千镒（yì，古代重量单位，一镒合二十两，一说二十四两），白璧十双，车马一百套。淳于髡辞别动身，到了赵国。赵王给他精兵十万，战车一千乘。楚国听到消息，连夜撤兵离去。

威王十分高兴，立刻在后宫摆设酒宴，请淳于髡喝酒庆贺。威王高兴地问道："先生能喝多少才醉？"淳于髡一看这架势，便知道威王又要彻夜喝酒，必定要一醉方休。于是他想了想回答说："臣子喝一斗也醉，喝一石也醉。"威王接着问："先生喝一斗就醉了，怎么能喝一石呢？其中的奥妙能听听吗？"淳于髡说："在大王面前赏酒，执法官在旁边，御史在后边，髡心里害怕跪倒喝酒，不过一斗已经醉了。如果家父来了严肃的客人，髡用袖套束住长袖，弯腰跪着，在前边侍候他们喝酒，不时赏我点多余的清酒，我举起酒杯祝他们长寿，起身几次，喝不到二斗也就醉了。如果朋友故交，好久没见面了，突然相见，欢欢喜喜说起往事，互诉衷情，喝到大概五六斗就醉了。如果是乡里间的节日盛会，男女坐在一起，酒喝到一半停下来，玩起六博、投壶，自相招引组合，握了异性的手不受责罚，盯着人家看也不受禁止，前有姑娘掉下的耳饰，后有妇女丢失的发簪，髡私心喜欢这种场面，喝到大概八斗才有两三分醉意。天色已晚，酒席将散，酒杯碰在一起，人儿靠在一起，男女同席，鞋儿相叠，杯盘散乱，厅堂上的烛光熄灭了，主人留住髡而送走其他客人。女子的薄罗衫儿解开了，微微地闻到一阵香气，当这个时刻，髡心里最欢快，能喝到一石。所以说酒喝到顶就要做出乱七八糟的事，人如果快乐到了极点，就可能要发生悲伤之事，世上所有的事都是这样。"这一席话说得威王心服口服，威王当即痛快地表示接受淳于髡的劝告，改掉了通宵达旦饮酒作乐的恶习。这便是成语乐极生悲的由来。

2. 衍生成语

该成语故事亦含藏着其他三个成语，即长夜之饮、堕珥遗簪和杯盘狼藉。其中，"长夜之饮"原文为："齐威王之时喜隐，好为淫乐长夜之饮。"意指通宵宴饮。"堕珥遗簪"原文为："前有堕珥，后有遗簪，髡窃乐此，饮可八斗而醉二参。"形容欢饮而不拘形迹。而"杯盘狼藉"原文为："日暮酒阑，合尊促坐，男女同席，杯盘狼藉，堂上烛灭，主人留髡而送客。"主要描写杯盘等放得乱七八糟。形容宴饮已毕或将毕时的情景。均见《史记·滑稽列传》。

【今读新得】在该成语故事中，淳于髡的高超劝谏艺术再一次得到了展示。其出彩之处在于：第一，他选择了恰当时机进行劝谏。具体而言，淳于髡抓住了齐威王劝其喝酒的机会，当威王问其能饮几杯酒时，淳于髡借机讽

（吴晓谕作）

谏道：饮酒可多可少，但"酒极则乱，乐极生悲，万事尽然"。由于时机把握得好，因而使这次劝谏变得轻松自然，水到渠成。第二，他使用了委婉含蓄的劝谏方式进行劝谏。在该成语故事中，淳于髡举了自己在不同场合下不同酒量的例子，让威王认识到自己荒淫无道，于是停止了长夜之饮。这种委婉含蓄的劝谏方式也称"讽谏"，其特点是"欲言此物，先言他物"，既有利于营造良好的沟通氛围，也保全了威王的颜面，更容易让威王理解和接受，故而收到了奇效。一代辩士淳于髡的劝谏艺术值得我们每个人，尤其是青年学子学习和借鉴。特别是在人际沟通中，如何更好地把握沟通时机，以及如何根据沟通对象的特点，选择恰当的沟通方法，淳于髡都给我们树立了典范。此外，成语"乐极生悲"本身也蕴含着丰富哲理，体现了矛盾双方在一定条件下可以相互转化的哲学观点，在今天也仍具借鉴意义。一是它告诉我们：凡事都是辨证的、发展的，有得必有失，有失亦必有得。塞翁失马，安知非福。人生一世，荣与辱、成和败、得与失、聚或散，都是在所难免的。唯其如此，才能把人生渲染得璀璨多彩。因此，要以一颗平常心去对待人生，看待你周围的人和事。二是它告诫我们：

积极情绪和消极情绪是可以相互转化的，而要想获得完满的人生，必须善于培育积极情绪。为此，应做好情绪管理，善于自我调节情感，保持稳定的心理状态，保持情绪适度。有人说：成功的最大敌人是缺乏对自己情绪的控制。成功者控制自己的情绪，失败者被自己的情绪所控制。青年学子们，愿我们共勉！

9. 丑若无盐

【出处】《列女传·辩通传》

【原典】"钟离春者，齐无盐邑之女，宣王之正后也。其为人极丑无双。"

【译文】"钟离春，齐无盐邑之女，齐宣王的王后。她相貌极其丑陋。"

【释义】若：像，类似，形似；无盐：传说故事人物，姓钟离，名春，钟离春。比喻某人（通常指女人）长得非常丑。也作丑胜无盐。

【拓展链接】

1. 典故拓展

钟离春是齐国无盐邑（今山东省东平县无盐）之女，齐宣王的王后，中国有名的"四大丑女"之一，也是中国历史有记载的第一位著名女政治家。钟离春奇丑无比，即所谓"无盐之丑女也"。据史料记载，她"广额深目，高鼻结喉，驼背肥颈，长指大足，发若秋草，皮肤如漆，身穿破衣"。正是因为此，她到四十仍未嫁人。不过，钟离春虽然长相雷人，但才华出众，志向远大，又有安邦治国之才。

当时齐威王死后，其子辟疆即位，是为齐宣王。宣王即位之初，重用田忌和孙膑，整顿国政。后又救韩败魏，杀死魏国大将庞涓，诸侯无不耸惧，多年朝贺通和，齐国声威大振。宣王自恃其强，耽于酒色，又于城内筑雪宫宴乐，还辟郊外四十里为苑囿狩猎。又聚游客数千人于稷门立左右讲室，日事议论，不修实政，嬖臣专权，忠臣心离，齐国走向衰败。钟离春知道这些事后，心急如焚，她担心自己国家的安危。为拯救国民，冒死自请见宣王，陈述齐国危难四条，她说："我听说'君有诤臣，不亡其国；父有诤子，不亡其家'。大王内耽女色，外荒国政，不纳忠谏，所以我炫齿为王受谏。且大王信用阿谀虚谈之人，我担心有误社稷，所以举手为王挥去。大王筑宫囿，台榭陂池，殚竭民力，虚耗国赋，所以拊膝代王拆掉。大王您这四失，危如累卵，仍偷目前之安，不顾异日之患。我冒死上言，倘蒙采听，虽死无恨。"并指出如再不悬崖勒马，将会城破国亡。宣王听罢，如梦初醒，大为感动，把钟离春看成是自己的一面宝镜，说："没有钟离氏的话，我还不明白我的过错。"为表悔改之心，宣王还散尽后宫，罢弃宴乐，立钟离春为王后。自此宣王勤政改革，齐国国力大增，史称"而齐国因以大治者，丑女之功也"。并且以无盐之邑封钟离春家，封钟离春为无盐君。后人又称钟离春为"无盐娘娘"。至今"无盐娘娘长得丑，她为齐国定邦基"的传说仍在民间广为流传。而中国也留下"丑若无盐"和"自荐枕席"两个成语。前者前面已述，后者一般都是女方的谦辞，和以身相许意思相近。

2. 典籍链接——《列女传》

《列女传》是一部介绍中国古代妇女事迹的传记性史书，也有观点认为该书是一部妇女史，作者为西汉经学家、目录学家、文学家刘向。全书共七卷，共记叙了一百零五名妇女的故事。这七卷是：母仪传、贤明传、仁智传、贞顺传、节义传、辩通传和孽嬖传。从所编一百余个历史故事来看，多数还是表彰美善，歌颂古代妇女的高尚品德、聪明才智以及反抗精神的内容，而且有些情节生动感人，颇具女性文学特征。

【今读新得】无盐女的相貌虽奇丑无比，但她胸有大志，品德高洁，胆识和才智均非常出众，文武兼修，有安邦治国之才。她凭藉自身的智慧与辩才赢得了齐宣王对她的宠爱，用她的诤诤谏言令宣王幡然醒悟，使其从一个不理朝政的昏君转变为明君，她尽心尽力地辅佐，从而使齐国一时成为"千乘之国"，其本人也赢得了臣民们的爱戴和后人的敬仰。无盐虽丑，却能辅国。说明女子即使没有高颜值，依然可以活出自己最美的模样，可以流芳百世。无盐女的人生轨迹和成功模式同样值得青年学子们思考和借鉴。她当上王后，拼的不是颜值，而是自信，是韬略，是忧国忧民的情怀，更是过人的才华。而这背后一定是其持之以恒的努力拼搏与修炼。该成语典故告诉我们：外在的美只能取悦一时，唯内在美才能经久不衰。长得丑没关系，只要志向远大、胸有韬略、才华出众，同样能光芒万丈，并赢得人们的敬仰和认可。同时也昭示我们：上帝关上了一扇门，必然会为你打开另一扇窗。我们每个人来到这个世界上，本身就存在诸多客观差异。一花一世界，一叶一菩提。只要我们像无盐女一样拥有积极、乐观的心态，以及为改变现状、实现目标而付出坚持不懈的拼搏与努力，终有一天也一样能够活出属于自己的精彩。

03

|管理有道篇|

1. 十年树木，百年树人

【出处】《管子·权修》

【原典】"一年之计，莫如树谷；十年之计，莫如树木；终身之计，莫如树人。"

【译文】"（做）一年的打算，没有什么比得上种植庄稼；（做）十年的打算，没有什么比得上栽植树木；（做）一生的打算，没有什么比得上培养选拔人才。"

【释义】树：培植，培养。要使小树成为木料需要很长的时间。比喻培养人才过程，培养一个人才需要更多的时间，是长久之计，并且十分不容易。

【拓展链接】

1. 典故拓展

"一年之计，莫如树谷；十年之计，莫如树木；终身之计，莫如树人。"这句话体现了管仲的人才观。春秋时期，管仲相齐四十多年，辅佐齐桓公在经济、政治、军事等方面进行了改革，使齐国成为"春秋五霸"之首。在此过程中，他的人才观也深深地影响了齐桓公，使桓公不仅认识到了人才的重要性，还制定并实施了选拔人才的"三选法"，更派出大批人员到各国招纳天下贤士，为其成就霸业奠定了丰厚的人才基础。

该成语因其积极而丰富的内涵而呈现出穿越时空的穿透力，多个国家领导人在公开场合均引用过。2011 年 1 月 19 日，美国前总统奥巴马为当时的中国国家主席胡锦涛举行盛大国宴。奥巴马引用了"一年之计，莫如树谷；十年之计，莫如树木；百年之计，莫如树人"这句谚语，表明美中友谊会不断向前发展。无独有偶。2013 年 6 月 30 日上午，正在对中国进行国事访问的韩国前总统朴槿惠，在清华大学以"韩中心信之旅，共创新 20 年"为题发表演讲，她在演讲开始时用汉语发表开场白。朴槿惠说，尊敬的陈吉宁校长，各位教职人员，以及亲爱的各位清华学子们：大家好！今天很高兴来到中国名牌学府清华大学与各位见面。我见到各位清华大学的学子们，就想起了中国古谚《管子》中的一段句子："一年之计，莫如树谷；十年之计，莫如树木；百年之计，莫如树人。"据我所知，清华大学的校训是"自强不息，厚德载物"。就像这个校训一样，不断进取，涵养品德的结果，清华大学培育出了包括习近平主席在内的许多政治领导人，并培养出中国数位诺贝尔奖获奖者。我相信，今后各位的想法和热情将会给中国开启美好的未来。今天我很高兴和大家一起谈谈韩中两国要共同开启的未来。

2. 典故链接

（1）庭燎求贤

据《韩诗外传》记载，齐桓公当政的时候，士的阶层开始活跃于政治舞台上，他们既有文化知识，又有统治才能，其中不乏济世安邦的人才。具有敏锐政治眼光的桓公率先注意到这一新动向，意识到霸业能否实现，关键在于能否招揽到天下的人才，能否得到新兴的士阶层的支持，于是在管仲的辅佐下，采取种种措施，招贤养士。

怎样才能招徕天下贤士？桓公可谓是煞费苦心。先秦时期，人们大都重视等级礼仪，迎接四方之士，当然要用高规格的接待礼仪。古代邦国在朝觐、祭礼和商议军国大事、迎接诸侯贵宾时，要在大庭中燃起火炬，即"庭燎"。并且根据爵位的高低，所用庭燎之数也有很大差别。天子为百，公爵为五十，侯伯子男均为三十。为了表现自己求贤若渴的决心，桓公在宫廷前燃起明亮的火炬，准备日夜接待各地前来晋见的人才。但是，过了整整一年，却没有士人上门。桓公很沮丧，不知道是国家没有人才了，还是自己的政策缺乏吸引力。就在这时，来了一个乡下人，自称有才。桓公来了个现场测试，那个人展示的才能是什么呢？居然是背诵九九算术。桓公听说后觉得很可笑，于是告诉乡下人："九九算术连七岁小孩都会背诵，这个也能拿来当才华吗？念你是初次，我也不和你计较，你自己还是赶紧回家去吧！"没想到那个乡下人自有一番道理，他说："我并不认为凭借九九算术这种微小的技能就足以来见君王，无非是为了抛砖引玉。贤士们不来齐国，是因为他们认为您是天下贤明的国君，天下的士人都自认为自己的才能比不过您，他们担心被您拒绝，被您嘲笑，所以才不敢登门。如果他们听说您能以礼待我，那么他们必定蜂拥而至。泰山所以高耸，是因为它不排斥每一块小石头，江海所以深广，是因为它积聚了每一条小溪流。《诗经》中说过，古代的英明君王有事都去请教砍柴打草的农夫，只有这样才能集思广益。"桓公听罢心悦诚服，连连点头表示赞许，立即以"庭燎"大礼接待了这个乡下人。果然不到一个月，四方贤士便接踵而至，云集齐国都城临淄。

（2）五访小臣稷

据《吕氏春秋·下贤》记载：齐国有一个处士叫小臣稷，其名声传到了齐桓公的耳中，于是桓公决定亲自登门拜访。谁知桓公一天去了三次都被小臣稷拒之门外。侍从人员不耐烦地说："乘万乘的国君见一个平民百姓，一天三次都没有见到，还是算了吧。"桓公说："不是的。轻视官爵俸禄的贤士是可以轻视国君的；轻视霸王之业的国君，也会轻视贤士。就算这位贤士轻视官爵俸禄，但我作为国君怎么可以轻视霸王之业呢？"侍从没有劝阻住桓公，直到第五次拜访才见到了小臣稷。小臣稷也被齐桓公礼贤下士的诚心打动了。

为了大开贤路，召集天下人才，齐桓公不仅设立了庭燎之礼，还注意接待好各诸侯国的客人，桓公曾委派隰朋管理东方各国的事务，委派宾胥无管理西方各国的事务。齐国国内每三十里设置驿站，贮备一些食品，设官司管理。凡诸侯各国来的官吏，派专人用车为他们负载行装。若是住宿，派人替他们喂马，并以所备食品招待。如待客标准与收费标准不当，则要治管理者的罪。桓公还规定，凡国内官吏引荐其他诸侯国来到齐国做事的人，引荐得好，看所荐对象能力的大小，给予赏赐；引荐的不好，也不追究。桓公还走出去派人四处招揽人才。"为游士八十人，奉以车马衣裘，多其资币，使周游于四方，以号召天下之贤士。"（《管子·小匡》）最终，使得齐国人才济济，辅助桓公完成霸业。

【今读新得】"十年树木，百年树人。"现在早已成为很多组织和管理者的座右铭。它发端于在两千多年前的齐国，由春秋第一相提出，足见管仲的政治智慧及其强大的影响力。该成语既让我们认识了一代名相管仲的人才观，也明白了人才培养的几个道理：一是培养人才意义重大。二是培养人才乃长久之计、百年大计。三是培养人才的过程非常漫长和不容易。而典故庭燎求贤则揭示了一个道理：即利用庸人的示范作用，宣传自己的人才政策，可以向所有的人才表明自己的真诚态度和坚定决心。而典故五访小臣稷让我们领略了一代霸主齐桓公尊重人才、礼贤下士的博大胸襟，可以说，其求贤之切，其心之诚远胜刘备的"三顾茅庐"。"泰山不让微石故能成其大，江海不辞小流故能成其深。""以古为鉴，可知兴替。"以上典

（刘清香作）

故对于现代管理具有重要借鉴价值：一是国家、民族、组织、家庭只有重视并做好人的培育，才能得以永续繁衍、生生不息。二是人才的培养是一个长期而复杂的系统工程。既要有一百年的长久谋划，更要有坐言起行的有力行动，还要以百年的坚持去树木和树人。一个国家、民族、家庭千万不能短视，要注重建立一整套科学的人才机制。三是管理者特别是领导者应不断创新人才理念，既要有爱才之心、识才之眼，还要有容才之量、用才之道。

2. 管仲荐五杰

【出处】《东周列国志》第十六回（又见《管子·小匡》）

【原典】"对曰：'臣闻大厦之成，非一木之材也；大海之润，非一流之归也。君必欲成其大志，则用五杰。'"

【译文】"管仲回答说：'我听说大厦的建成，决不能单凭一根木材；汇成大海也决不能仅靠几条涓涓细流。君上要想成就大业，必须任用五杰。'"

【释义】管仲建议齐桓公广纳人才，任用五杰，以成霸业。

【拓展链接】

1. 典故拓展

管仲担任宰相三个月后，有一天，齐桓公和管仲在一起谈论朝内大臣之事，评论齐国官员，管仲表现得很低调、谦逊，桓公非常不理解，说："我自得见先生，与您长谈之后，被您的雄才大略所折服，故才采纳先生之霸策，希望咱们君臣共同实现称霸诸侯之志，所以才拜先生为相，您现在为何如此谦虚呢？"管仲回答道："臣听说，'大厦之成，非一木之材也；大海之阔，非一流之归也'，君主真想实现称霸诸侯的心愿，臣下建议您应当任用'五杰'。"桓公不解，问："'五杰'是谁？"管仲说："'五杰'是五个人，而且是有突出才能的人，他们每个人在某些方面都比我优秀，君主应该重用他们。比如：懂得升降、揖让的各种礼节，进退娴熟，言辞有刚有柔，我不如隰朋，请主上任用他为'大行'。开垦荒地，修建城邑，开辟土地，增产粮食，繁衍人口，开发地利，我不如宁戚，请主上任命他为'大司田'，管理土地、农业之政。在平原旷野上作战，能让兵车不乱，士兵临阵不退缩，一通战鼓之下，三军将士视死如归，勇往直前，我不如王子城父，请主上任他为'大司马'，掌管军事战争，整治军队。判定刑事案件，能做到不杀无辜的人，不诬陷无罪的人，我不如宾胥无，请主上任他为'大司理'，管理和执行刑罚法令。不惜冒犯国君的威严，敢于进谏忠言良策，不逃避死亡的威胁，不屈服于权贵，我不如东郭牙，请主上任用他为'大谏官'，专门负责谏言。君上如果想治国强兵，只要他们这五个人在，就足够了；如果君上想图谋霸业，我虽然才疏学浅，不过还是可以办到的。"桓公听罢，连声说好，立即接受管仲的推荐，按照"五杰"每个人的特长一一拜官，组成了强有力的领导集团。上任后，五人各掌其事，鼎力支持管仲在齐国推行的全面改革，使齐国很快强盛起来，从而辅佐齐桓公实现了"九合诸侯，一匡天下"的霸主之梦。

2. 典籍链接——《东周列国志》

《东周列国志》，为中国古代的一部历史演义小说，作者是明末小说家冯梦龙。主要描写了从西周宣王时期直到秦始皇统一六国期间五百多年的历史，内容相当丰富复杂，是古今中外时间跨越最长、人物最多的一部小说故事。该书由古白话写成，其中叙写的事实，取材于《战国策》《左传》《国语》《史记》四部史书，将分散的历史故事和人物传记按照时间顺序穿插编排，冶为一炉，成为一部结构完整的历史演义。

3. 人物链接——"桓管五杰"

在今天山东省淄博市管仲纪念馆的管仲祠内，汉白玉质的管仲塑像威严肃穆，眉宇间、神色里、举止中尽显名相气度。左右配有六重臣汉白玉塑像，分别是鲍叔牙和齐国"桓管五杰"。他们于生前与管仲共辅齐桓公成就霸业，身后和管仲同享万世之敬仰，足见其深远影响。

"桓管五杰"，指的是齐桓公时期，相国管仲为齐桓公举荐的五位杰出人才，他们分别是：隰朋、宁戚、王子城父、宾胥无、东郭牙。五杰被任用以后，各司其职，充分施展抱负，努力发挥才华，终使齐国出现了君明臣贤、国强民富的兴盛局面，开创了功名赫赫的首霸伟业。

值得一提的是齐桓公对东郭牙的提拔。东郭牙，春秋时期齐国著名谏臣，由齐国名相管仲所推举。据《吕氏春秋·重言》记载：有一天，齐桓公和管仲密谋发兵伐莒。可没有行动，讨伐莒国的消息却四处传遍。莒国闻讯，很快做好了迎战齐国的准备，这仗自然不好打了。桓公异常郁闷，找管仲问及此事："我跟您老人家商量讨伐莒国的事，计划还没实施，消息就传遍全国。是什么原因？"管仲回答道："国中必有高人。"听到这里，桓公恍然大悟，说："哎呀！

我想起来了,那天有个服劳役的人好几次仰起头看我们,难道就是他?"为了找到这个人,管仲下令那天服劳役的人全部出工,不得顶替。果然在工地服劳役的人中,有一个叫东郭牙的人气度不凡。管仲一看,断言道:"一定是这个人了。"于是,吩咐负责礼宾的官员把东郭牙请来。东郭牙迈着方步,从台下拾级而上,来到他们面前时,管仲很客气地问道:"你是说出伐莒的人吗?"东郭牙面无惧色,坦然答道:"没错,是我。"管仲说:"我们未曾说出伐莒,您为什么说我们要讨伐莒国呢?"东郭牙回答道:"我听说,君子善于谋划,小人善于猜测。我是自己推测出来的。"桓公问:"您是凭什么猜测的?"东郭牙从容地说:"我听说,君子有三种脸部表情:欣然欢喜,是参加宴会的表情;凝重哀伤,是遭遇服丧的表情;有怒气、表情刻板,是发动战争的表情。那天我远远望见您在高台上,就是怒气冲天、手脚僵硬的样子,一看就知道是要发动战争的表情。口开而不合,说的就是'莒'字。您抬起手臂,方向对着莒国。我就暗暗分析,诸侯国对齐国不服的,唯有莒国。因此,我就告诉别人,你们要讨伐莒国了。"桓公说:"好啊!从细致动作里判断大事,说的就是这种情况吧。您请坐下,让我来同您共同谋事。"不久,桓公便提拔了东郭牙。

【今读新得】俗话道:"一个好汉三个帮,众人拾柴火焰高。"管仲认识到,建立霸业,仅仅一个方面的人才是不够的,还需一大批人才来群策群力,基于此,他才向桓公推荐了五杰,并根据五杰的性格、才能、品德特点委以重任,建立了一个强大的领导集团。从五杰上任后政绩突出、功勋卓著的事实可以看出,管仲在知人、用人方面,确实是独具慧眼,也反映出管仲不拘一格、知人善任、用其所长的用人理念。当然管仲识人之细、之准绝不是主观臆想,而是建立在对人才的长期观察和比较分析基础上的。概而言之,该典故对现代管理具有重要启示。一是"为一身谋则愚,而为天下谋则智"。只有出于公心选人、用人,不徇私情,才能把优秀的人才甄选出来、使用起来。二是人无完人。管理者要善于发挥每个人的特长,用人不疑,让合适的人做合适的事,以更好地调动人才的积极性和创造性。三是没有完美的个人,只有完美的团队。一个有高度竞争力的组织,包括企业,要组建完美的团队,善于发挥每个人的长处,弥补每个人的短板,才能攻无不克,战无不胜。

3. 国有三不祥

【**出处**】《晏子春秋·内篇谏下》（又见《说苑》）

【**原典**】"晏子对曰：'国有三不祥，是不与焉。'"

【**译文**】"晏婴回答说：'国家有三种情况不祥，你说的不在其中。'"

【**释义**】意指管理者要善于发现、使用和信任人才。否则，对国家的损害无法估计。

【**拓展链接**】

1. 典故拓展

从前，齐国人把老虎和蟒蛇看作不祥之物。一天，齐景公去野外打猎。上山时碰到虎，到沼泽地时又看见蛇。一天打猎受了两次惊吓，景公感到非常扫兴，什么也没有捕捉到，就惊魂未定地返回了。回到宫中，景公急忙把晏婴叫来问道："今天寡人外出打猎，上山见虎，下沟见蟒，这怕是我们齐国的不祥之兆吧？"晏婴回答说："国家有三种情况不祥，您说的不在其中。"景公问道："是哪三不祥？"晏婴回答道："一是国家有了贤明的人才，而大王您却不知道，这是第一个不吉祥；二是您知道了有贤良之人，却不录用，这是第二个不吉祥；三是您虽然录用了，却不肯委以重任，这是第三个不吉祥。所谓不祥尽在于此。至于您今天上山见虎，那是因为山是虎的巢居，下沟见蛇，那是因为沟是蛇的洞穴，您到了虎穴，到了蛇窝，于是就看到了虎和蛇，这同国家有什么关系呢？怎么能说是齐国的不祥之兆呢？"景公听了觉得非常有道理。在晏婴的辅佐下，齐国的朝政有了很大起色。

2. 典籍链接——《说苑》

《说苑》，成书于西汉末年，是刘向辑录朝野藏书而成的杂著类编，体例类似《国语》《战国策》，以记言为主兼采记事，主旨是通过书中历史人物的言论事例来劝诫君臣，阐述儒家选贤尊贤的治国理念。内容多哲理深刻的格言警句，叙事意蕴讽喻，故事性颇强，又以对话体为主。

【**今读新得**】该典故意味深长，令人回味无穷。"夫有贤而不知，一不祥；知而不用，二不祥；用而不任，三不祥也。"晏婴借为景公解疑之机，不仅提出了著名的"国有三不祥"论断，从而再一次展示了其高明的政治智慧和前瞻意识，更完美展现了其不俗的劝谏艺术。前者主要体现在晏婴借为景公解疑的机会，警告景公要做到知人善用，用人不疑，亲贤人，远小人。否则奸臣当道，政治黑暗，国家离灭亡也就不远了。而后者则主要体现在：他巧妙向君主进谏，委婉地建议君主要发现、重用并信任人才。他的劝谏方式，不是直接的强谏，而是委婉的曲谏或诱谏。这从侧面显示出他高超的政治智慧。他能根据不同的环境，恰当选择自己的劝谏方式。他的劝谏让我们看到了他的内在修养，同时也深深佩服于他的智慧。晏婴的"国有三不祥"思想至今依然具有很强的实用价值。它昭示管理者：人才工作事关国家或组织的兴亡，无论是一个国家的管理者，还是一个组织的管理者，都应重视人才问题，要善于发现、使用和信任人才。对于人才，不仅要知其贤，还要知人善用，更要信任之，用人不疑。当今社会竞争日益激烈，而各种竞争，归根结底还是人才的竞争。因此，重温该成语蕴含的深刻思想，对进一步提高对人才问题重要性的认识，进而在激烈竞争中立于不败之地，大有裨益。

4. 威王论宝

【出处】《资治通鉴·周纪》

【原典】"威王曰：'此四臣者，将照千里，岂特十二乘哉？'惠王有惭色。"

【译文】"齐威王说：'这四个臣子，他们的光辉远照千里，岂止是十二辆车呢？'魏惠王听了，面带羞惭。"

【释义】意指小到一个组织，大到一个国家，培养人才、善用人才都非常重要。

【拓展链接】

1. 典故拓展

齐威王二十四年（前333年），齐威王与魏惠王在郊外一起打猎。魏惠王问道："大王也有宝物吗？"威王说："没有。"魏惠王说："像我这么小的国家，也还有能照亮前后各十二辆车的直径一寸的十颗夜明珠，齐国这样的万乘之国怎么能没有宝物呢？"威王说："我当作宝物的与大王不同。我有个大臣叫檀子的，派他镇南城，楚国人就不敢向东方侵犯掠夺，泗水之滨的十二诸侯都来朝拜。我有个大臣叫盼子的，派他镇守高唐，赵国人就不敢到东边的黄河里捕鱼。

我有个官吏叫黔夫的，派他镇守徐州，燕国人就到北门祭祀，赵国人就到西门来祭祀，以求神灵保佑不受攻伐，搬家去追随他的有七千多家。我有个大臣叫种首的，派他戒备盗贼，结果路上没有人把别人丢失的东西拾走。这四个臣子，他们的光辉远照千里，岂止是十二辆车呢！"魏惠王听罢，就感到非常惭愧，只好败兴离去。这便是著名的"威王论宝"的典故。

从以上齐威王在与魏惠王"比宝"的谈话中可以看出，他把大臣檀子、盼子、黔夫、种首比作"国宝"，可见威王把人才提到了国宝的高度来认识。其他史料也显示，威王非常重视人才的挖掘和任用。他一方面选宗室中有作为的人为官，如任田忌做将军，另一方面又选拔大批门第寒微的人士委以重任，比如出身赘婿、受过髡刑且相貌丑陋的淳于髡，平民出身的邹忌，残疾人孙膑等，足见威王对人才的重视。战国时代，战争频繁，社会动荡，各国在政治、外交、军事各方面的机遇是均等的，得人才者得天下。正是威王重视人才，以人才为宝物，因而在其末年，国泰民安、国威大振，"燕赵韩魏闻之，皆朝于齐"，齐国也成为"战国七雄"之冠。相反，魏王就要逊色得多，桂陵、马陵两次重大战役，都被齐军打得落花流水。

2. 典籍链接——《资治通鉴》

《资治通鉴》，是由北宋政治家、史学家司马光主编的一部多卷本编年体史书，历时十九年完成。主要以时间为纲，事件为目，从周威烈王二十三年（前403 年）写起，到五代后周世宗显德六年（公元 959 年）征淮南停笔，涵盖十六朝一千三百六十二年的历史。在这部书里，编者总结出许多经验教训，供统治者借鉴，宋神宗认为此书"鉴于往事，有资于治道"，即以历史的得失作为鉴诫来加强统治，所以定名为《资治通鉴》，在中国官修史书中占有极重要的地位。

3. 人物链接——齐威王其人

齐威王（前 378 年—前 320 年），妫姓，田氏，名因齐，田齐桓公田午之子，战国时期齐国（田齐）国君，前 356 年—前 320 年在位，原为齐侯，齐威王二十三年（前 334 年），魏惠王和威王在徐州会盟，互相承认对方为王，史称"徐州相王"。齐威王三十六年（前 320 年），威王驾崩后葬于田齐王陵（在今山东省淄博市临淄区齐陵镇内），享年五十九岁。威王以善于纳谏用能，励志图强而名著史册。威王在位时期，针对卿大夫专权、国力不强之弊，任用邹忌为相，田忌为将，孙膑为军师，进行政治改革，修明法制、选贤任能、赏罚分明、国力日强。经桂陵、马陵两役，大败魏军，开始称雄于诸侯。并礼贤重士，在国都临淄稷门外修建稷下学宫，广招天下贤士议政讲学，使之成为当时的学术文化中心。齐威王墓，位于山东省淄博市临淄区齐陵街道境内的"四王冢"中，西边第一座即是（另三座为齐宣王、齐闵王、齐襄王之墓），高三十米。1988年1月13日，国务院公布田齐王陵为全国重点文物保护单位。

【今读新得】同样身为一国之君的魏惠王与齐威王比宝，前者不懂得何为宝物，以夜明珠为宝炫耀于世，折射出其短视和庸俗的一面；后者则认为宝珠非宝，四位镇守国土的武将，才是真正的国宝，彰显的是其大气及治国远见。在战争频仍、社会动荡的战国时期，得人才者得天下大势，威王视人才为宝，其远见卓识可见一斑。而且威王以人为宝，威加诸侯，威王之谥号可谓名副其实。其实，上至一个国家，小到一个组织、一个团队，人才始终是核心资源。人才能否辈出的背后往往是能不能发现、使用人才的问题。管理者应注重人才价值的根本性，发挥乘数效应。古人云："为政之要，惟在用人。"古往今来，凡欲成事业者，必须把人才置于首位。因此，该则典故对于现代管理具有重要启示。一是管理者应注重人才价值的根本性，将人才工作置于整个组织工作的全局中去部署和谋划，着力营造风清气正的工作氛围，建立一整套科学的选人、用人机制。二是管理者应尊重人才禀赋的差异性，聚合规模效应。即便是齐威王列举的四名大臣，其作用发挥也不尽相同，关键是要将合适的人安排到合适的岗位上。在管理工作中，管理者要根据每一个员工的专业、兴趣、特长等因素的不同特点，将其合理调配到具体的工作岗位上，实现人尽其才，才尽其用。

寶 齐威王人才为

（李宁作）

5. 予之为取

【出处】《管子·牧民》（又见《国语·齐语》）

【原典】"知予之为取者，政之宝也。"

【译文】"懂得给予就是取得的道理，是从政的法宝。"

【释义】予：给予；取：取得，得到。意指给予正是为了取得。

【拓展链接】《管子》认为：政令所以能推行，在于顺应民心；政令所以废弛，在于违背民心。人民怕忧劳，我便使他安乐；人民怕贫贱，我便使他富贵；人民怕危难，我便使他安定；人民怕灭绝，我便使他生育繁息。因为我能使人民安乐，他们就可以为我承受忧劳；我能使人民富贵，他们就可以为我忍受贫贱；我能使人民安定，他们就可以为我承担危难；我能使人民生育繁息，他们也就不惜为我而牺牲了。单靠刑罚不足以使人民真正害怕，仅凭杀戮不足以使人民心悦诚服。刑罚繁重而人心不惧，法令就无法推行了；杀戮多行而人心不服，为君者的地位就危险了。因此，满足上述四种人民的愿望，疏远的自会亲近；强行上述四种人民厌恶的事情，亲近的也会叛离。由此可知，"予之于民即取之于民"这个原则，是治国的法宝。

管仲相齐期间，在对内、对外各个方面都遵循了"予之为取"的为政原则。管仲对内坚持"与俗同好恶"，"俗之所欲，因而予之；俗之所否，因而去之"，实行了一系列的改革政策，如均田分力、相地而衰征、平准物价、赈济贫民、举贤使能等等，令顺民心，得到了人民的拥护和支持，实现了国富兵强。在处理外交关系、谋取霸业方面，管仲也成功贯彻了这一原则，交好诸侯，亲睦四邻。以管仲处理与鲁国的关系为例，齐、鲁有着传统的友好关系，并两国世代通婚，有着良好的邻邦关系。但由于齐襄公杀鲁桓公，鲁国支持公子纠与齐桓公争夺君主之位，齐桓公即位初年发动长勺之战等原因，在齐桓公即位前后，两国关系曾一度恶化。为了争取到鲁国的支持，因此，管仲把鲁国作为重点争取对象，采取"予之为取"的策略，致力于恢复和保持与鲁国的友好关系。表现之一是：齐桓公五年冬，齐国伐鲁。鲁师将败，请求献遂邑以平，齐鲁盟于柯。鲁大夫曹沫劫盟，要求齐国归还侵地。管仲让桓公同意归还鲁国三败所亡之地，实现了"捐小利以收鲁"，争取一个盟国，并由此赢得诸侯各国对桓公争霸的支持，充分体现了"予之为取"。表现之二是：为了平定鲁国内乱（庆父之乱），齐国召回哀姜杀之，又派高子帅南阳军队帮助鲁国平定了内乱，立鲁僖公，并帮助鲁国修复城防，赢得鲁国上下的拥戴，巩固了霸业，还诞生了"犹望高子"这一成语。表现之三是：齐桓公二十三年（前653年，齐国为救燕伐山戎，大获全胜之后，立即将战利品分出一部分献给鲁国周公之庙。

可以说，"予之为取"原则贯穿了管仲治齐争霸的全过程，这不仅对于缓和国内矛盾、争取民心具有重要意义，更赢得了诸侯对齐国霸业的归心，为争取和巩固霸业铺平了道路。与后来的霸主主要靠武力征服不同，齐国霸业是建立在顺从民心的基础之上的，因此，齐国霸业在春秋五霸中最受称道。管仲"予之为取"所建立的功业也让后人仰慕称赞不已，如孔子就曾说："桓公九合诸侯，不以兵车，管仲之力也。如其仁，如其仁！"（《论语·宪问》）

管仲"予之为取"的为政原则具有深远影响，为后人所学习、效仿，最为突出的是田氏代齐。田氏代齐：指中国战国初年齐国田氏取代姜姓吕氏成为齐侯（齐威王始称齐王）的事件。在田氏代齐过程中，田无宇、田乞、田常祖孙三代起的作用最大。据《史记·田敬仲完世家》记载：在田无宇时，先是与高氏、栾氏、鲍氏消灭了庆氏，又与鲍氏联合消灭了高氏（齐惠公之后）、栾氏，成为齐国的强族。在田乞时，杀晏孺子，改立齐悼公，逐高张、国夏，任齐相，开始"专齐政"。到田常时，杀齐简公，改立齐平公，"尽诛鲍、晏、监止及公族之强者，而割齐自安平以东至琅邪，自为封邑"。前386年，田和因魏文侯请于周天子，被立为诸侯，齐国历史从此进入田氏统治的时代，谓之田齐。虽然到田常的曾孙田和才正式代齐列为诸侯，但在田常时就已经事实上取代了姜氏公族的地位。田氏代齐的原因可能很多，但与田氏长期"予之为取"以得民心有着毋庸置疑的因果关系。田无宇使田氏的量器大于公室的量器，"以家量贷，而以公量收之"，"民人痛疾，而或燠休之，其爱之如父母，而归之如流水"。所以，当时晏婴就说："此季世也，吾弗知齐为陈氏矣！公弃其民，而归于陈氏。"（《左传·昭公三年》）到了田乞时，继续小斗进，大斗出，"行阴德于民"，"由是田氏得齐众心，宗族益强，民思田氏"（《史记·田完世家》）。至田常得齐政以后，对内"修功行赏，亲于百姓"，对外"尽归鲁、卫侵地，西约晋、韩、魏、赵氏，南通吴、越之使"，结交诸侯。而齐国当时的情况是"民参其力，二入于公，而衣食其一。公聚朽蠹，而三老冻馁。国之诸市，屦贱踊贵"。两相对比，显然，姜氏所失，正是田氏所得。可见，田氏代齐的过程，既是姜氏公室榨取民众，失去民心的过程，也是田氏通过"予之为取"，舍弃某些物质利益，赢得人心，进而取得齐国的过程。

【今读新得】成语"予之为取"蕴含着带有辩证思想的为政原则和治国智慧，体现了管仲浓郁的民本情怀，更彰显了管仲对人性的透彻观察。其中，"予"是手段，"取"才是目的。予的是关心、体恤和宽惠，或者是物质利益，取的却是认同、拥护和支持，是民心，更是天下。正所谓"投之以桃，报之以李"。对于取与予之间的关系，春秋战国时期的老子和孙武也有类似阐发："欲将取之，必先与之。""将欲夺之，必固予之。"可见，予之为取是古人从无数实践中凝练出来的重要谋略。这一谋略彰显了齐文化的智慧性，不仅对于当时的治国治军具有重大指导意义，在今天也仍具重要而又广泛的借鉴意义。"予之为取"，对于统治者，它是治国谋略；对于管理者，它是激励手段；对于我们每一个普通人，它也不失为一条重要的为人处世之道。"宝剑锋从磨砺出，梅花香自苦寒来。"推而广之，当代青年学子也应该摆正"取"与"予"位置，在学习、生活、工作诸多方面，处理好"取"与"予"的关系，予友善、真诚与圆融，取阳光普照！予辛勤耕耘，取鸟语花香！

6. 国之四维

【出处】《管子·牧民》

【原典】"国有四维，一维绝则倾，二维绝则危，三维绝则覆，四维绝则灭。倾可正也，危可安也，覆可起也，灭不可复错也。何谓四维？一曰礼，二曰义，三曰廉，四曰耻。"

【译文】"国有四维，缺了一维，国家就倾斜；缺了两维，国家就危险；缺了三维，国家就颠覆；缺了四维，国家就会灭亡。倾斜可以扶正，危险可以挽救，倾覆可以再起，只有灭亡了，那就不可收拾了。什么是四维呢？一是礼，二是义，三是廉，四是耻。"

【释义】指治国的纲纪准则。管仲提出治国之"四纲"：即礼、义、廉、耻。

【拓展链接】《管子》中说：国有四维，缺了一维，国家就倾斜；缺了两维，国家就危险；缺了三维，国家就颠覆；缺了四维，国家就会灭亡。倾斜可以扶正，危险可以挽救，倾覆可以再起，只有灭亡了，那就不可收拾了。什么是四维呢？一是礼，二是义，三是廉，四是耻。有礼，人们就不会超越应守的规范；有义，就不会妄自求进；有廉，就不会掩饰过错；有耻，就不会趋从坏人。人们不越出应守的规范，为君者的地位就安定；不妄自求进，人们就不巧谋欺诈；不掩饰过错，行为就自然端正；不趋从坏人，邪乱的事情也就不会发生了。

《管子》中还说：凡是一个国家的君主，必须致力于四时农事，确保粮食贮备。国家财力充足，远方的人们就能自动迁来，荒地开发得好，本国的人民就能安心留住。粮食富裕，人们就知道礼节；衣食丰足，人们就懂得荣辱。君主行事合乎法度，六亲就可以相安无事；四维发扬，君令就可以贯彻推行。因此，减少刑罚的关键，在于禁止奢侈；巩固国家的准则，在于整饬四维；教训人民的根本办法，则在于：尊敬鬼神、祭祀山川、敬重祖宗和宗亲故旧。不注意天时，财富就不能增长；不注意地利，粮食就不会充足。田野荒芜废弃，人民也将由此而惰怠；君主挥霍无度，则人民胡作妄为；不注意禁止奢侈，则人民放纵淫荡；不堵塞这两个根源，犯罪者就会大量增多。不尊鬼神，小民就不能感悟；不祭山川，威令就不能远播；不敬祖宗，老百姓就会犯上；不尊重宗亲故旧，孝悌就不完备。《管子》接着又说："四维不张，国乃灭亡。"也就是说：四维不发扬，国家就会走向灭亡。都反映出管仲对道德教化的重视。

2014年5月4日，习近平主席来到北京大学考察，他在参加师生座谈会时指出，每个时代都有每个时代的精神，每个时代都有每个时代的价值观念。国有四维，礼义廉耻，"四维不张，国乃灭亡"。这是中国先人对当时核心价值观的认识。在当代中国，我们的民族、我们的国家应该坚守什么样的核心价值观？这个问题，是一个理论问题，也是一个实践问题。经过反复征求意见，综合各方面认识，我们提出要倡导富强、民主、文明、和谐，倡导自由、平等、公正、法治，倡导爱国、敬业、诚信、友善，积极培育和践行社会主义核心价值观。富强、民主、文明、和谐是国家层面的价值要求，自由、平等、公正、法治是社会层面的价值要求，爱国、敬业、诚信、友善是公民层面的价值要求。这个概括，实际上回答了我们要建设什么样的国家、建设什么样的社会、培育什么样的公民的重大问题。

【今读新得】国有四维：礼、义、廉、耻。四维不张，国乃灭亡。这是两千多年前一代英才管仲振兴齐国、成就霸业的千古名言。管仲所谓的"四维"中，礼义是一个社会的根本制度，廉耻是一个人的根本原则。因此可以说，四维是支撑国家大厦的四根柱子，是国家统治者对社会和百姓进行管理的制度、纲纪、原则。早在两千多年以前，管仲就已经认识到制度、纲纪和规范对于国家治理和百姓管理的重要性，由此再次展现了管仲高超的管理谋略和智慧。值得注意的是，管仲还将他的这一思想具体落实到了他辅佐齐桓公富国强兵、建立霸业的实践中，并对于约束规范百姓，维护社会安定，实现国治民安，发挥了积极作用。不仅如此，由于国之四维从国家、个人两个层面，能够为历代政权提供治国安民的理论依据，因而还展现了强大的生命力，成为中国传统社会共同的行为规范、道德标准和社会价值观，成为中国传统文化的精髓，并凝聚和激励着中华民族走过数千年岁月。由此可见，管仲思想对中国传统社会和传统文化的影响之深远。在当今社会，管仲的这一思想仍具现实借鉴意义。第一，它揭示了制度、纲纪、价值观等文化因素对于国家治理、社会和谐、人民管理的重要性。从而昭示我们：无论是国家，还是城市或地区，抑或是各类组织，都应重视制度管理和文化建设，特别应注重对核心价值观的培育。特别是在全球化浪潮下，文化作为一种软实力在国际竞争中发挥越来越重要的作用。提高国家软实力，更能增强中国人的底气和骨气。第二，新的时代背景下，在道德塑造和人格养成中，我们

（薛涵作）

应充分汲取"礼义廉耻"思想的滋养。对此，我们既不能生搬硬套，也不能全盘否定，而应批判地吸收"礼义廉耻"中的思想精华，摒弃其中陈旧过时的观点，赋予其新的时代内涵。第三，核心价值观是文化软实力的灵魂。时代在进步，社会在发展，思想在更新，国际环境在变化，我们应该以与时俱进的责任担当，积极培育并践行新时代社会主义核心价值观，这是我们实现中华民族伟大复兴中国梦的重要精神保障。广大青年学子要从现在做起，从自己做起，不断修养和锤炼自己，自觉使社会主义核心价值观成为自己的基本遵循，努力在实现中国梦的伟大实践中创造自己的精彩人生。

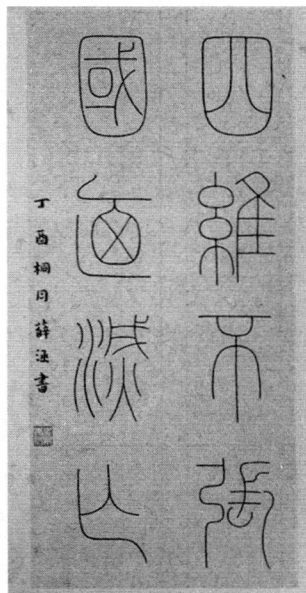

7. 规矩绳墨

【出处】《管子·七臣七主》（又见《史记·孙子吴起列传》）

【原典】"法律政令者，吏民规矩绳墨。"

【译文】"法、律、政令，就像画圆的圆规，划方的矩形器，画直线的绳墨盒一样，是官吏和民众都必须遵循的规矩和准绳。"

【释义】规矩：画圆、方形的工具；绳墨：木匠画直线所用的工具。意指应当遵守的标准、法则。

【拓展链接】《管子·七臣七主》中说：法的作用是提倡建功立业而威慑暴行，律的作用是明确各自保持的界限而防止发生争端，令的作用是命令人们对事务进行管理。总之，法律令政就像画圆、画方、画直线的标尺一样规范着人们的行为。如果尺子本身不正，画出的图形就不准确。法令是君臣共同建立的，权势才是君主独揽的。要是君主不履行自己的职责，国家就会发生危险；要是官吏不履行自己的职责，国家就会陷于混乱。刑罚由官吏依法来进行裁决，国家才会得到很好的治理；权势由君主来控制，国家才会有威严；法令得到人民的拥护，人民才会有爱国之心。因此，贤明的君主要懂得法和权如何使用，自己掌握好权力，让官吏执行好刑罚，做到各负其责，上下分明。法律规定一定要简洁、明确，执行一定要严格。让人明确哪些是必须要做的，哪些是坚决不能去做的，并养成习惯，就像高处的重物自然落下一样顺畅。这样，整个国家才会安定。《管子·明法解》中说："法者，天下之程式也，万事之仪表也。"意即法是治国之标尺，是社会的客观准则。可见管仲较早认识到了依法治国的必要性。

【今读新得】管仲提出："法律政令者，吏民规矩绳墨也。"意即法律、政令是它所管制的公民的行为规范，就像画圆的圆规，划方的矩形器，画直线的绳墨盒一样。管仲的这句话不但强调了法律法规对国家机器运行的重要性，而且认为官吏和百姓都必须遵守法律，在守法上具有平等性，由此可以说，管仲此言也蕴含着法律面前人人平等的思想。管仲的这一思想不但对于当时的齐国政治管理、经济发展都起到了重要的保障作用，时至今日，仍具借鉴作用。第一，它告诉我们，法律法规、规章制度不仅对国家机器的运行非常重要，也是组织健康运行的重要保证。正所谓国不可一日无法，党不可一日无纪，家不可一日无规，校不可一日无纪。古往今来，古今中外，概莫能外。因此，大到一个国家、社会、政党，小到企业、学校等组织，都应该重视法律法规、规章制度的制订与执行。第二，它告诫我们，法律对全体公民应一视同仁，法律面前人人平等，制度面前没有特权。因此，不论何种身份、年龄、性别的人，也不论穷人、富人，都应自觉遵法守规。第三，懂法守规对于肩负着实现中华民族伟大复兴历史使命的青年学子而言，更具特殊性和紧迫性。青年学子大都追求个性发展，向往自由，渴望展现自我风采，展示自我见解，实现自我价值。这无可厚非。然而天行有常，世界万事万物无一不是在遵循着各自的规则，这样才使一切事物都充满秩序，也使得每一个生命都找到其自身价值。因此，青年学子也应将追求发展、实现自我价值，控制在纪律、道德、法律许可的范围之内，做任何事都要有规矩，懂规矩，守规矩。由此，就对青年学子遵纪守法提出了更高要求。"没有规矩，无以成方圆。"一是无论是在社会生活中，还是在学习、工作中，青年学子都要增强法律意识和规则意识，增强对社会的责任感，并积极了解、学习各项法规制度，准确把握其精神实质。二是在日常工作、学习和生活中，要循序渐进地、有条有理地在日积月累中逐渐养成良好的遵规守纪的习惯，让规则看守自己的心灵，让遵守各项法规制度成为我们的自觉行动。愿青年学子们心有所畏、言有所戒、行有所止，做一个有道德、顾大局、守纪律的好公民。

8. 有备无患

【**出处**】《左传·襄公十一年》

【**原典**】"《书》曰：'居安思危。思则有备，有备而无患。'"

【**译文**】"《尚书》里说：'在安定的时候，要想到未来可能会发生的危险。您想到了，就会有所准备，有所准备，就不会发生祸患。'"

【**释义**】备：准备。患：灾祸。事先有准备，就可以避免祸患。

【**拓展链接**】

1. 典故拓展

管仲不愧为具有远见卓识的一代名相。他非常重视有备无患，《管子·霸言》中记载了管仲这方面的言论。如"夫谋无主则困，事无备则废。是以圣王务具其备，而慎守其时。以备待时，以时兴事，时至而举兵"。意思是说：谋事无主见则陷于困境，举事无准备则归于失败。所以，圣王务求做好准备而慎守时机。以有所准备等待时机，按适当时机兴举大事，时机一到而开始兴兵。再如："圣人畏微，而愚人畏明；圣人之憎恶也内，愚人之憎恶也外；圣人将动必知，愚人至危易辞。"意即：圣人总是戒慎事物细小的苗头，而愚人只看到事物暴露以后；圣人憎恶内心的恶劣，愚人憎恶外形的恶劣；圣人一动就知其安危，愚人至死也不肯改变。

不仅如此，管仲还用实际行动对有备无患做了有力诠释。据《管子·大匡》记载：齐僖公生有公子诸儿、纠与小白。僖公委派鲍叔牙辅佐小白，鲍叔牙不愿干，称病不出。管仲和召忽去看望鲍叔牙，说："为什么不出来干事呢？"鲍叔牙说："先人讲过，知子莫若父，知臣莫若君。现在国君知道我不行，才让我辅佐小白，我是想不干了。"召忽说："您若是坚决不干，就不要出来，我暂且保证说您要死了，就一定把您免掉。"鲍叔牙说："您能这样做，哪还有不免我的道理呢？"管仲说："不行。主持国家大事的人，不应该推辞工作，不应该贪图空闲。将来继承君位的，还不知道是谁。您还是出来干吧。"召忽说："不行。我们三人对齐国来说，好比鼎的三足，去其一，立不起来。我看小白一定当不上继承君位的人。"管仲说："不对，全国人都厌恶公子纠的母亲，以至厌恶公子纠本人，而同情小白没有母亲。诸儿虽然居长，但品质卑贱，前途如何还说不定。看来统治齐国的，除了纠和小白两公子，将无人承担。小白的为人，没有小聪明，性急但有远虑，不是我管夷吾，无人理解小白。不幸上天降祸加灾于齐国，纠虽得立为君，也将一事无成，不是您鲍叔来安定国家，还有谁呢？"召忽说："百年以后，国君下世，如有违犯君命废弃我之所立，夺去纠的君位，就是得了天下，我也不愿活着；何况，参与了我们齐国的政务，接受君令而不改，奉我所立而不使废除，这是我义不容辞的任务。"管仲说："我作为人君的臣子，是受君命奉国家以主持宗庙的，岂能为纠个人而牺牲？我要为之牺牲的是：国家破、宗庙灭、祭祀绝，只有这样，我才去死。不是这三件事，我就要活下来。我活对齐国有利，我死对齐国不利。"鲍叔牙说："那么我应该怎么办？"管仲说："您去接受命令就是了。"鲍叔牙许诺，便出来接受任命，辅佐小白。鲍叔牙问管仲说："怎样做工作呢？"管仲说："为人臣的，对君主不竭尽心力就不能得到亲信，君主不亲信则说话不灵，说话不灵则国家不能安定。总之，事奉君主不可存有二心。"鲍叔牙许诺了。结果，公子小白杀死了公子纠，继承了王位，并且要杀管仲。幸亏有鲍叔牙从中周旋。管仲不仅未被害，反而被举荐当了宰相。管仲的这种做法是经过悉心考虑的，真可谓是未雨绸缪，有备无患。

2. 人物链接——齐僖公其人

齐僖公（？—前698年），一作齐釐公，姜姓，吕氏，名禄甫，齐前庄公之子，春秋时期齐国国君，前731年—前698年在位。齐前庄公六十四年（前731年），齐前庄公去世，禄甫继位，是为齐僖公。齐僖公在位时期，多次主持多国会盟，平息宋国与卫国之间的争端，以宋国、郕国不向周天子朝觐而出兵讨伐，平定许国、宋国内乱，与郑国击败狄戎，使齐国形成小霸局面。齐僖公三十三年（前698年），齐僖公去世，其子诸儿继位，是为齐襄公。

【今读新得】管仲有备无患的思想体现了他对准备工作的重视，也体现了其作为一代名相所具备的深谋远虑的政治素养。在管理工作中，提前做好谋划和准备工作，并对未来可能发生的危机或危险进行预测，防患于未然，只有这样才能遇事不慌，临危不乱，牢牢把握主动权。这既是管理的应有之义，也是组织目标实现的重要保证。因此可以说，早在春秋时期，管仲就认识到了有备无患的重要性，这是难能可贵的。经历了两千余年的沧桑变化，有备无患的思想不但没有过时，反而已经成为大多数人的共识。可以说管仲的这一思想，对于当今社会的各项工作都具有普遍的指导意义。特别是面对当今这个充满竞争和变数的社会，无论是管理工作，还是其他工作，抑或生活、学习等方面，只有计划制定得详尽一些，准备工作做得充分一些、扎实一些，才能抢得先机，赢得主动，目标实现才会更加顺畅。《礼记》有云："凡事豫则立，不豫则废。"在我们的工作、生活中，每一天都发生着有因准备充分而获益，或因准备不力而受损的事情。这些都进一步证明：有准备才有信心，有准备才有底气，有准备也才有实力！可以说，准备赢得一切！有准备会让你在成功的路上比别人先行一步。"工欲善其事，必先利其器。"青年学子们，从你们踏入高校大门的那一刻起，就开启了人生的新阶段，也开始了对未来的美好憧憬与期盼。然而从懵懂少年到成熟完备的职业人、社会人，不是一朝一夕就能做到的，这需要全面、充分的准备与长期的修炼和积淀。多一份准备，多一份耕耘，就多一份自信，多一次成功。同学们，你们准备好了吗？

9. 一箭之仇

【出处】《管子·大匡》

【原典】"鲍叔牙奉公子小白奔莒，管夷吾、召忽奉公子纠奔鲁。九年，公孙无知虐于雍廪，雍廪杀无知也。桓公自莒先入，鲁人伐齐，纳公子纠。战于乾时，管仲射桓公中钩。"

【译文】"鲍叔牙事奉公子小白逃奔到莒国，管夷吾和召忽事奉公子纠逃奔到鲁国。鲁庄公九年，齐国的公孙无知虐待雍廪，雍廪杀了公孙无知。齐桓公从莒地先回到齐国。鲁国这时也动兵伐齐，要纳公子纠为君，双方在乾时那地方作战，管仲箭射桓公，仅中带钩。"

【释义】被对方射中一箭的仇恨。比喻印象深刻的仇怨。

【拓展链接】

1. 典故拓展

"一箭之仇"的成语故事发生在春秋时期的黄金搭档齐桓公与管仲身上，他们二人相得益彰的故事被后人广为传颂，然而最初将他们联系在一起，竟是一支弓箭。这就是"一箭之仇"的典故，管仲与齐桓公二人日后几十年的恩怨就是从这里开始的。

齐僖公有三个儿子，大儿子叫诸儿，二儿子叫纠，小儿子叫小白。僖公死后，因诸儿最长，继承王位，这就是齐襄公。因为襄公昏庸无道，朝廷混乱。公子纠和公子小白为了免遭不测，纷纷去了别国，公子纠跟着他的师傅管仲去鲁国避难，公子小白跟着他的师傅鲍叔牙逃到莒国去避难。不久，齐国发生大乱，襄公被杀，齐前废公即位。第二年，齐前废公又被杀，齐国暂时没了国君。为了抢先继承君位，公子纠和公子小白分别从鲁国和莒国快马加鞭赶回齐国。公子纠的师傅管仲，怕在莒国避难的公子小白抢先回国夺到君位，便借鲁国军队去拦截公子小白。果然，管仲带领队伍马不停蹄地赶到即墨附近时，发现公子小白正在赶往齐国，双方发生激战，管仲立刻张弓搭箭，直接射中小白的前胸，小白惨叫一声，随即坠马倒地，当即口吐鲜血，不省人事。管仲以为小白已被射死，便不慌不忙地送公子纠到齐国去。没想到管仲刚一走远，小白又重新站了起来，原来刚才管仲那一箭射中的仅是小白的衣带钩，小白为了迷惑管仲，立刻倒地装死，而所谓的鲜血，其实也是他咬破舌尖所致。骗走了管仲之后，小白和鲍叔牙为了争取时间，立即整顿兵马重新上路，捷足先登回到了齐国都城，说服大臣们迎立其为国君。于是在前 685 年，公子小白即位为君，这就是春秋历史上最为著名的诸侯——齐桓公。

接着，桓公便犒赏群臣，欲拜鲍叔牙为宰相，处理国政。鲍叔牙坚辞不受，并称自己只不过是"小心敬慎，循礼守法而已，非治国家之才也"。他对桓公说：您要是就想治理好齐国这么大个地方，那用我和高傒就行了。但如果您想称霸天下，非管夷吾不可。鲍叔牙接着说自己有五方面不如管仲："宽柔惠民，弗若也；治国家，不失其柄，弗若也；忠信可结于百姓，弗若也；制礼义可施于四方，弗若也；执枹鼓立于军门，使百姓敢战无退，弗若也。"于是在鲍叔牙的极力举荐下，桓公以社稷为重，弃一箭之仇，完全接受了鲍叔牙的劝告，斋戒、沐浴、更衣，择日并亲自出郊，以宰相之礼迎管仲这位囚徒入朝，叩之以治国安邦之道，善待他，器重他，从而开启了君臣相得益彰建立霸业之路。

2. 人物链接——齐前废公其人

齐前废公（？—前 685 年），姜姓，吕氏，名无知，齐前庄公之孙，夷仲年之子，齐僖公的侄子，齐襄公和齐桓公的堂兄弟，春秋时期齐国公族。前 686 年，公孙无知联合连称、管至父弑杀齐襄公，自立为君，史称齐前废公。起初，公孙无知对大夫雍廪无礼，因此雍廪怨恨他。前 685 年，公孙无知到雍林游玩，雍廪趁机袭杀公孙无知。公孙无知死后，小白即位，是为齐桓公。

【今读新得】齐桓公与管仲之仇可谓不共戴天，桓公即位以后本来可以对其还以颜色，但是却化干戈为玉帛，以毫无芥蒂的重用回报了当年的一箭之仇，这不仅体现了一代明君以德报怨的高尚品质和宽广胸怀，也彰显了其尊贤重士、不计前嫌的良好政风。这是一种超人的勇气和智慧，更是一种令人肃然起敬的人间情怀，桓公弃一箭之仇值得每一个人尤其是管理者学习。一是博大的胸襟和宽广的胸怀，是管理者的必备修养。"遇事虚怀观一是，与人和气察群言。"宽广的胸怀体现在一个"容"字。管理者只有拥有博大的胸襟，容人之长，容人之过，容人之能，容人之言，给有能者以更大发展空间，才能提升自身影响力，才能收获下属的尊敬、认可和拥戴。管理者只有以博大的胸襟，敢于牺牲自己的利益，处理好上下级关系，才能团结一切可以团结的人，才能有效组织和调动一切组织资源，也才能有效激励下属积极、主动地为实现组织目标而努力。二是胸怀也是一个人的立身之本，是人格的具体体现。胸怀宽广是一个人高尚道德修养的重要标志，更是一个人收获美好人生的重要前提。法国大作家雨果曾经说过："比大地更宽广的是海洋，比海洋更宽广的是天空，比天地更宽广的是人的胸怀。"只有胸怀宽广，才能正确处理人与人之间的关系，为成功奠定良好的人脉基础。只有胸怀宽广，才能正确看待人生，壮志凌云永不颓，亦方能成就伟业。只有胸怀宽广，才能吸纳他人长处，不断充实和完善自我，创造自我价值，书写人生之辉煌。人若没有博大的胸怀，就难有大作为。愿青年学子们都修炼一种海一样的胸怀，拥有乐观豁达的心态，容得天下难容之事，不断开拓进取，将自己有限的生命投入到真正有价值的大事上。愿大胸襟助你成长、成才，并走向美好未来！

10. 及瓜而代

【出处】《左传·庄公八年》

【原典】"瓜时而往，曰：'及瓜而代。'"

【译文】"瓜熟时节前去，说：'到明年瓜熟的时候派人替代你们。'"

【释义】及：到。等到明年瓜熟时就派人接替。指任职期满，定期替换。也作瓜代有期。

【拓展链接】

1. 典故拓展

齐侯（即齐襄公）是齐僖公的长子。僖公在位时，将诸儿立为太子。前698年十二月，僖公去世，太子诸儿即位，是为齐襄公。襄公派大夫连称和管至父去戍守葵丘（齐国属地，今在山东省淄博市淄博西），瓜熟的时候前往，襄公说："等到明年瓜熟的时候就派人去接替你们。"一年之后，瓜熟时节已过，连称、管至父二人请求派人替换，而襄公却忘了约定，不派人替换。连称和管至父暴怒，就商量着发动叛乱。

襄公有一堂弟叫公孙无知，其父夷仲年去世得很早，公孙无知便得到了僖公的宠爱，他的衣物服饰和待遇等级都跟太子一样。这让襄公很妒忌。襄公即位以后，马上就除去了公孙无知的待遇。连称和管至父二人看到公孙无知怨恨襄公，便利用公孙无知发动叛乱。

连称有个堂妹在襄公宫里，不受宠爱。公孙无知就让她刺探襄公的行动，还对她说："事成之后，我就让你当夫人。"这年冬季十二月，襄公到姑棼（即薄姑，在今山东东博兴县境）游玩，就在贝丘（齐地，在今山东省博兴县南）打猎。襄公看见一只大野猪，随从们惊呼："彭生的鬼魂！彭生的鬼魂！"襄公大怒说："彭生竟敢现形！"就拿箭来射它。野猪像人一样站立起来嗥叫。襄公很害怕，从车上跌落下来，跌伤了脚，还丢掉了鞋子。游猎回来，襄公责令侍从的小官费去寻找鞋子的下落。费找不着鞋子，襄公就用鞭子抽他，打得出了血。费跑出宫外，在宫门口遇上了反贼。反贼将他劫持，并把他捆绑起来。费说："我哪里是抵抗你们呀！"于是就脱了上衣把背伤给他们看，反贼相信了他的话。费请求先进宫去探明情况，趁机把襄公隐藏起来，然后出宫，跟他们搏斗，战死在门中。侍从石之纷如也战死在台阶下。于是反贼入宫，在床上杀死了孟阳。反贼说："这不是国君，相貌不像。"看见襄公的脚露在门扇下边，就把襄公杀了，而把公孙无知立为国君，史称齐前废公。

2. 人物链接——齐襄公其人

齐襄公（？—前686年），姜姓，吕氏，名诸儿，齐僖公长子，齐桓公异母兄，春秋时期齐国第十四位国君，前698年—前686年在位。襄公在位期间，荒淫无道，昏庸无能，与其异母妹文姜乱伦，派彭生杀害妹夫鲁桓公，而后再杀彭生以向鲁国交代。当时齐国国力渐强，齐襄公曾出兵攻打卫国、鲁国、郑国。前686年，襄公遭连称、管至父、公孙无知等人所杀，公孙无知自立为君。前685年，雍廪袭杀公孙无知，襄公之弟公子小白即位，是为齐桓公。

【今读新得】若问齐国历史上最荒淫、最昏庸的国君是谁，读了该则典故以后，我们似乎可以理直气壮地说：非齐襄公莫属。纵观齐襄公一生，做的正儿八经的事屈指可数，荒唐之事、雷人之事却不胜枚举。先是与自己的亲妹妹文姜乱伦，后为推卸责任，又杀死了公子彭生，之后又多次冤杀和欺骗大臣。不过他为自己的昏庸无道最后还是付出了惨重代价——仅做了十二年国君就死于一场残酷的宫廷政变之中，而且被碎尸万段。正如在他临死之前，大臣连称大骂的那样："无道昏君！汝连年用兵，黩武殃民，是不仁也；背父之命，疏远公孙，是不孝也；兄妹宣淫，公行不忌，是无礼也；不念远戍，瓜期不代，是不信也。仁孝礼信，四德皆失，何以为人？"可见其罪状之大。襄公可以说是死有余辜，从而也验证了"多行不义必自毙"这句俗语。襄公的所作所为从反面告诉我们：人在做，天在看。你可以横行无忌，作恶多端于一时，但最后都将难逃现实或历史的惩罚。由此也提醒我们：第一，"勿以恶小而为之，勿以善小而不为。""先修身而后求能。"无论是管理者，还是普通人，也无论是在工作中，还是生活中，都应时时处处严于律己，应该坚持以德为先，不断加强自身的道德修养，把"立德"放在了首位，严于律己，以修身为本，以德为先，以德服人，做到德才兼备，努力成为一个品德高尚的人。第二，诚信是人格的基石，只有内诚于心，才能外信于人。大到民族、国家，小到个人修养，诚信是一切事业成功的基石，是做人的基本原则，更是一个人安身立命之本。在该成语中，齐襄公之所以被人推翻，主要原因之一是他丢掉了诚信这一做人为政之本。由此可见，不讲诚信，危害极大。一个人若不讲诚信，就会失去别人的信任，就不会有好的人缘。诚信对于管理者来说更为重要。如果管理者言而无信，就得不到员工的认同和尊重，从而失去民心，给组织带来不可估量的危害和影响。而一个诚实的民族才能跻身于世界民族之林。孟子曰："诚者天之道也，思诚者人之道也。"青年学子们，让我们每个人都尽力做到诺不轻许，许则为之。让我们从今天开始，都努力做一个善良有爱心且诚实守信的人。

11. 节俭力行

【出处】《史记·管晏列传》（又见《晏子春秋·内篇杂下》）

【原典】"以节俭力行重于齐。既相齐，食不重肉，妾不衣帛。"

【译文】"（晏婴）由于节约俭朴又努力工作，在齐国受到人们的尊重。他做了齐国宰相，吃饭不用两道肉食，妻妾不穿丝绸衣服。"

【释义】意指生活俭朴，又肯努力躬行。也作节俭躬行。

【拓展链接】

1. 典故拓展

晏婴辅政长达五十余年，虽身材不高，其貌不扬，但他总是不卑不亢，生活非常俭朴，从不讲排场，办事亲力亲为，勤勤恳恳地辅佐国君。

在生活作风上，晏婴虽身居高位，但他严于律己，廉洁从政，一生反对奢华，以节俭力行著称于世。他身为丞相，仍"食不重肉，妾不衣帛"。在衣、食、住、行等方面都十分节俭。晏婴生活在春秋时期相对稳定的时代，各诸侯国之间没有爆发大规模的战争，因此，各国争相追求奢侈豪华的生活作风。晏婴则崇尚节俭，"以节俭力行重于齐"。据《晏子春秋》记载：有一次，晏婴出使晋国。晋国大夫叔向见晏婴的装束很寒酸，感到颇为不解，就在酒席宴上委婉地问道："请问先生，节俭与吝啬有什么区别？"晏婴明白了叔向的用意，所以认真地答道："节俭是君子的品德，吝啬是小人的恶德。衡量财物的多寡，有计划地加以使用，富贵时不过分地加以囤积，贫困时不向人借贷，不放纵私欲、奢侈浪费，时刻念及百姓的疾苦，这就是节俭。如果积财自享而不想到赈济百姓，即使一掷千金，也是吝啬。"叔向听了对晏婴肃然起敬，再不敢以貌取人、小视晏婴了。

晏婴不仅把尚俭看成是一种美德，更为可贵的是，他还身体力行，严于律己。他从自己的日常生活做起，以自己的行动为表率，对当时的奢侈之风进行了坚决抵制。齐国人讲究吃喝，官宦人家的餐桌上通常摆的都是一些山珍海味。而晏婴饮食十分俭朴，吃的是粗米饭，桌上只有一荤三素四样菜，而且是普通菜肴，一点都不讲究。由此诞生了一个成语——食不重肉，意指吃饭不用两道肉食。指饮食节俭。同"食不兼肉"。

春秋时期，齐国作为五霸之首，国富民强。而身为三朝元老的晏婴却每天穿着旧皮袍。据《史记》记载："晏子相齐，三年，政平民说，梁丘据见晏子中食，而肉不足"，"晏子相齐，衣十升之布，脱粟之食、五卯、苔菜而已。"可见，晏婴虽贵为宰相，生活却极为简朴。晏婴衣着朴素，经常穿布衣、鹿裘（粗制的大衣）上朝，同朝大臣田无宇甚至认为晏婴如此简朴是隐藏财富，对景公说："晏子衣缁布之衣，麋鹿之裘，栈轸之车，而驾驽马以朝，是隐君之赐也。"《礼记注疏》卷九中孔子的弟子有若评价说："晏子一狐裘三十年。"后人用"晏子裘"来概括为人节俭朴素的品行。

据《晏子春秋·内篇杂下》记载："子之宅近市湫隘，嚣尘不可以居。"意即晏婴的住宅靠近市场，低湿狭窄，人声嘈杂，尘土飞扬，不适合居住。景公要给他换一所安静、宽敞的住所，晏婴却再三辞谢，说："君之先臣容焉，臣不足以嗣之，于臣侈矣。"我的先辈住在这里，我没有继承他们的功业，能够住在这里已经是很奢侈了。后来，景公趁晏婴出使晋国之际，把晏婴的房子给改建了，为此还把周围的老百姓也赶走了。晏婴回来后，坚决请求把老邻居的房屋重新修好，把自己的旧宅复原。

晏婴还一贯轻车简从。他虽为一国之相，上朝时坐的却是劣等的马拉的破旧的车子。据《晏子春秋·内篇杂下》记载：晏子朝，乘弊车，驾驽马。景公看见后问："是不是你的俸禄不够用啊？"晏婴回答说："依靠您的赏赐，我能吃得饱、穿得暖，有这样的车马乘坐，我已经是很满足了。"景公派人给晏婴送去四匹马拉的大车，先后多次被晏婴拒绝，景公问其原因，晏婴回答说："您让我治理群臣百官，我节制衣服饮食的供养，为齐国百姓做出表率，然而还是担心百姓会奢侈浪费而不考虑自己的行为是否合适。现在我再乘坐四匹马拉的大车，对于奢侈浪费的行为，就更没有办法禁止了。"

还有一次，景公到晏婴家饮酒，酒喝到畅快的时候，景公见晏妻老而丑陋，便说："我有一个女儿，既年轻又美貌，请让她嫁给先生充实先生的居室吧。"晏婴离开座席，恭敬地回答说："我的妻子现在是又老又丑，我与她一起生活已经很久了，所以也赶上她既年轻又漂亮的时候。她年轻的时候托身于我直到老年，漂亮的时候托身于我一直到变丑。她将终身托付于我，而我也接受了她的托付。君王想把女儿恩赐给我，而我怎么可以辜负我妻子的托付呢？"晏婴拜了又拜，辞谢了。

在丧事上，晏婴主张从简，并身体力行。晏婴的父亲贵为大夫，去世时却没有厚葬。晏婴穿着粗麻制成的丧服，头上和腰间系着麻布带子，手拿竹杖，脚穿草鞋，住在草棚里，睡在草苫子上。连他的管家都觉得这样治丧太简单，"不是大夫守丧的礼仪"，而晏婴却依然坚持丧事从简。

晏婴崇尚节俭、严于律己的品格，为后人所景仰。他多次拒赐也成为千古美谈。《孟子》曾赞之曰："管仲以其君霸，晏子以其君显。"意即"管仲辅佐桓公称霸天下，晏婴辅佐景公名扬诸侯。"正是由于晏婴的这种高尚品格，才使后来的司马迁发出："假令晏子而在，余虽为之执鞭，所忻慕焉！"意即"假如晏婴还在世的话，我即使为他挥动着鞭子赶车做个仆人，也是我高兴和向往的啊！"一代史学巨匠对晏婴的仰慕之情触动人心！

2. 人物链接——齐灵公其人

齐灵公（？—前554年），多字谥为齐孝武灵公，姜姓，吕氏，名环，齐顷公之子，春秋时期齐国国君，前581年—前554年在位。齐灵公在位期间，有名相晏弱、晏婴父子相继辅政，国事清明。灵公喜欢看女扮男装，为晏婴所谏止。灵公即位之初，尊晋为霸主，后来渐渐脱离晋国摆布，欲争霸于天下。自齐灵公二十四年起五次伐鲁，均无战果。齐灵公二十七年，晋国以齐国叛晋伐鲁为由，帅鲁、宋、卫、郑、曹、莒、邾、滕、薛、杞、小邾共十二家诸侯兴师伐齐，灵公亲自率师御敌，大败而归。《晏子春秋·外篇》载："仲尼曰：'灵公污，晏子事之以整齐。'"意思是，孔子说："齐灵公行为污秽，晏婴以严整齐正的礼仪规范侍奉他。"

【今读新得】晏婴身居高位，严于律己，节俭力行，率先垂范，不汲汲于物欲的追求，而且将把节衣缩食剩余下来的衣食之物，周济族人、亲友、百姓，以达到为国养民的目的节衣缩食，数次拒收贿赂与恩赐，充分展示了晏婴高尚的个人品德和廉政节俭的崇高风范。在晏婴那里，厉行节俭不是偶一为之的政治作秀，而是五十余年如一日的一种坚持，更是一种情怀、一种信仰！可以说，早在两千多年前，晏婴就用他的言行给我们每个中国人上了一堂生动的道德教育课！纵观数千年历史长河，勤俭节约一直是中华民族的传统美德，"静以修身，俭以养德"，"奢靡之始，危亡之渐"等古训流传至今、历久弥新。而今重温一代贤相晏婴尚俭的家风和品行，在让人产生"高山仰止，景行行止，虽不能至，心向往之"之感的同时，更给我们无尽启迪。唐代诗人李商隐说："历览前贤国与家，成由勤俭败由奢。"勤俭节约无论对于个人、家庭，还是对于社会乃至整个国家，都具有极端重要性。在物质生活极大丰富的现代社会，在戒奢克俭已经成为我们党治国方略的今天，勤俭节约这一优良传统同样不能丢，不能忘。对于社会大众来说，它乃修身齐家之良方；对管理者特别是领导者而言，它有助于抑制过分的欲望，更有助于正己化人，因而是一剂对治奢靡之风的良药。青年学子们，在实现中华民族伟大复兴中国梦的伟大征程中，让我们以晏婴等先贤为楷模，从我做起，从现在做起，从点滴做起，把节俭作为修身、从业的一种价值追求和行为自觉！厉行节约，拒绝浪费，永远在路上！

12. 齐王好紫衣

【出处】《韩非子·外储说左上》

【原典】"齐桓公好服紫，一国尽服紫，当是时也，五素不得一紫。"

【译文】"齐桓公喜好穿紫色的衣服，于是全国人都喜欢穿紫色的衣服。齐国用五匹素也不如一匹紫色的布。"

【释义】齐桓公喜欢穿紫色的衣服，齐国都城里的人便都穿紫色的衣服。比喻上行下效。

【拓展链接】

1. 典故拓展

据《韩非子·外储说左上》记载，一代霸主齐桓公对穿衣服的颜色很讲究，他喜欢穿紫色的衣服，所以每次上朝时都令下人给他准备紫色衣服。大臣们看见国君穿紫色衣服，也都纷纷效仿，穿起了紫衣。不仅如此，齐国上下都刮起了一阵紫色的旋风，无论是齐都临淄的人，还是乡下人，都穿上了紫衣，一时间穿紫衣成了齐国最流行的时尚。而物以稀为贵，全国上下对紫衣的疯狂追求导致紫色布匹、紫色衣服供不应求，紫色布匹的价格也水涨船高，甚至五匹生绢也换不到一匹紫色的布。桓公为此十分担忧，于是他就把管仲召来，对他说："我喜欢穿紫色的衣服，紫色的布料很贵，整个都城的百姓喜欢穿紫色衣服的风气不消失，我该怎么办呢？"管仲说："您想制止这种情况，为何不试一下不穿紫衣服呢？您可以对身边侍从说："我非常厌恶紫衣的气味。'在这时，侍从中有穿紫衣来进见的人，您就说：'稍微退后点，我厌恶紫衣的气味。'"桓公说："好。"这一天，桓公如法炮制，于是文武百官都不穿紫衣了。第二天，都城内的人没人再穿紫衣。第三天，国境之内也没人再穿紫衣了。于是，没过多久，这种穿紫衣的风气就停止了，物价也稳定了。

另外，《战国策》《韩非子》等典籍中也都讲述了"楚灵王好细腰""晋文公好恶衣"和"越王好剑客"等故事，于是坊间便有了以下顺口溜："齐王好紫衣，国中无异色。晋公好恶衣，朝中尽褴褛。吴王好剑客，百姓多创瘢；楚王好细腰，宫中多饿死。"它们殊途同归，都揭示了上行下效的道理。

2. 典故链接——挂羊头，卖马脯

据《晏子春秋·内篇杂下》记载：在晏婴辅佐齐灵公时期，灵公有一个特别的嗜好，即喜欢看后宫女子女扮男装，因此，后宫妇女常身穿男子的服饰。然而，这样的装束竟很快流行至宫外，使得全国女子都纷纷效仿，并一发不可收拾。灵公派官吏禁止她们，说："凡这么穿戴的人就撕裂她的衣服，扯断她的衣带。"被撕破衣服、割断衣带的女人到处可见，但女穿男装之风仍屡禁不止。晏婴得知此事后，晋见灵公，灵公便向他请教。晏婴回答说："您让宫内（妇女）穿扮男人服饰，却在宫外禁止它，就如同在门口挂牛头，却在里面卖马肉，您为什么不让宫内（女人）不穿扮（男人服饰），那么外面也就没有人敢了。"灵公一听，恍然大悟，说："真是很好。"于是下令宫内女子不得再穿扮男人服饰，结果不出一个月，全国就再没有女扮男装的现象了。这便是成语"挂羊头，卖马脯"的由来。比喻任何事情只有以身作则，才能保证政策的有效实施。与源自宋释普济的《五灯会元》的成语"挂羊头卖狗肉"意思相近。

【今读新得】以上两个典故饶有趣味，而又耐人寻味。读罢，我们不禁为桓公和灵公虚心纳谏的胸襟点赞，也会为名相管仲和晏婴的管理智慧和劝谏艺术所折服，尽管这些都是为君为臣应该具备的职业素养，但是纵观几千年中国历史，真正做到的君臣也是屈指可数的，惟其如此，方显这些素养的可贵。其实以上两个典故不仅仅是说齐桓公、齐灵公的故事，更是借此揭示了"上有所好，下必甚焉"的道理，昭示了管理者以身作则的重要性。因为齐王好服紫，齐国从上到下便刮起一阵紫色旋风；由于灵公好女扮男装，全国上下女穿男装之风就愈演愈烈。这正印证了管理者特别是领导者的一言一行、身体力行可能产生的示范效应和社会影响。所幸两位齐君都及时觉察到了此行为的负面影响，并进行了有效遏制。这两则典故穿越了两千多年的历史尘埃，至今仍具警示意义。孔子也说："其身正，不令而行；其身不正，虽令不从。"言传不如身教，管理者的率先垂范就是最有效的动员令。管理者只有以身作则，做好榜样，才能令行禁止。管理者特别是领导者，只有慎言慎行，言行一致，作风正派，充满正气，才能真正发挥好带头作用。推而广之，不管做管理也好，还是做人也好，皆是如此。只有言行一致，坚持老老实实做事，老老实实做人，长期潜移默化，才能够影响身边的人。以身作则，对管理者来说，是一条极为重要的道德规范；对每个人来说，更是在社会中安身立命之本。正人先正己。对青年学子亦然。只有严于律己，慎言慎行，作风正派，充满正气，才能真正发挥好带头作用，也才能提升自己的个人魅力。

13. 愚公之谷

【出处】《说苑·政理》

【原典】"傍邻闻之，以臣为愚，故名此谷为愚公之谷。"

【译文】（老人家回答说：）"附近的邻居听说了这件事，认为我很傻，所以就把这个山谷叫作愚公之谷。"

【释义】劝诫执政者应善于听取老百姓的意见，治理好国家。

【拓展链接】

1. 典故拓展

春秋时期，齐桓公很喜欢打猎。有一天，桓公出外打猎，因追赶野鹿而跑进了一个山谷。桓公看见一个老人，就问他说："这叫什么山谷？"老人家回答说："叫作愚公山谷。"桓公说："为什么叫这个名字呢？"他回答说："用臣下的名字做它的名字。"桓公说："今天我看你的仪表举止，不像个愚笨的人，老人家为什么起这样一个名字呢？"老人家回答说："请允许臣下一一说来。我原来畜养了一头母牛，生下一头小牛，长大了，卖掉小牛而买来小马。一个少年说：'牛不能生马。'就把小马牵走了。附近的邻居听说了这件事，认为我很傻，所以就把这个山谷叫作愚公之谷。"桓公说："您确实够傻的！您为什么把小马给他呢！"说着，桓公便告别了老翁，回到了都城。第二天上朝，桓公把这件事告诉了管仲。管仲听了，面色凝重，他整了整衣服，向桓公拜了两拜，说："这是我的愚笨。假使唐尧为国君，咎繇为法官，怎么会有强取别人小马的人呢？如果有人像这位老人一样被欺凌，也必定不给的。那位老人知道现在的监狱断案不公正，所以只好把小马给了那位少年。请允许臣告退，考虑如何修明政治吧。"以上便是典故愚公之谷的由来。

2. 典故链接——啧室之议

据《管子·桓公问》记载：有一次，齐桓公曾经问管仲："我想常有天下而不失，常得天下而不忘，能办得到吗？"管仲回答说："不急于创始，不急于作谏，等到条件成熟再随之行事。不可以个人好恶损害公正原则。要调查了解人们之恶，以便自身为戒。"怎样才能做到这一点，仅凭帝王的一阵冲动，一阵心血来潮，一时的招贤纳谏是不够的。必须设立一种机构，建立一种制度。管仲引经据典，追溯历史，向桓公说："黄帝建立明台的咨询制度，就是为了从上面搜集贤士的意见；尧实行衢室的询问制度，也是为了从下面听取人们的呼声；舜有号召进谏的旌旗，君主就不受蒙蔽；禹把谏鼓立在朝堂上，可以准备人们上千；汤有总街的厅堂，可以搜集人们的非议；周武王有灵台的报告制度，贤者都得以进用。这就是古代圣帝明主能够常有天下而不失，常得天下而不亡的原因。"桓公说："我也想效法他们，实行这项制度，应当叫什么名字呢？"管仲想了想说："可以叫'啧室之议制度'。就是说，国家法度要简而易行，刑罚要审慎而无人犯罪，政事要简而易从，征税要少而容易交足。老百姓有在这些方面提出君主过失的，就称之为'正士'，其意见都纳入'啧室之议'的制度来处理。负责办事的人员，都要把受理此事作为本职工作，而不许有所遗忘。这项'啧室之议'的大事，请派东郭牙主管。这个人是能够为正事在君主面前力争的。"桓公说："好，就这么办！"此为成语"啧室之议"的出处。其中，啧即指争辩或形容咂嘴声，啧室则指多人集议之处。该成语意指集思广益。

管仲建议桓公设置"啧室之议"制度，其主要作用是议论时政，为君主提供咨询服务。管仲设计的这项制度，在桓公时代到底实行了没有，是怎样实行的，其实际效果如何，现在已难以考证。但有一点是清楚的：在当时的历史条件下，管仲和桓公能想到这样的问题，有这样具体的设想就已经很可贵了。事实上，桓公也是虚心听取了来自各个方面的意见，励精图治，才赢得了春秋首霸地位的。

【今读新得】在该则典故中，一位老翁故意假托解释地名，讲了一个傻得荒唐的寓言故事，意在讽刺齐国司法的废乱。齐桓公却信以为真，把寓言当成了真实的事情，没有参透老翁的真实目的。名相管仲理解并接受了老翁的讽谏，改进治理，下大气力解决了司法公正问题。该典故生动有趣，又不乏启迪。透过该典故，我们看到了这位老人的聪明睿智以及对国家前景深深的忧患，这对一个普通老人来说是难能可贵的，也是齐国之大幸。同时，我们也再次领略到了一代名相管仲的睿智以及齐桓公从谏如流的优秀品质。而典故"啧室之议"则更是向我们展示了一代明君齐桓公锐意改革、善于体察民意的优秀德行。以上典故所蕴含的丰富智慧至今仍具现实启迪。一是管理者应思想敏锐，见微知著，从小事中看到关系国家治乱兴衰的大政方针。二是管理者不仅应及时察民情，体民意，善于听取下属的意见和建议，不断反思和修正自己，还应将其制度化、常规化，并注重形式的多样性。只有这样，工作才能日臻完善，事半功倍。

14. 出裘发粟

【出处】《晏子春秋·内篇谏上》

【原典】"公曰：'善！寡人闻命矣。'乃出裘发粟以与饥寒者。"

【译文】"齐景公说：'好！我愿意受您的教诲了。'于是便命令人发放皮衣和粮食给饥饿寒冷的人。"

【释义】出：拿出；发：发放。比喻能虚心听取下属的意见，并采取措施改正错误。

【拓展链接】

1. 典故拓展

齐景公在位期间，有一年冬天，一连下了好几天雪，都没有转晴。景公披着用狐狸白毛皮缝制的皮衣，坐在朝堂一旁的台阶上。晏婴进宫谒见，站了一会儿，景公说："奇怪啊！雪下了好几天，但是天气不冷。"晏婴回答说："天气（难道）不冷吗？"景公笑了。晏婴说："我听说古代贤德的国君，自己吃饱却知道别人的饥饿，自己温暖却知道别人的寒冷，自己安逸却知道别人的劳苦。现在君王不知道了。"景公说："说的好！我明白你的教育了。"于是命人发放皮衣、粮食，给那些挨饿受冻的人。并发布命令：在路上见到的，不必问他们是哪乡的；在里巷见到的，不必问他们是哪家的；巡视全国统计数字，不必记他们的姓名。已有职业的人发给两个月的粮食，病困的人发给两年的粮食。孔子听到后说："晏子能阐明他的愿望，景公能实行他认识到的德政。"以上便是典故"出裘发粟"的由来。

2. 典故链接

（1）上行下效

据《说苑·君道》记载：相国晏婴去世之后十七年，一直没有人当面指责齐景公的过失，因此景公心中感到很苦闷。有一天，景公欢宴文武百官，席散以后，一起到广场上射箭取乐。每当景公射一支箭，即使没有射中箭鹊的中心，文武百官都是高声喝彩："好呀！妙呀！""真是箭法如神，举世无双。"堂上的百官叫好如出于一人之口。景公变了脸色并开始叹息，丢掉了弓箭。这时大臣弦章进来，景公说："弦章！自从我失去晏子，已经有十七年了，没有听到过我不对的地方。今天射箭偏离了靶子，但是还是一致叫好。"弦章对景公说："这件事情不能全怪那些臣子，古人有话说：'上行而后下效。'国王喜欢吃什么，群臣也就喜欢吃什么；国王喜欢穿什么，群臣也就喜欢穿什么；国王喜欢人家奉承，自然，群臣也就常向大王奉承了。"景公听了弦章的话，认为很有道理，就派侍从赏给弦章许多珍贵的东西。弦章看了摇摇头，说："那些奉承大王的人，正是为了要多得一点赏赐，如果我受了这些赏赐，岂不是也成了卑鄙的小人了！"他说什么也不接受这些珍贵的东西。这时，掌管渔业的官吏进贡鱼来了，景公把五十车的鱼赐给弦章。弦章回家的时候，装鱼的车塞满了道路。弦章拍着车夫的手说："刚才那些一致叫好的人都是想得到鱼的人。从前，晏婴谢绝赏赐是为了纠正国君的过失，所以国君的过失就被指出。现今的那些臣子谄谀是为了求得利益，所以偏离了靶子还一致叫好。如今我帮助国君没什么比大家出色的，却接受这些鱼，是和晏婴行为的道义相反，和谄谀者的欲望相同啊。"因此，他谢绝不要赏赐的鱼。君子都说："弦章的廉洁，是晏子遗留下来的德操。"

以上便是成语"上行下效"的出处，来形容上面的人怎么做，下面的人就跟着怎么做。该故事在《晏子春秋·外篇》中也有记载。

（2）烛邹亡鸟

据《晏子春秋·外篇》记载：齐景公喜欢射鸟，派齐国大夫烛邹管养鸟，却让鸟飞跑了。景公非常生气，命令官吏要杀掉烛邹。晏婴说："烛邹有三条罪状，请让我列举出他的罪状之后再杀掉他。"景公说："可以。"于是把烛邹叫来在景公面前列举他的罪过，晏婴说："烛邹，你替我们的君主掌管养鸟却让鸟飞跑了，这是第一条罪状；让我们国君因为鸟的缘故杀人，这是第二条罪状；让诸侯听到了这件事，认为我们的国君重视鸟却轻视人才，这是第三条罪状。我已经列举完了烛邹的罪状，请景公杀掉他。"景公说："不杀了，我已经接受你的教育了。"

【今读新得】典故"出裘发粟"讲述了相国晏婴劝谏一国之君齐景公推己及人，关注天下贫苦百姓，抚恤生民的故事，让我们看到了景公开明的一面：他能够虚心接受晏婴的"教育"，知错就改，通情达理，而又实行德政，由此折射出他尊重下属、虚心纳谏、开明为政、度量博大、注意言行的为政胆识与智慧。而典故"烛邹亡鸟"展示了晏婴高超的语言技巧、及其镇定冷静、能言善辩、机智勇敢的魅力。成语"上行下效"更是让我们感受到了大臣弦章敢犯颜直谏的可贵精神，以及齐景公从谏如流的品质。除了对景公等人的描述之外，以上几则典故都更多地向我们展示了晏婴的个人魅力，其个人魅力之大，以至于他去十七年以后，齐景公和百姓都还时刻想念着他。具体而言，该典故中折射出的晏婴的个人魅力主要有二。首先，晏婴具有关心百姓、体恤民情的仁义之心。他能够体察百姓疾苦，时时不忘匡正君过，彰显了晏婴至纯的人本情怀。其次，晏婴具有高超的劝谏艺术。一是他在沟通中不仅能对于对方表现出非常恭敬的态度，还善于站在对方的立场，抓住对方心理，因而不仅赢得了对方的好感，还创设了和谐的沟通气氛。二是其非凡的劝谏技巧——即以古喻今、婉转规劝的艺术。面对景公对百姓疾苦的漠然，他并没有正面给予指责，指出其过失，而是间接劝谏，即运用类比方法，以古为鉴，通过将"古之贤君"和今君的做法进行对比，树"古之贤君"为榜样，希望齐景公成为明君，委婉地劝谏景公关心百姓疾苦。这一劝谏方法既保全了景公的面子，又促使他进行反省，认识到自己的不足，可谓一举多得。综上所述，以上典故虽然过去了两千多年，但是依然具有无穷的魅力。无论对于面临复杂人际关系的现代人，还是对于现代管理，都颇具普遍的借鉴意义。一方面，应学习齐景公虚心纳谏知错能改、通情达理、尊重下属，以及体恤百姓疾苦的可贵品质。另一方面，应有推己及人，居庙堂之高则忧其民的悲悯情怀，更应学习晏婴高明的劝谏艺术和沟通技巧，成为一个既敢谏又善谏的人。

15. 讳疾忌医

【出处】《韩非子·喻老》（又见《史记·扁鹊仓公列传》）

【原典】"居五日，桓公体痛，使人索扁鹊，已逃秦矣，桓侯遂死。故良医之治病也，攻之于腠理，此皆争之于小者也。夫事之祸福亦有腠理之地，故曰：'圣人早从事焉。'"

【译文】"五天以后，桓公浑身疼痛，赶忙派人去请扁鹊，扁鹊却早已经逃到秦国了。桓公不久就死掉了。良医治病，病在表皮时就及时医治，这是为了在刚显露苗头时及时处理。事情的祸福也有开端，所以说：'圣人总是尽可能早地予以处理。'"

【释义】讳：因有顾忌而躲开某些事或不说某些话。比喻掩饰自己的毛病，不愿意接受批评。

【拓展链接】

1. 典故拓展

扁鹊是春秋战国时期的良医，医术闻名天下。有一次，扁鹊去见蔡桓公。他在旁边站了一会儿，然后对桓公说："你有病了，现在病还在皮肤的纹理之间，若不赶快医治，病情将会加重！"桓公听了以后笑着说："我没有病。"待扁鹊走了以后，桓公对人说："这些医生就喜欢医治没有病的人，把这个当作自己的功劳。"十天以后，扁鹊又去见桓公，说他的病已经发展到肌肉里，如果不治，还会加重。桓公不理睬他。扁鹊走了以后，桓公很不高兴。再过了十天，扁鹊又去见桓公，说他的病已经转到肠胃里去了，再不从速医治，就会更加严重了。桓公仍旧不理睬他。又过了十天，扁鹊去见桓公时，对他望了一望，回身就走。桓公觉得很奇怪，便派使者去问扁鹊。扁鹊对使者说："病在皮肤的纹理间是烫熨的力量所能达到的；病在肌肤是针石可以治疗的；病在肠胃是火剂可以治愈的；病若是到了骨髓里，那是司命所掌管的事了，我也没有办法了。而今在骨髓，我不再请求了。"五天以后，桓公果然浑身疼痛，赶忙派人去请扁鹊，扁鹊却早已经逃到秦国了。桓公不久就死掉了。这便是成语"讳疾忌医"的由来。

2. 人物链接

（1）田齐桓公其人

齐桓公田午（前400年–前357年），生于齐康公五年，战国时期田氏代齐以后的第三位齐国国君，谥号为"齐桓公"，因与"春秋五霸"之一的姜姓齐桓公小白相同，故史称"田齐桓公"或"齐桓公午"。田齐桓公本名田午，史载他"弑其君及孺子喜而为公"，意思是说他杀了齐废公田剡而自立。在位时曾创建稷下学宫，招揽天下贤士，聚徒讲学，著书立说。一时齐国人才荟萃，彬彬大盛。《史记》等后世史料称其作田齐桓公，一般认为，因当时蔡国已经灭亡，齐国都上蔡（今河南省上蔡县），故也可称蔡桓公。在后人看来，齐、田、蔡、陈都一样，齐是国、田是姓、蔡是地、陈是宗，祖上是妫。

（2）扁鹊其人

扁鹊（前407—前310年），姬姓，秦氏，名缓，字越人，又号卢医，春秋战国时期名医。渤海郡郑（今河北省任丘市）人。由于他的医术高超，被认为是神医，所以当时的人们借用了上古神话的黄帝时神医"扁鹊"的名号来称呼他。扁鹊少时学医于长桑君，尽传其医术禁方，擅长各科。在赵为妇科，在周为五官科，在秦为儿科，名闻天下。秦太医李醯（xī）术不如而嫉之，乃使人刺杀之。扁鹊奠定了中医学的切脉诊断方法，开启了中医学的先河。相传有名的中医典籍《难经》为扁鹊所著。他用一生的时间，认真总结前人和民间经验，结合自己的医疗实践，在诊断、病理、治法上对医学做出了卓越贡献，奠定了传统医学诊断法的基础。扁鹊的医学经验，在我国医学史上占有承前启后的重要地位，对我国医学发展有较大影响。因此，医学界历来把扁鹊尊为我国古代医学的祖师，称他为"中国的医圣""古代医学的奠基者"。著名历史学家范文澜在《中国通史简编》中称其是"总结经验的第一人"。

【今读新得】该则成语故事通过扁鹊"四见"的局势，记叙了蔡桓公因讳疾忌医最终致死的故事，说理性强。既让我们看到了蔡桓公的讳疾忌医，也让我们看到了扁鹊精湛高明的医术，同时也给我们不少启迪和警示。第一，管理者不能盲目相信自己，不能讳疾忌医，应当正视自己的缺点和错误，虚心接受别人的意见。若推而广之，"金无足赤，人无完人"。我们每个人都有自己的缺点和不足。关键是应该如何面对自己的缺点和不足，以及应该如何对待别人的批评。蔡桓公因为害怕别人知道自己有病，就一次次拒绝扁鹊的劝告，结果也只能自作自受。我们对待批评的态度，应该是言者无罪，闻者足戒，有则改之，无则加勉。要明白"良药苦口利于病，忠言逆耳利于行"的道理，敢于面对自己的缺点，虚心接受他人纠正过错的好意，只有这样，才能不会让过错蔓延，以致酿成难以补救的遗憾。第二，要重视控制工作。在该故事中，蔡桓公的病情之所以从腠理小恙恶化到骨髓恶疾，就是因为他讳疾忌医，没有对疾病进行及时预防，未能将其消灭在初起阶段。由此告诫我们控制工作特别是事前控制的重要性。控制是管理者按照设定的标准去衡量计划的执行情况，并通过对执行偏差的纠正来确定计划目标的正确与实现的过程，它是管理的重要职能之一。事后控制不如事中控制，事中控制不如事前控制。我们每一个人尤其是管理者应多一些防患于未然，多一些未雨绸缪，多一些防微杜渐，做好防范工作，多反省，早控制，把可能出现的问题尽量消除在萌芽状态。第三，有效沟通不可小觑。在该故事中，扁鹊为什么没有说服蔡桓公呢？蔡桓公为什么没有相信扁鹊呢？医术高明的扁鹊为什么没有医治好桓公的病呢？都是因为扁鹊与蔡桓公的沟通存在严重的沟通障碍。一是蔡桓公有心理上的障碍，双方缺乏信任，都没有足够诚意。二是扁鹊提供的信息不够清晰、准确与完整。而当桓公对扁鹊劝告存在疑虑时，他也没有及时向桓公进行必要解释，导致误会丛生，两人之间的沟壑越来越深。三是扁鹊不善于营造良好的沟通氛围，不善于恰当选择沟通语言。可以说，扁鹊四见蔡桓公是典型的无效沟通。由于缺乏有效沟通，纵然扁鹊医术高明，也挽救不了桓侯。因此，桓侯之死再次让我们认识到了有效沟通的重要性。该典故昭示我们：我们在与人沟通时，除了应注意沟通内容之外，也不能忽视沟通的氛围以及方式方法。由此可以说，沟通是每一个人的一门必修课。无论是古人，还是今人，也无论是管理者、普通人，还是青年学子，概莫能外。

16. 门庭若市

【出处】《战国策·齐策一》

【原典】"令初上，群臣进谏，门庭若市。"

【译文】"命令刚刚宣布，文武百官纷纷前来提出批评意见，好像市场和庙会那样拥挤。"

【释义】门：家门；庭：庭院；若：好像；市：集市，市场。门前和庭院里像集市一样。形容来的人很多。也比喻非常热闹。

【拓展链接】

1. 典故拓展

该典故讲的是邹忌讽齐王纳谏的故事，可谓家喻户晓。战国时代，齐威王受到左右一些臣子的蒙蔽，听不到正确的意见。相国邹忌借自己一件亲身经历过的事，向威王规劝。

邹忌身高八尺多，形体容貌光艳美丽。一天早晨，他穿好朝服，戴好帽子，对着镜子端详一番，然后问他的妻子说："我与城北的徐公比，谁更美呢？"他妻子说："您比徐公漂亮多了，徐公怎能比得上您呢？"城北的徐公，是齐国的美男子。邹忌不相信自己（会比徐公美），就又问他的妾："我与徐公相比谁美？"妾说："徐公怎么能比得上您呀！"第二天，有客人从外面来拜访，邹忌同客人坐着谈话，又问他："我和徐公相比谁更漂亮？"客人说："徐公不如您美。"又过了一天，徐公来了，邹忌仔细地端详他，自认为不如徐公漂亮；再照镜子看看自己，又觉得自己远远不如徐公美。邹忌晚上躺着思索这件事，想道："我妻子说我漂亮，是因为偏爱我；我的妾说我漂亮，是因为害怕我；客人说我漂亮，是因为欲有求于我。"

邹忌于是上朝拜见齐威王，说："我确实知道自己不如徐公漂亮。可我的妻子偏爱我，我的妾害怕我，我的客人对我有所求，他们都说我比徐公漂亮。现在齐国土地方圆千里，有一百二十座城池，宫里的妃子和身边的侍卫，没有一个不偏爱您的，朝中的大臣没有一个不害怕您的，全国范围内的人没有一个不有求于您的：由此看来，大王您受的蒙蔽很厉害了！"威王说："好！"于是就下了命令："所有的大臣、官吏、百姓能够当面指责我的过错的，受上等奖赏；上书劝谏我的，受中等奖赏；在众人聚集的公共场所指责议论我的缺点，传到我耳朵里的，受下等奖赏。"命令刚下达，群臣都来进谏，门庭若市。几个月以后，偶尔有人进谏。一年以后，即使想进谏，也没什么可说的了。燕、赵、韩、魏等国听说后，都到齐国来朝拜。

2. 人物链接——邹忌其人

邹忌，生卒年不详，战国时期齐国人。《史记》亦作驺忌，田齐桓公时以为重臣，齐威王时为相，封于下邳（今江苏省邳州西南），号成侯。后又事齐宣王。齐威王立志改革，思贤若渴。邹忌鼓琴自荐，被任为相国。邹忌劝说威王奖励群臣吏民进谏，主张修订法律，监督官吏，严明赏罚，并选荐得力大臣坚守四境。推行的改革，使齐国国力渐强。邹忌有才华，又很大度，颇有君子风范，是齐威王的得力助手，帮助他持政，出谋划策。后孙膑、田忌威望提高，邹忌因担心相位不稳而置田忌于死地。此外，邹忌还以标准身高和相貌著称。系战国齐之"三邹子（即邹忌、邹衍、邹奭）"之一。

【今读新得】该则成语蕴藏着极大的信息量。它既让我们看到了齐威王的心胸宽阔、气度宏大、通情达理、从谏如流以及知错能改的明主形象，也使我们感受到了邹忌勤于政事、忠于职守、深谋远虑、真诚恻坦而又足智多谋的贤臣形象。读罢该成语故事，我们既要为威王从谏如流的可贵素养以及革除弊端、改良政治的迫切愿望和巨大决心点赞，又深深钦佩邹忌帮助威王除弊革新的责任感及其高超的劝谏艺术。齐国内政修明，不须用兵就能战胜敌国，使别国臣服，这是威王革除弊端、改良政治的结果。而威王之所以能够从谏如流，付诸行动，与邹忌高明的劝谏艺术不无关系。在此次进谏中，邹忌欲言劝谏大事，却从家庭琐事谈起，他一开始并没有单刀直入向威王进谏，而是巧妙运用设喻类比的方法，从自己的亲身经历出发，从小事入手，以小比大，以家比国，寓治国安邦之道于形象的比喻之中，晓之以理，动之以情，达到了心理人情相通，让威王既明白了自己受蒙蔽的严重性，又懂得了纳谏的重要性，从而自觉接受了邹忌的劝告。并悬赏求谏，广开言路，结果收到了齐国国势强盛、威震诸侯的奇效。概而言之，该则成语故事至少给我们两点启示。一是管理者应广开言路，从谏如流，善于听取不同的声音。二是沟通二字，看似简单，却大有学问。在人际交往中，沟而不通的现象时有发生。而作为沟通高手的邹忌值得我们学习。具体而言，在人际沟通中，应根据沟通对象的特点选择不同的沟通方法，特别是在劝谏别人时，只有谙熟对方心理，充分尊重被劝说者，语言委婉，用语得体，才能使之受到启发、明白道理，并愉快地接受意见，进而达到沟通的目的。

17. 弹琴论政

【出处】《史记·田敬仲完世家》

【原典】"驺忌子以鼓琴见威王，威王说而舍之右室。须臾，王鼓琴，驺忌子推户入曰：'善哉鼓琴！'王勃然不说，去琴按剑曰：'夫子见容未察，何以知其善也？'……驺忌子曰：'何独语音，夫治国家而弭人民皆在其中。'"

【译文】"邹忌由于善弹琴而进见齐威王，威王很喜欢他，并让他住在宫中的右室。没多久，威王正在弹琴，邹忌推门就进来说：'好琴艺！好琴艺！'威王突然不高兴，离开琴手按宝剑说：'先生只看到我的样子，还没有认真观察，怎么能知道弹得好呢？'……邹忌说：'何止是谈论音乐，治理国家和安抚人民都在其中啊！'"

【释义】邹忌借讲琴理与齐威王谈治国方法，并劝谏威王不要再沉溺于酒色，从而使威王幡然悔悟，励精图治，齐国国势从此大振。

【拓展链接】

前356年，田齐桓公去世以后，其子因齐即位，是为齐威王。威王迷恋弹琴，经常独自在后宫内抚琴自娱，不理朝政。一晃九年过去了，国家日趋衰败。周边国家看到威王如此荒唐，接连起兵进犯，齐国连吃败仗，国土渐进蚕食，国内民不聊生，民怨沸腾。当时邹忌还只是一个普通老百姓，虽有强烈的爱国之心，但无缘接近国王。后来他听说威王爱好弹琴，就想以琴为媒介，争取见到威王。

一天，邹忌抱着一架古琴走到宫门前，对侍臣说："听说大王爱弹琴，我特地前来拜见，为大王抚琴。"侍臣禀报威王，威王一听很高兴，立即召见邹忌。邹忌走进内宫聆听威王弹琴。听完后，他连声称赞道："好琴艺呀！好琴艺……"威王不等邹忌称赞声落音，连忙问道："我的琴艺好在哪里？"邹忌躬身一拜道："我听大王那大弦弹出来的声音十分庄重，就像一位名君的形象；我听大王从那小弦弹出来的声音是那么清晰明朗，就像一位贤相的形象；大王运用的指法十分精湛纯熟，弹出来的个个音符都十分和谐动听，该深沉的深沉，该舒展的舒展，既灵活多变，又相互协调，就像一个国家明智的政令一样。听到这悦耳的琴声，怎么不令我叫好呢！"邹忌接着说道："弹琴和治理国家一样，必须专心致志。七根琴弦，好似君臣之道，大弦音似春风浩荡，犹如君也；小弦音如山涧溪水，像似臣也；应弹哪根弦就认真地去弹，不应该弹的弦就不要弹，这如同国家政令一样，七弦配合协调，才能弹奏出美妙的乐曲，这正如君臣各尽其责，才能国富民强、政通人和。弹琴和治国的道理一样呀！"威王说："先生，你的乐理是说到我的心坎里，但是光知道弹琴的道理还不够，必须审知琴音才行，请先生试弹一曲吧。"邹忌于是离开琴位，两手轻轻舞动，只摆出弹琴的架势，却并没真的去弹。威王见邹忌如此这般，恼怒地指责道："你为何只摆空架子不去真弹琴呢？难道你欺君不成？"邹忌答道："臣以弹琴为生业，当然要悉心研究弹琴的技法。大王以治理国家为要务，怎么可以不好好研究治国的大计呢？这就和我抚琴不弹，摆空架子一样。抚琴不弹，就没有办法使您心情舒畅；您有国家不治理，也就没有办法使百姓心满意足。这个道理大王要三思。"威王十分惊愕，稍停以后说："原来你不是来为寡人奉献琴艺的。"邹忌说："小人只想提醒大王，琴不弹不响，国不治不强。"威王追问道："你有什么好主意可进谏的？"邹忌仍然以琴喻政："作为一个琴艺爱好者，首先是不可弃琴不弹，其次要多弦并弹，这样才能奏出悦耳的音乐；理政也是同样道理，小人劝谏大王远离声色，选贤任能，兴利除弊，治国强军，安抚百姓。"两人谈得非常投机，威王也深受启发，从此决心勤政为民，振兴国家。同时，威王对邹忌的才华大为欣赏，拜邹忌为相，封赏下邳（今江苏省睢宁县），称成侯。邹忌辅佐威王推行改革，使得齐国国力日渐强盛，一跃而为战国"七雄"之首。

【今读新得】齐威王继位之初，沉湎不治。除接受赘婿淳于髡一鸣惊人的劝谏外，他还接受了平民琴师邹忌的进谏。尽管淳于髡和邹忌二人都是战国时期齐国的著名辩才，但是他们的劝谏技巧和风格又呈现出不同的特点。在该典故中，邹忌使用的是借讲琴理劝谏的方法。他听说威王爱好弹琴，就想以琴为媒介，借琴理喻政，使得威王幡然悔悟。通过这个典故，我们既看到了齐威王重贤明理、知错能改的品质和谦厚开阔的胸襟，更为邹忌的拳拳爱国情怀以及巨大的劝谏勇气和出色的劝谏艺术所折服。可以说，邹忌的成功，在于他的讽谏艺术，更进一步地说，就是其高妙的说话艺术。邹忌不愧为善于讽谏的一代谋士，在该典故中，邹忌又一次成功地劝谏了威王。其成功的秘诀就在于：一是能够站在对方的角度考虑问题，选择了威王感兴趣的话题，由此拉近了与威王的心理距离。二是恰当地运用了劝谏技巧，即说话语气委婉得体，巧妙设喻，用具体事例说明抽象道理，变深奥为浅显，变复杂为简明，委婉而形象地提醒君主，这样不仅显示了对威王的尊重，也使他能够愉快地接受进讽。通过以上分析可知，该典故虽然发生于距今两千多年的战国时期，但是时至今日依然闪烁着智慧的光芒，对我们的工作、生活等都有现实启示。一是威王从谏如流的胸怀，既是对臣子的鼓励，也为自己赢得了威望，使齐国抓住了发展强盛的机会。由此昭示我们每一个人，特别是管理者，应广开言路，虚心接受别人的批评意见，并积极改正缺点，这于人于己都大有裨益。二是邹忌的劝谏技巧对于我们提升沟通能力具有重要借鉴。邹忌的劝谏经历再次证明：沟通是一种技巧，更是一门艺术。沟通不仅需要勇气，更需要智慧。当今社会，无论在组织管理中，还是在日常生活中，沟通无处不在，无时不有。愿各位学子在感受邹忌沟通智慧、领略其论辩艺术魅力的同时，不断提高沟通技巧。沟通是桥梁，沟通是纽带，联系着你和我。沟通是人生致胜的法宝，引领我们走向人生的辉煌！

18. 宣王之弓

【**出处**】《吕氏春秋·壅塞》（又见《尹文子·大道上》）

【**原典**】"齐宣王好射，说人之谓己能用强弓也。"

【**译文**】"齐宣王喜欢射箭，对别人说他能用强弓而高兴。"

【**释义**】意谓做人要注重实际，不能爱慕虚荣。

【**拓展链接**】战国时期，齐宣王爱好射箭，虽然水平不高，但自以为有万夫不当之勇，尤其喜欢听别人夸他能拉硬弓。其实他的弓实际上不过三石（石为重量单位，一百二十斤为一石。三石约合现在三百六十斤）的力。有一天，宣王为了展示自己的水平，故意把弓拿给手下人看，手下人都尝试拉开弓，但只拉到一半就停止了，都装着拉不动的样子，恭维地说："这张弓没有九石的力气拉不开。除了大王以外，谁还能够使用这张弓呢？"宣王听了非常高兴。其实，以宣王的能力，所用的弓也不过三石，而一直认为自己用的是九石的弓，这难道不可悲吗？不是正直的人谁能不奉承君主，世上正直的士人，数量少抵挡不住人多，太多了，所以祸乱国家的君主，祸患存在于把三石当作九石。以上便是典故"宣王之弓"的由来。

【**今读新得**】齐宣王使用的弓力量不过三石，但却自认为能用九石强弓，而且他一辈子都活在谎言之中。何其悲哉！然若深入思考，不难发现，之所以造成这种局面，与宣王自身喜好恭维、贪图虚荣、自以为是有关，而其手下人惯于阿谀奉承、弄虚作假也起到了推波助澜的作用。用弓事小，可以喻大。该典故告诉我们：一个人如果只喜欢听奉承的话，就不能够正确地认识自己，甚至一生都被假象所蒙蔽。一个人如果好大喜功，必然就贪图虚名而脱离实际，变得飘飘然，而且可能反被人欺。而一个管理者特别是高层领导者，如果具有以上嗜好，其后果将可能是一个组织或国家的灾难。因此，该成语在今天看来仍不乏深刻的教育意义。作为每一个人，尤其是管理者，一是要有自知之明，不能自以为是。古人云："知人者智，自知者明。""认识你自己"是铭刻在古希腊阿波罗神殿石柱上的著名智箴言之一。可见自知对于人生乃至人类的重要性。自知，就是要认识自己，了解自己，它是一个人智慧的体现，只有真正了解自己，才能战胜自己，超越自己。二是做人要真诚，要敢于说真话，并要讲究方法，不要做阿谀奉承之人。三是做人要注重实际，不要爱慕虚荣。过分的爱慕虚荣就会失去平常心，变得贪婪，深陷欲望的泥沼。四是要善于听取别人的意见和建议。"满招损，谦受益。"做人应该虚怀若谷，这样才能听到不同的声音，容纳各种有益的意见和建议，也才能多角度、多方位、多层次地观察和思考问题，从而使自己丰富起来，减少决策失误。齐王好射，自欺欺人，自以为人，终为笑谈！世界上一切的坏事，无不是由"自以为是"开始的。望各位引以为戒！

19. 和而不同

【出处】《晏子春秋·外篇》（又见《左传·昭公二十年》）

【原典】"公曰：'和与同异乎？'对曰：'异。和如羹焉，水火醯醢盐梅，以烹鱼肉，燀之以薪，宰夫和之，齐之以味，济其不及；以泄其过，君子食之，以平其心。……'公曰：'善。'"

【译文】"齐景公问道：'和谐与相同不一样吗？'晏婴回答说：'和谐与相同不一样。所谓和谐，就像煮肉汤一样，要用水、火、醋、酱、盐、梅子来烹调鱼和肉，用柴草烧火加热，厨师不断搅拌它，还要调剂它的味道。几味淡了就再添点佐料，浓了就少放佐料。人们吃了才心情平和。……'景公说：'好'。"

【释义】和：和谐。同：相同。引申指苟同。和谐相处，但不苟同。

【拓展链接】

前 522 年夏日的某一天，晏婴与齐景公在齐国故都临淄西南不远处的遄台宫举行了著名的"和同之辩"。事件的经过大概是这样的：齐景公从打猎的地方回来，晏婴在遄台侍候，景公的近臣梁丘据，违礼驾六匹马拉的车，赶来向景公献殷勤。景公说："唯有据与我和谐啊！"晏婴回答说："据也只不过相同而已，哪里说得上和谐？"景公问道："和谐与相同不一样吗？"晏婴回答说："不一样。和谐好像做羹汤，用水、火、醋、酱、盐、梅来烹调鱼和肉，用柴禾烧煮，厨工加以调和，使味道适中，味道太淡就增加调料，味道太浓就加水冲淡。君子喝汤，内心平静。君臣之间也是这样。国君所认为行而其中有不行的，臣下指出它的不行的而使行的部分更加完备。国君所认为不行而其中有行的，臣下指出它的行的部分而去掉它的不行，因此政事平和而不肯违背礼仪，百姓没有争夺之心。所以《诗经》说：'有着调和的羹汤，已经告诫厨工把味道调得匀净。神灵来享而无所指责，上下也都没有争竞。'先王调匀五味、谐和五声，是用来平静他的内心，完成政事的。声音也像味道一样，是由一气、二体、三类、四物、五声、六律、七音、八风、九歌互相组成的。是由清浊、大小、短长、缓急、哀乐、刚柔、快慢、高低、出入、疏密互相调节的。君子听了，内心平静。内心平静，德行就和谐。所以《诗经》中说：'仁德之音完美无瑕'。现在据不是这样。国君认为行的，据也认为行。国君认为不行的，据也认为不行。如同用清水去调剂清水，谁能吃它呢？如同琴瑟老弹一个音调，谁去听它呢？不应该相同的道理就像这样。"景公说："好。"

　　另据《晏子春秋·内篇谏上》记载：齐景公出外游览到了公阜，向北眺望齐国都城说："呜呼！假若自古人无死，会怎么样呢？"晏婴说："从前上帝认为人死是善事，仁者得到安息，不仁者屈服于死亡。假若自古人无死，丁公、太公将拥有齐国，桓公、襄公、文公、武公都只能作为辅相，君主您将戴着斗笠披着短衣，拿着锄头蹲在田间劳动，哪有闲暇来担忧死亡问题？"景公气呼呼地变了脸色，很不高兴。没有多久梁丘据驾御着六马高车而来（六马：指六匹马拉的车。依古制，一车四马，"天子驾六"，故驾六马为逾礼僭越），景公说："这是谁呀？"晏婴说："是梁丘据。"景公说："你怎么知道？"晏婴说："大热天驾车而疾驰，严重的要累死马，轻的也会累伤，不是梁丘据谁敢这样作为？"景公说："梁丘据与我很相和。"晏婴说："这只能说是相同，所谓的和，是指国君甜那么臣子就酸，国君淡那么臣子就咸。如今梁丘据甜而君主亦甜，就是所谓的同，怎么能称为和呢？"景公愤然变脸，很不高兴。没有多久，夜幕降临，景公向西眺望看见了彗星，就召见史官伯常骞，让他举行消灾祭祀除去这个灾星。晏婴说："不可以！这是上天在教诲。日月的云气，风雨的不定期，彗星的出现，都是上天为民间的纷乱而显现出来的，所以昭告于妖祥之象，以警戒不敬重天的人。如今君主如果设置文教而接受劝谏，拜谒圣贤之人，虽然不祈祷除去彗星，彗星也会自行消亡。如今君主酷好饮酒而放纵享乐，政事不修治而宽容小人，亲近谗谄喜好艺人，厌恶文教而疏远圣贤之人，岂止彗星？孛（bèi）星也将出现。"景公不悦。等到晏婴去世后，景公上朝而出，私下里哭泣说："从前随着先生去游览公阜，先生一天三次谏责我，如今有谁能谏责我啊！"

以上便是"和而不同"的出处。在该典故中，晏婴不仅认识到"和"与"同"是两个不同的概念，还对这两个概念做了详细解释，并最后做了归纳：君臣"和"则国兴，君臣"同"则国衰。由上可知，晏婴是最早提出"和而不同"理论的政治家，只不过他当时主要是针对君臣关系而言的。

儒家学派创始人孔子在《论语·子路》中也提出："君子和而不同，小人同而不和。"意思是说："君子讲求和谐而不同流合污，小人只求完全一致，而不讲求和谐。"孔子的这一思想与晏婴的思想具有异曲同工之妙，但是就提出时间而言，晏婴略早于孔子。而且孔子的"和"与"同"主要针对处理人际关系提出的，可以说已经演变为处理人际关系的两种态度，或者两种不同的思想道德境界。以上便是成语"鸡鸣狗盗"的由来。

【今读新得】在该典故中，晏婴通过与齐景公的"和同之辩"，提出了君臣"和"则国兴，君臣"同"则国衰的君臣关系理论，这在中国历史上尚属首创，充分体现了晏婴非凡的胆识与政治智慧。而且更难能可贵的是，晏婴在长期事君的实践中，也践行了他的"和而不同"的事君哲学，先后事齐灵公、庄公和景公，终生犯颜直谏，纠君之过，由此形成了君主兼听纳谏，知错改错，臣子不隐君过，能直言不讳的蒸蒸日上的局面。由于建立了君臣和而不同的君臣关系，使已面临危机的齐国，实现了中兴，齐国成了我国春秋晚期的一个泱泱大国。由此，一个君臣和而不同的齐国，屹立在渤海之滨。值得注意的是，在中国几千年的历史发展中，"和而不同"思想已经远远超出了其原有内涵，而演变为和合包容的齐文化精神，这一文化精神既成为中华民族源远流长的力量之源，也造就了中华民族浩瀚恢宏的博大气象和文化品格。中华文化绵延不绝，历久弥新，活力无限，在很大程度上得益于"和而不同"的文化品格。在当今社会，"和而不同"思

和而不同

（王之全作）

想不但仍具理论启示，而且无论对于处理国际关系、做好组织管理，还是调节人与人之间的关系，都具有现实而广泛的应用价值。第一，"和而不同"所体现的包容精神具有现实指导意义。这就意味着不但不同国家、民族之间要协和包容，和平共处，求同存异，而且家庭、邻里、同事、上下之间也都要相互包容，由此才能实现和睦、和顺、和谐的局面。因此，我们每个人特别是青年学子，应认识到包容在建立和谐人际关系中的重要作用，并在实际工作、生活中学会尊重他人，自觉培养宽容精神，宽以待人，并学会避免和化解误解与纠纷的技巧，善于营造和谐的人际氛围。第二，"和而不同"所体现的互补原则对于组织管理尤其是团队建设具有重要指导意义。晏婴用五味的比喻提出并阐释了"所谓'和'者，君甘而臣酸，君淡而臣咸"。他以味道做比喻，认为君主如果是甜的，那么臣子应该是酸的；君主如果是淡的，那么臣子就应该是咸的。这才叫和谐。由此可见，晏婴的"和而不同"思想蕴含着互补性原则。这一原则对于组织管理和团队建设具有极高的借鉴价值。随着市场竞争的愈加激烈，组织越来越注重以团队的模式整合资源，应对挑战，提升竞争力。而为了实现团队共同的目标，在团队组建时应遵循互补性原则。所谓互补性，即在突出团队成员志同道合的基础上，还要考虑团队成员在知识、技能、经历、经验等方面的互补性和差异性，这样更有助于团队整体优势的发挥和团队目标的实现。一个优秀的团队，不需要每个成员都一样强，而是更强调每个人都有各自的特色和绝招。这样才能做到人尽其才，才尽其用，才能使团队高效运作，从而迸发出强大的竞争力和战斗力。为此，管理者特别是领导者不仅应广开言路，善于听取异见，更要注重组织（或团队）在知识、能力、经历、经验、年龄、性别等方面的合理搭配，实现成员各得其所、优势互补。姹紫嫣红群芳艳，百花齐放香满园。这正是协同互补产生的积极效应。

20. 鸡鸣狗盗

【出处】《史记·孟尝君列传》（又见《临川先生文集》）

【原典】"最下坐有能为狗盗者，曰：'臣能得狐白裘。'乃夜为狗，以入秦宫臧中，取所献狐白裘至，以献秦王幸姬。……客之居下坐者有能为鸡鸣，而鸡齐鸣，遂发传出。"

【译文】"有一位能力差但会披狗皮盗东西的人，说：'我能拿到那件白色狐皮裘。'于是当夜化装成狗，钻入了秦宫中的仓库，取出献给昭王的那件狐白裘，拿回来献给了昭王的宠妾。……门客中有一个能力较差的人会学鸡叫，他一学鸡叫，附近的鸡随着一齐叫了起来，便立即出示了证件逃出函谷关。"

【释义】鸣：叫；盗：偷东西。比喻卑下的微不足道的技能，也指偷偷摸摸的行为。

【拓展链接】齐国的孟尝君是著名的"战国四公子"之一。孟尝君即田文，是齐国宰相田婴的庶子，以其机警锋利的言谈博得田婴的赏识，取得太子地位后承袭了田婴的封爵。为了出人头地，孟尝君广泛招揽"宾客及亡人有罪者"，并"舍业厚遇之"，得食客三千人。有才能的让他们各尽其能，没有才能的也为他们提供食宿。

有一次，孟尝君率众出使秦国。秦昭王将他留下，想让他当相国。孟尝君不敢得罪秦昭王，只好留下来。不久，大臣们劝秦王说，孟尝君出身王族，而且在齐国有封地，必定不会真心为秦国办事。秦昭王觉得有理，便把孟尝君和他的手下人软禁起来，只等找个借口杀掉他们。秦昭王有个最宠爱的妃子，他对这个妃子言听计从。孟尝君派人去求她帮助，这个妃子答应只要拿到那一件天下无双的狐白裘作报酬，就帮孟尝君。但是那件狐白裘在刚到秦国时，就已经献给了秦昭王。这时，有一位能力差但会披狗皮盗东西的人，说：'我能拿到那件白色狐皮裘。'于是当夜化装成狗，钻入了秦宫中的仓库，取出献给昭王的那件狐白裘，拿回来献给了昭王的宠妃。妃子见到狐白裘，便设法说服秦昭王放弃了杀孟尝君的念头，并准备过两天为他饯行，送他回齐国。孟尝君担心夜长梦多，立即率手下连夜向东快奔。孟尝君一行到了函谷关（今河南省灵宝市北），按秦国法规，函谷关每天鸡叫才开门。而当时正值半夜，鸡怎么可能叫呢？大家正犯愁时，门客中有一个能力较差的人会学鸡叫，他一学鸡叫，附近的鸡随着一齐叫了起来，便立即出示了证件逃出函谷关。等追兵来到了关前，孟尝君早已无影无踪了！孟尝君靠着鸡鸣狗盗之士逃回了齐国。

【今读新得】成语故事鸡鸣狗盗妙趣横生，而又耐人寻味。以善养门客著称的孟尝君在生死攸关之际，依靠鸡鸣狗盗之力，逃过了一劫，从而让我们看到孟尝君胸怀博大、知人善任、智慧超群的优秀特质以及门客们对他的忠心耿耿。正因为孟尝君胸襟博大，才能包容门下食客，哪怕他们无一技之长，并出现了门客三千的盛况。正因为他能知人善任，一些看似只会鸡鸣狗盗的平庸之辈，在关键时刻却能站出来,一展身手。由此可以说,尽管"鸡鸣狗盗"这个成语多用于贬义,比喻微不足道的本领或偷偷摸摸的行为,似乎难登大雅之堂,但是通过深入学习、解读该成语故事,却让我们浮想联翩,受益匪浅。第一,宽阔博大的胸襟,既是管理者必备的特质,也是每个人应有的处世准则。正所谓"宰相肚里能撑船"。一个管理者只有具有宽阔博大的胸襟,具有容人的雅量,才能提升个人魅力,也才能团结一切可以团结的力量,调动一切可以调动的积极因素,为实现组织目标助力。另一方面,正所谓"有大胸襟者得大自在",我们每个人都是浩瀚星空中的一粒微尘,这就需要我们每一个人特别是青年学子,要善于以博大的胸襟去沟通、接纳周围的人和事,如此才能赢得人心,成就人格魅力。第二,在组织管理尤其是团队管理中,要善于发现每个成员的长处,用其所长,容其所短。人无完人,金无足赤。生活在世上的每个人都有自己的优点和缺点。唐代政论家陆贽曾说:"人之才行,苟有所长,必有所短。若录长补短,则天下无不用之人。"孟尝君正是拥有这种不论才大才小唯能者用之的用人理念,进而创造了一个宽松的氛围,才使得仅会鸡鸣狗盗这样的雕虫小技的无名氏能够在关键时刻发挥作用,助其一臂之力。由此可以说,世上本没有天生的庸才,只有放错位置的人才。从而也昭示我们每个人,尤其是青年学子们:在参与团队管理的过程中,一要懂得善于发现并欣赏每个团队成员身上的闪光点,把合适的人安排到合适的岗位上,做到人尽其才,才尽其用。同时还要尊重差异,相互理解和包容。二是应清楚自己的长短优劣,选择最适合自己发展的平台,充分发挥自己的聪明才智,以使自己更加出彩。

21. 平易近人

【出处】《史记·鲁周公世家》

【原典】"平易近民;民必归之。"

【译文】"政令平易,贴近民众的生活,民众必然归附。"

【释义】 平易:原指道路平坦,比喻态度温和,对人和蔼可亲,使人容易接近。也指文字浅显,容易理解。原作"平易近民"。

【拓展链接】

西周初年,周公仍在朝摄政辅佐周成王。周公的儿子伯禽封于鲁国,这就是鲁公。鲁公三年以后才向周公汇报施政情况。周公说："为何如此迟晚？"伯禽说："变其风俗，改其礼仪，要等服丧三年除服之后才能看到效果，因此迟了。"曾辅佐文王、武王灭商有功的姜尚被封在齐地。他只去了五个月，就来向周公汇报施政情况。周公说："为何如此迅速？"太公说："我简化其君臣之间的仪节，一切从其风俗去做。"等后来太公听说伯禽汇报政情很迟的情况以后，叹息说："唉！鲁国后世必定会北面臣服于齐国。政令如果不简约易行，民众就不愿意亲近；政令平易，贴近民众的生活，民众必然归附。"

　　以上便是成语"平易近民"的由来。到了唐朝，为避唐太宗李世民之讳，凡言"民"处皆改为"人"，此语也不例外。如唐代诗人白居易《策林》十二中引用这句话时就改成了"平易近人"。这样一改，意思也就变了，从指政治变为指为人处世的态度，有时也指文章风格浅显易懂。

　　【今读新得】 姜太公建立齐国以后，面对齐地民众舒缓达观、自由开朗的社会风尚，他并未强制推行严峻措施，而是推行了"因其俗，简其礼"的开明政策，体现了齐文化较浓厚的

(郭丽作)

民本思想，及其民主、兼容变通的文化魅力。历史也证明，姜太公的"平易近民"促进了周文化与东夷文化的融合，为齐文化的勃兴做出了卓越贡献。几百年之后，管仲又提出："善气迎人，亲如兄弟；恶气迎人，害于戈兵。"（《管子·心术下》）也强调了用和蔼可亲的态度待人的积极意义。在现实工作、生活中，平易近人不仅是管理者的基本素养，也是每个人为人处世的黄金法则。管理者如果平易近人，谦逊温和，就会激励下属的士气，赢得下属的认同、尊敬和亲近，会为自身形象增光添彩，进而提升管理者的个人魅力。相反，如果管理者盛气凌人，高高在上，下属必定疏远之，管理者由此就会被孤立起来，不仅不能了解下情，更难以调动下属的工作积极性。在现实生活中，如果我们用平和的心态去对待人和事，放下身段，平等待人，对人谦逊温和，也就意味着接地气，有亲和力，这样必然会产生一种强大的磁场以及健康向上的力量，赢得人们的尊重和信任，赢得和谐人生。由此可见，平易近人是一种可贵品德，

也是一种大智慧，更是成功的法宝。"狗不以善吠为良，人不以善言为贤。"青年学子们，愿你们再多一点谦恭，多一点平和，多一点包容，少一点倨傲，用自己一如既往的坚持，去绘就人生最瑰丽的画卷！

22. 明察秋毫

【出处】《孟子·梁惠王上》

【原典】"曰：'明足以察秋毫之末'，而不见舆薪，则王许之乎？"

【译文】"（孟子）说：'我的视力能够看清秋天野兽毫毛的末梢，却看不见一车子的柴禾。'大王会相信这话吗？"

【释义】明：眼力；察：看清；秋毫：秋天鸟兽身上新长的细毛，比喻极其细小的东西。形容眼力好到可以看清极其细小的事物。后多形容人能洞察一切，也指视力很好。

【拓展链接】战国时期，"亚圣"孟子曾经先后两次来到齐国。有一次，孟子见到了齐宣王。宣王很高兴地对孟子说："《诗经》说：'别人有什么心思，我能揣测出。'这就是说的先生您吧。我自己这样做了，反过来想想为什么要这样做，却说不出所以然来。倒是您老人家这么一说，我的心便豁然开朗了。但您说我的这种心态与用道德统一天下的王道相合又怎么理解呢？"孟子说："假如有人来向大王报告说：'我的力量能够举得起三千斤，却拿不起一根羽毛；我的视力能够看得清秋天野兽毫毛的末梢，却看不见摆在眼前的一车子的柴禾。'大王您会相信他的话吗？"宣王说："当然不会相信。"孟子便接着说："如今大王您的恩惠能够施及动物，却偏偏不能够施及老百姓，是为什么呢？一根羽毛拿不起，是不愿意用力气拿的缘故；一车子的柴禾看不见，是不愿意用眼睛看的缘故；老百姓不能安居乐业，是君王不愿意施恩惠的缘故。所以大王您没有能够用道德来统一天下，是不愿意做，而不是做不到。"宣王说："不愿意做和做不到有什么区别呢？"孟子说："要一个人把泰山夹在胳膊下跳过北海，这人告诉他人说：'我做不到。'这是真的做不到。要一个人为老年人折一根树枝，这人告诉他人说：'我做不到。'这是不愿意做，而不是做不到。大王您没有做到用道德来统一天下，不是属于把泰山夹在胳膊下跳过北海的一类，而是属于为老年人折树枝的一类。尊敬自己的老人，并由此推广到尊敬别人的老人；爱护自己的孩子，并由此推广到爱护别人的孩子。做到了这一点，整个天下便会像在自己的手掌心里运转一样容易治理了。《诗经》说：'先给妻子做榜样，再推广到兄弟，再推广到家族和国家。'说的就是要把自己的心推广到别人身上去。所以，推广恩德足以安定天下，不推广恩德，连自己的妻子儿女都保不了。古代的圣贤之所以能远远超过一般人，没有别的什么，不过是善于推广他们的好行为罢了。如今大王您的恩惠能够施及动物，却不能够施及老百姓，偏偏是为什么呢？称一称才知道轻重，量一量才知道长短，什么东西都是如此，人心更是这样。大王您请考虑考虑吧！难道真要发动全国军队，让将士冒生命危险，去和别的国家结下仇怨，这样您的心里才痛快吗？"宣王说："不，我为什么这样做心里才痛快呢？我只不过想实现我心里的最大愿望啊。"以上便是成语"明察秋毫"的故事梗概。

【今读新得】战国时期，齐宣王田辟想学齐桓公那样做霸主，他向孟子请教如何才能做上霸王。在该则成语故事中，孟子告诉宣王要用仁义道德的力量统一天下，同时要对国情明察秋毫，体察民情，现在不是能干不能干的事情，而是愿意干不愿意干的事情。通过这个故事，我们不仅看到体现了孟子极力向宣王推行仁政思想的使命精神，也再次领略了孟子高妙的论辩技巧。在该次论辩中，孟子为正面阐述和宣传自己的思想主张，常用譬喻之术，发挥了其独特作用。在这个故事中，孟子主要运用取譬喻理的方法，以理说明宣王不行仁政是他自己主观上不作为，而不是不能做。因而他的结论是："一羽之不举，为不用力焉；舆薪之不见，为不用明焉；百姓之不见保，为不用恩焉。故王之不王，不为也，非不能也。"把问题引导到说明宣王要有仁德之心。孟子的这种取譬喻理、以理服人的方法，能击中要害，说服力极强。而且词彩华赡，痛快流利，感情强烈，富于鼓动性。孟子留下的论辩艺术遗产，值得我们每个人尤其是青年学子很好地学习、借鉴。另外，明察秋毫成语本身的寓意也值得我们认真品味和借鉴。明察秋毫多形容人目光敏锐，能洞察一切，其实质就是昭示我们每个人要把工作做细、做扎实，实施精细化管理。精细化管理是指管理要抓大不放小，要从"小"做起，不放过每一个环节和细节，尽可能将管理中抽象的内容具体化、数量化。其最高境界是把小事做精，把细节作靓。要做到精细化管理，一要认真做好每一件"小事"，把每一项细小的工作落到实处，不断提高工作质量。二是把简单的事情做对，而且持续做对，每一项细小的工作落到实处。三是大处着眼，小处着手，养成注重细节的习惯。养成细致观察的习惯，培养敏锐观察的能力。所有成功者，无不是从小事做起，无不是关注自己身边的每一个细节。古人云："泰山不拒细壤，故能成其高。江海不择细流，故能就其深。"海尔集团董事局主席张瑞敏也曾经说过："把每一件简单的事做好就是不简单，把每一件平凡的事做好就是不平凡。"青年学子们，如果将人生比作一条线的话，那么这条线由无数个点构成，而每一个点就是一个小小的细节。唯有我们重视每一个细节，并不断修正、改善之，才能到达成功的彼岸和理想的境界。青年学子们，让我们从我做起，从今天做起，从点滴小事做起，从细节抓起，去成就一个不断精彩、不断强大的自我吧！

23. 舍本逐末

【出处】《战国策·齐策四》

【原典】"威后曰：'不然。苟无岁，何以有民？苟无民，何以有君？故有舍本而问末者耶？'"

【译文】"赵威后回答说：'话不能这样说。如果年成不好，百姓凭什么繁衍生息？如果没有百姓，大王又怎能南面称尊？岂有舍本问末的道理？'"

【释义】本：根本。末：枝节。舍弃根本，追逐枝节。指做事不从根本上着手，而在枝节上用功夫。

【拓展链接】

1. 典故拓展

战国时期，各个诸侯国之间经常有使节往来。前266年，赵国国君赵惠文王去世，太子丹接位为赵孝成王。由于赵孝成王还年轻，国家大事便由其母赵威后处理。赵威后是一个顾全大局的政治家。有一次，齐王派遣使臣到赵国去拜访赵威后，以示友好。赵威后很热情地接待了来访的使臣。使臣在献上齐王准备的礼物后，又呈上一封齐王写的信。赵威后收下了信，但并未马上拆开来看，而是问使臣道："久未问候，贵国的年成可好吗？人民可好吗？大王可好吗？"使臣一听，很不高兴地说："我是奉了敝国国君之命前来问候您的，可是现在您先不问大王，却先问年成和人民，岂不是先卑贱而后尊贵吗？"赵威后听了并没有生气，反倒笑着对使臣说："话不能这样说。如果年成不好，百姓凭什么繁衍生息？如果没有百姓，大王又怎能南向称尊？岂有舍本问来的道理？"齐国使臣对赵威后的这一番话非常佩服，并为自己刚才无礼的态度感到惭愧。这也就是成语"舍本逐末"的出处。该故事还衍生出"安然无恙"这个成语。其中，安然是平安的样子。恙指疾病，以及伤害之类的产生忧伤的事。原指人平安没有疾病，现泛指事物未遭损坏或人身并无损伤。

2. 人物链接——赵威后其人

赵威后（约前305年左右—前265年），赵惠文王的王后，赵孝成王的母后。又称赵惠文后、孝威太后，威通君，并不是谥号，孝威后意思是说赵威后为赵孝成王之君太后。惠文王去世后，她一度临朝听政，当时才三十出头。史书对她执政时期的作为有两段非常生动的记载，一是"触龙说赵太后"，二是"齐王使使者问赵威后"。她英明能干，见解非凡，在短暂的三年执政期间为赵国获取了很多利益，使虎视眈眈的秦国不敢妄动。

【今读新得】该成语故事趣味横溢，富于机智，虽经两千余年的沧桑巨变，至今读来仍使人感慨系之。一代女杰赵威后的那句"苟无民，何以有君"，是那样的掷地有声，而又意味深长，令人不禁产生一种精神的愉悦。它是赵威后"民贵君轻"进步思想的集中展示，充分体现了赵威后是一个顾全大局，颇具远见卓识，洞悉民情、开明而又极具智慧的治国者。真可谓巾帼不让须眉！细品该典故，会得到至少两点启示。一是赵威后"无岁则无民，无民则无君"的民本思想，对于当代国家治理和组织管理具有积极意义。万民百姓是国家的根本。治国应以安民、得民作为根本。只有顺民意，谋民利，得民心，才能永远立于不败之地。二是该成语也讽刺了那些短视的人，不从远大的将来打算，却斤斤计较于眼前的利益，结果因小失大，得不偿失。由此告诫我们，尤其是青年学子，做任何事情，都要懂得取舍有度。《礼记》云："玉不琢，不成器。人不学，不知义。"愿学子们在学习知识，提升技能的同时，也要学会做事。在工作、生活、学习中，都应分清主次，不要混淆颠倒主次顺序；要关注主要问题、根本问题，切不可急功近利，不要只看表面，也不要过多地关注细枝末节，这样才能事半功倍，游刃有余。

24. 王顾左右而言他

【出处】《孟子·梁惠王下》

【原典】"曰：'四境之内不治，则如之何？'王顾左右而言他。"

【译文】"（孟子）说：'一个国家不能好好治理，那么对他怎么办？'齐宣王环顾周围的大臣，把话故意扯到别处去了。"

【释义】王：指齐宣王。顾：回头看。他：其他。原指齐宣王左右张望，避开正题而谈别的事。后比喻故意岔开话题，回避难以答复的问题。

【拓展链接】战国时期，"亚圣"孟子曾经先后两次来到齐国。有一天，孟子见到了齐宣王，对他说："有一个人，因为要到楚国去，把老婆孩子交托给他的朋友，请予照顾。等到他回来的时候，才知道他的老婆孩子一直在受冻挨饿，那位朋友根本没有尽到照顾的责任。你说这该怎么办？"宣王答道："和他绝交！"孟子又说："有一个执行法纪、掌管刑罚的长官，却连他自己的部下都管不了。你说这该怎么办？"宣王说："撤他的职！"最后，孟子说："一个国家不能好好治理，那么对他怎么办？"宣王环顾周围的大臣，把话故意扯到别处去了。以上便是典故"王顾左右而言他"的由来。

【今读新得】在该典故中，孟子劝诫齐宣王要尽职尽责，治理好国家，进而说明了不能尽职的人应该受到惩罚的道理。该典故生动传神，而又意味深长，既告诉了我们要做好本职工作的道理，同时还再次领略到了一代论辩大师孟子的论辩风采。在该典故中，孟子运用的是层层推进的论证法，由生活之事入手，推论到中层管理者的行为，再推论到最高统治者身上，从小到大，由远及近，层层推进，逼得宣王毫无退路，尴尬不已，也就只有"王顾左右而言他"的份了。当然孟子本意倒不一定非要出宣王的洋相，不过是因为宣王老是东推西挡，迟迟不肯表态实施仁政，所以孟子才想激他一激，逼他一逼，迫使他思考如何抓纲治国，做出选择。但是我们依然可以从中学到孟子非凡的论辩智慧。此外，面对孟子咄咄逼人的架势，宣王以"王顾左右而言他"作为回应，也值得我们在人际沟通中借鉴。概而言之，该典故言简意赅，却又不失趣味，也不乏启迪和借鉴价值。青年学子应反复品读之，并积极思考其中的智慧，并将其运用到自己的学习、工作和生活中。一是要给自己准确定位，明确目标，踏踏实实干好自己的本职工作，既不越位，也不缺位。二是学习孟子的论辩技巧，灵活运用类比技巧，增强语言的说服力。孟子巧妙运用层层推进的类比说理法，来阐述自己的政治主张，进而劝谏宣王。这一方法至今仍被普遍采用，但是为了使其达到应有效果，在运用这一方法时，应讲究策略，注意运用的对象和沟通的场合问题。三是应学习宣王回避和拒绝问题的技巧和方法。面对孟子的步步紧逼，宣王认为孟子提出的问题已经涉及宣王的自身利益。为了避免更大的尴尬，他没有直接斥责或拒绝孟子，而是采用了王顾左右而言他这一温婉的拒绝方法。其实质就是对于别人当面提出的问题，巧妙地采用回避、转移话题的方法，转移别人注意力，避免正面冲突。由此既保全了对方的颜面，维护了良好的沟通氛围，也让对方明白了他的用意和态度，可谓一石双鸟。可见，宣王的"王顾左右而言他"不失为一种非常实用的沟通技巧，值得今人品味和学习。该典故再次昭示我们：沟通是一种技巧，更是一门艺术。它是我们每个人一生都需要不断修炼的功课。

25. 二桃杀三士

【出处】《晏子春秋·内篇谏下》（又见《东周列国志》）

【原典】"古冶子曰：'二子死之，冶独生之，不仁；耻人以言，而夸其声，不义；恨乎所行，不死，无勇。虽然，二子同桃而节，冶专其桃而宜。'亦反其桃，挈领而死。"

【译文】"古冶子说：'他们两个都死了，我独自活下来，是不仁呀；用话羞辱人，夸耀自己的名气，是不义呀；怨恨自己的行为而不去死，是不勇敢。既然这样，他们二人同为一只桃子而死，很有节操，而我独为一只桃子死也是应当的。'他也送还桃子，刎颈而死。"

【释义】用两个桃子杀死三个勇士。比喻用计谋杀人。也做二桃三士。

【拓展链接】

1. 典故拓展

晏婴是春秋时期齐景公的相国。当时景公手下有三个勇士：公孙接、田开疆、古冶子，三人凭借勇武有力打虎而闻名，号称"齐邦三杰"。有一次，他们三人坐着说话，晏婴从他们面前走过，他们都非常傲慢，谁也没有站起来行礼。晏婴入宫，进见景公说："我听说圣明的君王蓄养勇力之人，对上要有君与臣的礼仪，在下要有长官和下属的次序。在内可以用来禁止暴力，在外可以威震敌人。君王得益于他们的功业，臣下佩服他们的勇力，所以尊崇他们的地位，提高他们的俸禄。现在国君蓄养勇力之人，对上没有君臣的仪节，在下没有上下级的次序。在内不能禁止暴力，在外不能威震敌人。这是对国家有害的人呀，不如除掉他们。"景公说："这三个人，捉拿恐怕不能捉住，刺杀又怕刺不中啊。"晏婴说："这些人都是靠力气攻打强敌的人，不讲长幼之礼。"于是请景公派人送去两只桃子，说："你们三个人为何不按功劳来吃桃子呢？"公孙接仰天叹道："晏婴是聪明人啊，他就是让景公计算我们的功劳的人。不接受桃子，这是不勇敢。人多而桃少，何不按功劳大小来吃桃呢？我打过一只野猪，杀过两只育子的母虎，像我这样的功劳，可以吃桃子而不与他人同享了。"公孙接说完，拿起一只桃子站了起来。田开疆说："我率领军队两次打败敌人的军队，像我这样的功劳，也可以吃桃子而不与他人同享了。"说完他拿起另一只桃子站了起来。古冶子一看，横眉立目地站起来说："我曾经为国君驾着马车渡河，一头巨鼋咬住了马腿，钻进河中间急流的砥柱之下。在这紧要关头，我纵身一跳，潜入水底，逆流行百步，顺流漂了九里，才杀了巨鼋，救主公脱了险。难道我不比二位更有资格吃一颗桃子吗？"说着便"唰"地一声拔出宝剑。公孙接和田开疆感到十分惭愧。公孙接说道："我的勇敢不如你，功劳也不如你。但我却居功恃勇，毫不谦让地拿了一颗桃子，是贪功的小人。但我不是懦夫，敢作敢当。"说完他交出桃子，拔出剑自杀了。田开疆也一声不响地交出桃子，拔剑自杀。古冶子看着两具尸体和两颗桃子说："他们两个都死了，我独自活下来，是不仁呀；用话羞辱人，夸耀自己的名气，是不义呀；怨恨自己的行为而不去死，是不勇敢。既然这样，他们二人同为一只桃子而死，很有节操，而我独为一只桃子死也是应当的。"他也送还桃子，刎颈而死。使者回复说："已经死了。"景公用官服装殓了他们，并按士礼给他们送葬。以上便是典故"二桃杀三士"的由来。

2. 人物链接——"齐邦三杰"

"齐邦三杰"，即指公孙接、田开疆和古冶子。公孙接，春秋时期齐国大将。曾接连与二虎搏斗，并获胜利。以武力获得齐景公的赏识，后因争桃论功之事自杀身亡。田开疆，春秋时期齐国勇士。与古冶子、公孙接共以武力事景公。曾助景公打败敌人三军。后因争桃论功事被晏婴设计致使自杀。古冶子，春秋时期齐国勇士，幼多膂力，精于水战，仕齐景公，官戎右。有一次，齐景公要去晋国（在今山西省境内），叫古冶子随侍左右。在渡黄河时，下起了滂沱大雨，水面波涛汹涌。此时，有巨鼋舒头，正好与船舷相撞，使船摇来晃去。忽然，巨鼋张开血盆大口，衔左骖（驾车时的马）没入河中，众人惊恐万分，束手无策。唯古冶子见状，即拔剑跳入水中，斜行五里，逆行五里，与巨鼋展开周旋搏击。已经避退至岸边的齐景公，望着黄河水面，看不见古冶子的踪影，惋惜地说："冶子死了。"不一会儿，只见水面流红，古冶子左手持鼋头，右手挟骖尾，燕跃鹄踊而出，仰天大呼一声，河水倒流三百步，众人都视其为河伯（河神）。齐景公赞叹道："真是神勇无比。以前先王设立勇爵，却从未有像冶子这么英勇。"说完，他便解锦袍赐予古冶子，后又立五乘之宾以旌之。后因争桃论功事被晏婴设计致使自杀。

三杰墓又称三士冢，在今山东省淄博市临淄区南门外。诸葛亮在《梁甫吟》中云："步出齐城门，遥望荡荫里。里中有三坟，累累正相似。问是谁家冢？田疆古冶子。力能排南山，文能绝地纪。一朝被谗言，二桃杀三士。谁能为此谋，相国齐晏子。"

【今读新得】在该典故中，晏婴巧妙地利用矛盾，不费吹灰之力，不露一点声色，只靠着两颗桃子，兵不血刃就除掉了三个居功自傲的谋逆之臣，又不得罪景公，让人不由赞佩他高超的计谋和智慧，也再次折射出齐文化的智慧性特质。同时，三员武将以匹夫之勇，恃才傲物，彼此相互争功，最终自尝苦果，让人唏嘘。从而告诉我们骄狂必惹来众多非议，最终自取祸败的道理。古言道："满必溢，骄必败。"三员武将恃才傲物，不足为道。该典故留给我们不少思考。第一，我们要像晏婴学习，遇事多开动脑筋，发挥自己的聪明才智。第二，三员武将虽是有功之臣，但他们自恃才高功大，不懂得尊重别人，傲慢狂妄，

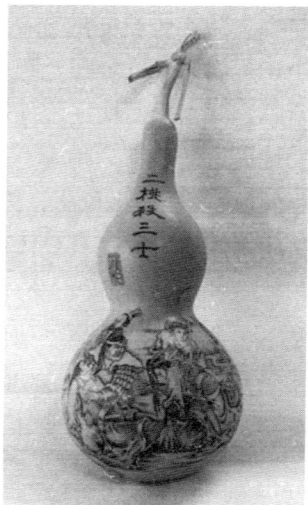

（宝福禄商行提供）

得意忘形，终引来杀身之祸。三士之死也从反面告诉我们："满招损，谦受益。"人自满会招致损失，谦虚才能得益。水满就会流出来，骄傲必然失败。进而告诫我们：一定要懂得尊重别人，为人要谦逊低调。青年学子们也应认真品味该成语故事，并不断从中汲取生活、工作智慧。一要学会低调做人做事，学会在低调中修炼自己。在学习、工作、生活等方面，特别需要注意韬光养晦，不要锋芒毕露，不要太把自己当回事，这样才不会产生自满心理，才能不断地充实和完善自己，并使你安之若素，一生无虞。二是要学会谦虚。谦虚是一种涵养，是一种大智慧，更是一种让你终生受益的美德。莎士比亚说："一个骄傲的人，

结果总是在骄傲里毁灭了自己。"学会谦虚，才能了解别人，才能营造良好的人
际关系，也才能不断积蓄力量，让生命抵达更高层次。三是懂得尊重他人。孟
子曰："爱人者，人恒爱之；敬人者，人恒敬之。"尊重是人与人交往之间最重
要的美德。只有懂得尊重别人，才能赢得别人的尊重，才能真正做到自己尊重
自己。而且要尊重每一个身边的人，无论种族、身份、年龄、性别等。当我们
每个人都懂得尊重别人时，我们的生活也必将更加和谐。

26. 田忌赛马

【出处】《史记·孙子吴起列传》

【原典】"孙子曰：'今以君之下驷与彼上驷，取君上驷与彼中驷，取君中
驷与彼下驷。'既驰三辈毕，而田忌一不胜而再胜，卒得王千金。"

【译文】"孙膑对田忌说：'现在用您的下等马对付他们的上等马，拿您的
上等马对付他们的中等马，让您的中等马对付他们的下等马。'三次比赛完了，
田忌败了一次，胜了两次，终于赢得了齐王千金赌注。"

【释义】意指善用自己的长处，去对付对手的短处，从而在竞技中获胜。也
作孙膑赛马。

【拓展链接】战国时期，齐国的大将田忌很喜欢赛马。有一次，他和齐威王
约定，要进行一场比赛。各自的马都可以分为上、中、下三等。比赛的时候，威
王总是用自己的上马对田忌的上马，中马对中马，下马对下马。由于威王每个等
级的马都比田忌的马强一些，所以比赛了几次，田忌都失败了。有一次，田忌又
失败了，觉得很扫兴，比赛还没有结束，他就垂头丧气地离开赛马场。这时，田
忌抬头一看，人群中有个人，原来是自己的好朋友孙膑。孙膑招呼田忌过来，拍
着他的肩膀说："我刚才看了赛马，威王的马比你的马快不了多少呀。"孙膑还没
有说完，田忌瞪了他一眼："想不到你也来挖苦我！"孙膑说："我不是挖苦你，我
是说你再同他赛一次，我有办法准能让你赢了他。"田忌疑惑地看着孙膑说："你
是说另换一匹马来？"孙膑摇摇头说："连一匹马也不需要更换。"田忌毫无信心地
说："那还不是照样得输吗？"孙膑胸有成竹地说："你就按照我的安排办吧。"威
王屡战屡胜，威王正在得意洋洋地夸耀自己马匹的时候，看见田忌陪着孙膑迎面
走来，便站起来讥讽田忌道："怎么，莫非你还不服气？"田忌说："当然不服气，

咱们再赛一次!"说着,"哗啦"一声,把一大堆银钱倒在桌子上,作为他下的赌钱。威王一看,心里暗暗好笑,于是吩咐手下,把前几次赢得的银钱全部抬来,另外又加了一千两黄金,也放在桌子上。威王轻蔑地说:"那就开始吧!"一声锣响,比赛开始了。孙膑先以下等马对齐威王的上等马,第一局田忌输了。威王站起来说:"想不到赫赫有名的孙膑先生,竟然想出这样拙劣的对策。"孙膑不去理他。接着又进行第二场比赛。孙膑拿上等马对威王的中等马,获胜了一局。威王有点慌乱了。第三局比赛,孙膑拿中等马对威王的下等马,又战胜了一局。这下,威王目瞪口呆了。比了三场,田忌一场败而两场胜,最终赢得威王的千金赌注。以上便是典故"田忌赛马"的由来。

【今读新得】该典故讲的是齐国大将田忌在好朋友孙膑的帮助下,和齐威王赛马,转败为胜的故事。它虽发生在战国时期,但历两千余载,至今依旧为人们所津津乐道。该典故在其看似简单的趣味中,蕴涵着丰富哲理,也彰显了齐文化的智慧性。我们在赞佩孙膑非凡谋略的同时,也应善于总结、吸取其中更多的生活、工作方面的智慧。毋庸置疑,该成语故事也留给当代青年学子为人做事方面的诸多启迪。第一,对自己要自信,要懂得既要知己,也要知彼。要善于分析自身的优劣势,并善于在劣势中找到优势,并要利用自己的长处攻击对手的短处,无限放大自己的优势。第二,要学会变通,不能因循守旧,学会换位思考。做事情不要拘泥于形式,要善于创新,善于尝试新的思路。有些事情,换一个想法,会有另一番天地。要懂得变通,敢于对困难说不,当一条路走不通的时候,想一想,是不是该拐弯了。第三,在做事的时候应先谋后动。不要盲目采取行动,要先分析局势,在细致观察、认真思考、科学谋划以后,再采取行动。第四,要树立全局观念。做事要善于从整体着眼,不强求一局的得失,善于用局部的牺牲去换取全部的胜利。第五,要掌握系统优化的方法,学会优化结构,使整体功能得到最大的发挥,达到 $1+1>2$ 的优化效应。第六,要学会取舍。舍掉小我成就大我是上策。人的一生如白驹过隙,有限的精力不可能方方面面都顾及,因此要学会选择,懂得取舍。什么都想得到,往往什么都得不到,放弃是另一种更广阔的拥有,是为了更好地选择。适当的放弃,是对捆绑自己人生背囊的一次清理,丢掉那些不值得你带走的包袱,拿走拖累你的行李,你才能轻装上阵,也才可以登得更高、行得更远,看到别样的人生风景。

27. 围魏救赵

【出处】《史记·孙子吴起列传》

【原典】"孙子曰：'今梁赵相攻，轻兵锐卒必竭于外，老弱罢于内。君不若引兵疾走大梁，据其街路，冲其方虚，彼必释赵而自救。是我一举解赵之围而收弊于魏也。'"

【译文】"孙膑说：'你不如率领军队火速向大梁挺进，占据它的交通要道，冲击它正当空虚的地方，魏国肯定会放弃赵国而回兵自救。这样，我们一举解救了赵国之围，而又可坐收魏国自行挫败的效果。'"

【释义】指袭击敌人后方的据点，以迫使进攻之敌撤退的战术。现多指绕开问题的表面现象，从事物的本源上去解决问题，从而取得一招致胜的神奇效果。

【拓展链接】

1. 典故拓展

据《史记》记载，战国时期，魏国攻打赵国，赵国形势危急，便向齐国求救。齐威王任命田忌为主将，孙膑做军师。田忌想要率兵直奔赵国，孙膑说："想解开乱丝的人，不能紧握双拳生拉硬扯；解救斗殴的人，不能卷进去胡乱搏击。要扼住争斗者的要害，争斗者因形势限制，就不得不自行解开。如今魏赵两国相互攻打，魏国的精锐部队必定在国外精疲力竭，老弱残兵在国内疲惫不堪。你不如率领军队火速向魏国都城大梁（今河南省开封市）挺进，占据它的交通要道，冲击它正当空虚的地方，魏国肯定会放弃赵国而回兵自救。这样，我们一举解救了赵国之围，而又可坐收魏国自行挫败的效果。"田忌听从了孙膑的意见。魏军果然离开赵国都城邯郸（今河北省邯郸市）回师，在桂陵（今山东省荷泽市东北，一说河南省长垣县西北）交战，魏军被打得大败。以上便是典故"围魏救赵"的由来。

2. 典故链接——减灶诱敌

战国时期，魏国与赵国联合攻击韩国，韩国向齐国求救，齐王派田忌为大将，孙膑为军师，率军进攻魏国都城大梁，魏军急忙撤军救援。其主帅庞涓是孙膑的同学，因为庞涓嫉妒孙膑的才能，阴谋将孙膑迫害。孙膑很了解庞涓的性格和谋略特点，得知师兄庞涓撤军，建议田忌采用减灶计引诱魏军上当。孙膑命令齐国军队进入魏国境内后先设十万个灶，过一天设五万个灶，再过一天设三万个灶。然后在道路狭窄、峻隘险阻的马陵（今河南省范县西南）设下埋伏，约定以火光为号，孙膑还叫人在路边的一棵大树写上："庞涓死于此树之下。"庞涓急行军回国，他本来就不把齐军当回事，再看齐军的伙食灶一天比一天少，非常高兴，说："我本来就知道齐军怯懦，进入魏国境内三天，士兵已经逃跑了一大半。"于是，他更加狂妄自大。他命令部队轻装上阵，却进入了孙膑的包围圈。庞涓来到一棵大树下，让部下点火看看树上写的是什么，刚把火点着，埋伏的齐军便万箭齐发，使魏军溃不成军，庞涓知道中了孙膑之计，于是自杀身亡。这就是成语减灶诱敌的由来。意指故意露个破绽给敌人，使其麻痹大意，轻敌深入，然后打他个措手不及。

【今读新得】 围魏救赵和减灶诱敌令我们再次领略了战国时期著名军事家孙膑精于谋划、善于分析、因势利导的超人智慧。同时，也向我们揭示了诸多道理：一是两点之间并非直线最短。为了达到某个预定目的，如果直接去做，可能会适得其反。如果你从另一个角度去做，反而会收到更好的效果。当我们身陷困境时，与对手发生正面的冲突，以此来解决问题，固然是一种方法，不过这绝不是最聪明的方法。身处困境之中，只要我们不被自己的处境吓倒，静下心来，认真寻找对手的软肋，绕过对手的正面攻击，从其软肋下手，一样可以摆脱困境，甚至还有可能转败为胜。因此，有时两点之间"曲线"最短。进而告诉我们，在工作或生活中，如果遇到棘手问题时，不应拘泥于一种解决办法，而是寻求另外的途径和方法，或许会使问题不攻自破。正所谓"箭走偏锋，奇招制胜"。二是事物之间存在着普遍的相互联系、相互制约和相互影响。如果能抓住这种联系的主要节点，便可牵一发而动全身。三是做事要沉着冷静，仔细分析，善于探究事物发展的趋势和规律，然后因势利导。四是应善于知己知彼，才能百战不殆。孙膑是在充分考虑了魏军的优势和劣势的基础上，提出了"乘虚而入、直取大梁"的策略，从而昭示我们，身处困境之中并不可怕，可怕的是不能以正确的态度去直面困境。只要我们不被自己的处境吓倒，在困境面前不退缩，而是静下心来，认真寻找对手的软肋，绕过对手的正面攻击，从其软肋下手，一样可以摆脱困境，甚至还有可能转败为胜。

28. 买鹿制楚

【出处】《管子·轻重戊》

【原典】"桓公问于管子曰:'楚者,山东之强国也,其人民习战斗之道。举兵伐之,恐力不能过。兵弊于楚,功不成于周,为之奈何?'……管子对曰:'公贵买其鹿。'桓公即为百里之城,使人之楚买生鹿。……隰朋教民藏粟五倍,楚以生鹿藏钱五倍。管子曰:'楚可下矣。'公曰:'奈何?'管子对曰:'楚钱五倍,其君且自得而修谷。钱五倍,是楚强也。'桓公曰:'诺。'因令人闭关,不与楚通使。楚王果自得而修谷,谷不可三月而得也,楚籴四百,齐因令人载粟处芊之南,楚人降齐者十分之四。三年而楚服。"

【译文】"齐桓公问管仲说:'楚国是山东的强国,其人民习于战斗之道。出兵攻伐它,恐怕实力不能取胜。兵败于楚国,又不能为周天子立功,该怎么办呢?'……管仲回答说:'您可用高价收购楚国的生鹿。'于是桓公便营建了百里鹿苑,派人到楚国购买生鹿。……后来隰朋让齐国百姓藏粮增加五倍,楚国则卖出生鹿存钱增加五倍。管仲说:'这回可以取下楚国了。'桓公说:'怎么办?'管仲回答说:'楚存钱增加五倍,楚王将以自得的心情经营农业,因为钱增五倍,总算表示他的胜利。'桓公说:'好的。'于是派人封闭关卡,不再与楚国通使。楚王果然以自鸣得意的心情开始经营农业,但粮食不是三个月内就能生产出来的,楚国粮食高达每石四百钱。齐国便派人运粮到芊地的南部去卖,楚人投降齐国的有十分之四。经过三年时间,楚国就降服了。"

【释义】意指管仲用计谋控制了楚国的经济,最终也控制了楚国的政治。比喻利用智谋使对手臣服。

【拓展链接】

1. 典故拓展

齐国在崛起过程中,南方的楚国一直是它的最大敌人。但楚国地域辽阔,国力强大,军力强盛,这让一国之君齐桓公非常头疼,整天都在琢磨怎样削弱楚国。有一天,桓公问计于管仲。管仲说:"我有办法,您出高价购买楚国特产的麋鹿吧。这一招准管用。"于是桓公在与楚国交接的边境上设立了一座小城,并派人到楚国购买活鹿,楚国一头活鹿的价格为八万钱。管仲随即让桓公通过民间贸易，贮藏了国内十分之六的粮食。又派左司马伯公率领壮丁到庄山铸造金币，命令中大夫王邑运载二千万钱到楚国收购活鹿。楚王得知后，告诉宰相说："金币是人们看重的东西，国家靠它维持，英明的君主用它赏赐功臣；而禽兽，则是一些有害的东西，是英明的君主应当抛弃驱逐的。现在齐国用贵重的金币高价收买我们的害兽，这是楚国的福分。上天将用齐国的金钱惠及楚国。您通告百姓抓紧捕猎活鹿，以换尽齐国的金币。"于是楚国百姓就放弃耕种去猎捕活鹿。管仲还对楚国的商人说："您给我贩来活鹿二十头，我就给您黄金百斤；贩来活鹿二百头，我就给您黄金千斤。"这样一来，楚国不向百姓征税，财富也充足了。楚国人民都在外面找鹿。隰朋让齐国百姓贮藏了五倍于过去的粮食，而楚国凭借出卖活鹿贮藏了五倍于过去的钱币。管仲说："楚国可以攻克了。"桓公问："怎么攻取呢？"管仲回答说："楚国贮藏的钱币增加了五倍，楚王将会很得意，之后求购粮食。"桓公恍然大悟，于是派人封闭关隘，不和楚国互通使节。楚王果然非常得意地转而求购粮食。但是粮食不是几个月就能收获的，于是楚国的粮价疯涨，高达四百钱一石。楚王派人四处买粮食，都被齐国截断。齐国借此机会派人运粮到楚国芊地的南部出售，逃往齐国的楚国难民多达本国人口的十分之四。三年之后，楚国无奈臣服于齐国。以上便是典故"买鹿制楚"的由来。

2. 典故链接

（1）服帛降鲁梁

鲁国、梁国都是春秋时候的诸侯国，也是齐国称霸道路上的威胁。据《管子·轻重戊》记载：齐桓公问管仲："鲁国、梁国对于我们齐国，就像田边上的庄稼，蜂身上的尾螫，牙外面的嘴唇一样。现在我想攻占鲁国和梁国，怎样行动才好呢？"管仲回答说："鲁、梁两国的百姓，从来以织绨（绨：读 tí，古代一种质地光滑而厚实的丝绸）为业。您可以带头穿用绨做的衣服，叫左右大臣也这样穿，百姓也就会跟着穿。您还要下令齐国不准织绨，必须依靠鲁国和梁国进口。这样，鲁、梁两国就必定放弃农业而去织绨了。"桓公说："好的。"于是就在泰山之南做起绨服。十天做好就穿上了。管仲还告诉鲁国和梁国的商人说："你们给我贩来一千匹绨，我给你们三百斤黄金；贩来一万匹绨，我就给你们三千斤黄金。"于是鲁、梁两国不再向百姓征收赋税，财用也十分充足。鲁国和梁国的国君听到这个消息，就下令全民织绨。十三个月以后，管仲派人到鲁国和梁国探听，只见两国城市道的路上人丁拥挤，尘土飞扬，十步之外互相看不清楚，行人拖着鞋不能举踵，坐车的车轮相碰，马匹众多，列队而行。管仲说："鲁国和梁国可以攻取了。"桓公问："该怎么办？"管仲回答说："您现在改穿帛料衣服，号召百姓不再穿绨服，封闭关卡，与鲁国、梁国断绝贸易往来。"桓公说："好的。"十个月之后，管仲又派人探听，看到鲁、梁两国的百姓都饥饿不堪，连应交的正常赋税都交不起了。鲁、梁两国的国君当即命令百姓停止织绨而区从事农业生产，但粮食却不能仅在三个月内就生产出来，于是两国的百姓买粮每石要花一千钱，而齐国粮价才每石十钱。两年以后，鲁国和梁国的百姓有十分之六投奔了齐国。三年以后，鲁国和梁国的国君也都归顺了齐国。以上便是典故"服帛降鲁梁"的由来。

（2）衡山之谋

据《管子·轻重戊》记载：春秋时期，齐国经过管仲改革，国力日渐强盛，齐桓公的图霸之心也日益坚定。当时，在齐国和鲁国之间有一个诸侯国叫衡山国。该国擅长制造兵器。"衡山利剑，天下无双"，而且民风彪悍，不易对付，要想以武力攻打衡山国，肯定要费一番功夫。于是齐桓公问计于管仲。管仲答道："不可硬攻，只可巧取"。管仲在起兵前一年就派人到衡山国高价收购兵器，衡山兵器因此大幅涨价，燕、代、秦等各国也赶紧跟着到衡山国大肆收购兵器，一时之间，可谓天下争购。看到暴利的情况，衡山国国君告诉宰相，把兵器价钱再提高十倍以上，让衡山国老百姓先放弃农业，全部转而打铁，制造兵器。同时，管仲悄悄派人到赵国、衡山国购买囤积粮食。三年之后，就在衡山国全国欢呼发大财的时候，齐国突然封闭关卡、陈兵边境，同时，停止和禁止收购衡山国的兵器，并且高价收购粮食。一时之间，兵器价格暴跌，粮价大涨。而此时衡山国已无粮可用，田地已经荒废了好几年，短期根本涨不出庄稼，国内又闹起了饥荒，百姓大部分逃亡到齐国，于是不得不举国投降，臣服了齐国。以上便是典故"衡山之谋"的由来。

（3）买狐降代

代国是春秋时期的一个诸侯国，位于今河北蔚县附近。《管子·轻重戊》还记载：齐桓公问管仲说："代国的特产有哪些呢？"管仲回答说："代国盛产狐白（狐腋白毛）的皮张，您可用高价收购。"管仲又说："狐白适应阴阳之变化，六个月才出现一次。您以高价收购，代国人忘记它难以求得，喜其高价，必定争相捕猎。这样，齐国就不必拿出金钱，代国百姓就一定放弃农业而到深山去猎狐。离枝国听到这一消息后，必然入侵代国北部，离枝侵其北，代国必将归降于齐国。您可借此机会派人带钱去收购好了。"桓公说："好。"他当即命令中大夫王师北率人拿着钱到代谷地区，收购狐白的皮张。代国国君听到后，马上对宰相说："代国之所以比离枝国弱，就是因为没有金钱。现在齐国出钱收购我们狐白的皮张，是代国的福气。您赶紧命令百姓求得此皮，以换取齐国钱币，我将用这笔钱招来离枝国的百姓。"代国的百姓果然因此而放下农业，走进山林，搜求狐白的皮张。但时过两年也没有弄成一张，北方的离枝国听说以后，便侵入代国的北部。代国国君得知后，大为恐慌，便率领士卒退守代谷地区。离枝随即侵占了代国北部领土，代国国君只好率领士兵自愿归服齐国。齐国没有花一分钱，仅仅派使臣交往三年，就使代国臣服。以上便是典故"买狐降代"的由来。

【今读新得】买鹿制楚等典故虽然早已湮没于历史的浩瀚烟尘之中，但每每翻读仍感触良多。这些典故的一个共同点就是：在与诸侯国之间的斗争中，管仲均驾轻就熟地运用轻重之术，兵不血刃，利用经济谋略使对手臣服，可谓不战而胜。这让我们愈加钦佩"华夏第一相"管仲的政治智慧：他能够审时度势，深谋远虑，在与诸侯国的斗争中，善于知己知彼，抓住对手的弱点，利用经济手段搞垮对手。这让我们不由地为管仲的先见之明拍手称快，其高明之处主要有二：一是他是一个深谙商业经营中"奇货可居"道理的政治家。不仅如此，他还独具慧眼，能够识破"奇货"，而且较好地把握住了时机，把稀缺的货物囤积起来，待价而沽，让对手措手不及。二是他深知"国以民为本，民以食为天"的道理，较早地认识到了粮食生产对于一国国计民生的重要性。他设计让别国舍本逐末，就在楚国国君为活鹿而疯狂，鲁国和梁国国君为绨而痴迷，衡山国国君为制造兵器而不顾一切，代国国君为狐白而忘乎所以的时候，他却牢牢地抓住了粮食生产这一命脉，进而给对手致命一击。管仲的先见之明、远见卓识在当时尚处于蒙昧阶段的春秋时期，无疑是可贵的，由此也更显管仲的高明和伟大。在感佩之余，我们不禁再次为典故中折射出的齐桓公的博大与包容点赞。作为一国之君，他能够虚心纳谏，善于采纳和吸取别人的意见和建议，这是难能可贵的品质。正因为此，才吸引了一大批贤士良才为其效力，并最终成就霸业。同时，我们又为楚国、鲁国、梁国、衡山国以及代国的国君感到惋惜：他们为了眼前的小利而最终丢失了整个国家，可谓因小失大，得不偿失。一个人如果贪图眼前的蝇头小利，损失的可能仅仅是他（她）自己及少数相关的人，但若一个管理者尤其是一个国家的最高统治者目光短浅、斤斤计较眼前得失的话，将会是一个组织甚至是一个国家的灾难。由此也让我们再次认识到管理者具有大格局和远见卓识的重要性。概而言之，以上典故虽历经千载，却仍然闪耀着迷人的智慧之光，对于当今的我们依然具有诸多现实启迪。第一，要善于转换思维角度。要征服竞争对手，也可以不发动战争，而是使用计谋。《孙子兵法》中"不战而屈人之兵，善之善者也"，也是同理。第二，做事要深谋远虑，要有长远的目标和方向，不要为眼前利益所动。典故中管仲制定从楚国购买生鹿，从鲁国和梁国购买绨，从衡山国购买兵器，以及从代国购买狐白的策略，虽牺牲了眼前的财货，却争取到了长期的国富兵强、诸侯归附。第三，粮食是人民的生活必需品，它关乎国计民生，更关乎国家安全。诚如管仲曾言："王者以民为天，民以食为天，能知天之天者，斯可矣。"以及明末清初著名理学家张履祥所言："食者生民之原，天下治乱，国家废兴存亡之本也。"农业是国民经济的命脉，农业的发展与否直接关乎社会的稳定与发展。粮食问题更是亘古不变的永恒话题。因此，无论何时，农业发展和粮食生产都不能掉以轻心。

04

纵横职场篇

1. 知彼知己，百战不殆

【出处】《孙子兵法·谋攻》

【原典】"知彼知己，百战不殆；不知彼而知己，一胜一负；不知彼，不知己，每战必殆。"

【译文】"如果对敌我双方的情况都能了解透彻，打起仗来就可以立于不败之地。不了解对方但了解自己，胜负的机率各半；既不了解对方，又不了解自己，每战必败。"

【释义】殆：危险、失败。意指如果对敌我双方的情况都能了解透彻，打多少次仗都不会失败。

【拓展链接】

1. 典故拓展

《孙子·谋攻》中说："知己知彼，百战不殆；不知彼而知己，一胜一负；不知彼，不知己，每战必殆。"意思是说，在军事纷争中，既了解敌人，又了解自己，百战都不会有危险；不了解敌人而只了解自己，胜败的可能性各半；既不了解敌人，又不了解自己，那只有每战都有危险。所谓知己知彼就是了解自身和对手的各种状况。从战争上来说，就是对敌我双方的情况均能透彻了解，主要是人数、装备、兵力结构、天时地利人和等方面优劣短长。

2. 知识拓展——孙武与《孙子兵法》

孙武（约前545年－约前470年），字长卿，春秋末期齐国乐安（今山东省北部）人。春秋时期著名的军事家、政治家，尊称兵圣或孙子（孙武子），被誉为"百世兵家之师"、"东方兵学的鼻祖"。前532年（周景王十三年），齐国发生内乱后，孙武毅然到了南方的吴国，潜心钻研兵法，著成兵法十三篇。前512年（卫灵公二十三年），经吴国谋臣伍子胥多次推荐，孙武带上他的兵法十三篇晋见吴王。在回答吴王的提问时，孙武议论惊世骇俗，见解独特深邃，引起了一心图霸的吴王深刻共鸣，连声称赞其见解，并以宫女180名让孙武操演阵法，当面试验了他的军事才能，于是任命其以客卿身份为将军。前506（周敬王十四年），吴楚大战开始，孙武指挥吴国军队以三万之师，千里远袭，深入大国，五战五捷，直捣楚都，创造了中国军事史上以少胜多的奇迹，为吴国立下了卓著战功。他编写的《孙子兵法》流传至今，是中国现存最早、最完整、最系统的兵书，北宋神宗时，被列为《武经七书》之首，被誉为兵学圣典。全书共分计、作战、谋攻、形、势、虚实、军争、九变、行军、地形、九地、火攻、用间十三篇，5900 余字。《孙子兵法》揭示了战争的规律，论述了战争论、治军论、制胜论等多方面的法则，具有朴素的唯物论和辩证法思想，被誉为"兵经"、"兵家鼻祖"。其宏富的思想内涵和精辟的辩证哲理，为古今中外军事家、政治家所重视。《孙子兵法》已有英、日、德、法、俄、捷、朝等文译本，被国际上誉为"世界古代第一部兵书"，现在不仅于军事领域，而且在政治、经济、文化、体育等领域，都受到了广泛关注和应用。《孙子兵法》在中国乃至世界军事史、军事学术史和哲学思想史上都占有极为重要的地位，是国际间最著名的兵学典范之书。

【今读新得】作为《孙子兵法》的精髓，"知己知彼，百战不殆"为历代兵家推崇备至。时至今日，它已经超越了军事范畴，跨越了国界，而在政治、经济、管理、文化、体育以及人际交往中，都得到普遍应用，从而彰显出其无穷的魅力。可以说，它已经成为全人类共同的精神财富。对于每个人，尤其是当代青年学子而言，在求职、人际交往以及未来的职场发展等诸多方面，该成语都具有积极的现实应用价值。第一，它告诉我们：在管理工作中，尤其是在人际沟通、求职等活动中，既要"知己"，也要"知彼"。所谓"知己"，通俗地说，就是要客观、全面地评估自己。客观即是要时刻保持清醒的头脑，始终对自身情况有一个理性判断；所谓全面，就是既要了解自己的优势、长处，更要认识到自身的劣势和不足。

（李晓艳作）

所谓"知彼"，即对于对方的力量进行深入了解，分析其优势和劣势，长处和短处等方面的信息。只有"知己" + "知彼"，才能制定更为科学的扬长避短、趋利避害、趋强击弱的博弈策略，也才会在竞争中赢得主动，并决胜于千里之外。第二，要学会换位思考。在双方博弈中，既要"知己"，也要"知彼"，而

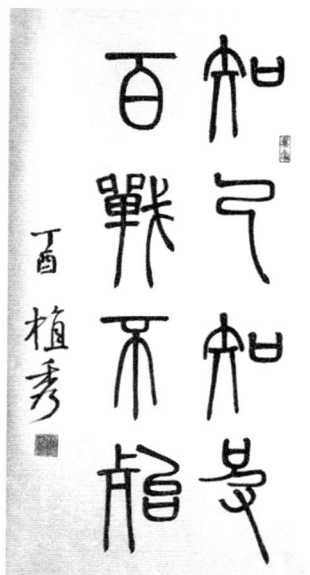

且后者难度更大，也更为重要。"知彼"就是不仅要深入了解对方，全面了解对方的优劣势，更要站在对方的角度、对方的立场看问题，深入了解对方的想法、对方的需求等等。也即学会换位思考，培养同理心。所谓同理心，具体地说，就是指能够体会他人的情绪、想法与需求，设身处地地理解他人的立场和感受，并站在他人的角度去思考和处理问题。正所谓"人同此心，心同此理"。同理心是现代人际交往的基础，也是当今社会个人发展与成功的基石。鉴于不少青年学子惯于以自我为中心的现状，在人际交往和现代沟通中，善用同理心，就显得尤为迫切和重要。同理心是一座连接彼此心灵的桥梁，能够缩短心与心之间的距离。一个具有同理心的人，必定是一个善解人意，懂得理解和关爱他人，而又有温度的人，也必将是一个充满个人魅力的人。生活中处处有"换位思考"，处处需要"换位思考"。诚如宋代大诗人苏轼所说："横看成岭侧成峰，远近高低各不同，不识庐山真面目，只缘身在此山中。"在工作、生活等方面，如果我们学会换个角度看问题，学会换位思考，那么生活中就会多一些理解，多一些快乐，多一些温暖与和谐。"世事洞明皆学问，人情练达即文章。"青年学子们，用你的同理心，去换取信任，换取认同，换取成功，换取人生路上的艳阳高照，何乐而不为呢！

2. 太公钓鱼

【出处】《武王伐纣平话》卷下

【原典】"姜尚因命守时，立钩钓渭水之鱼，不用香饵之食，离水面三尺，尚自言曰：'负命者上钩来！'"

【译文】 "姜太公依照命运的安排，守候时机，他天天坐在渭水边'钓鱼'。"姜太公用的鱼钩是直的，上面不放鱼饵，而且离开水面足有三尺高。他一边高举钓竿，一边自言自语道：'鱼儿呀，愿意的就上钩吧！'"

【释义】比喻心甘情愿中别人设下的圈套。也作姜太公钓鱼，愿者上钩。

【拓展链接】

太公出身低微，前半生可以说是漂泊不定、困顿不堪，但是他却满腹经纶、壮志凌云，深信自己能干一番事业。他曾去殷商都城朝歌（今河南鹤壁市市区南部）求做官，但没成功。后来听说西伯姬昌尊贤纳士、广施仁政，年逾七旬的他便千里迢迢投奔西歧。但是来到西歧后，他不是迫不及待地前去毛遂自荐，而是来到渭水北岸的磻溪（今陕西省宝鸡市陈仓区磻溪镇）住了下来。此后，他每日垂钓于渭水之上，等待圣明君主的到来。

太公的钓法非常奇特，短竿长线，线系竹钩，不用诱饵之食，钓竿也不垂到水里，离水面有三尺高，并且一边钓鱼一边自言自语道："姜尚钓鱼，愿者上钩。"一个叫武吉的樵夫，看到太公用的是不挂鱼饵的直鱼钩，便嘲讽道："像你这样钓鱼，别说三年，就是一百年，也钓不到一条鱼。"太公说："你只知其一，不知其二。曲中取鱼不是大丈夫所为，我宁愿在直中取，而不向曲中求。我的鱼钩不是为了钓鱼，而是要钓王与侯。"后来，他果然钓到了周文王姬昌。姬昌兴周伐纣迫切需要人才，他得知年已古稀的太公很有才干，便斋食三日，沐浴整衣，抬着聘礼，亲自前往磻溪应聘，并封太公为相。太公辅佐文王，兴邦立国，继而帮助文王之子周武王姬发，灭掉了商朝，建立了西周。自己也被武王封于齐地，实现了建功立业的愿望。太公钓出的可谓是一条"王侯大鱼"。成语太公钓鱼便源于此。

【今读新得】该成语因带有传奇性的故事情节而得到了广泛而深远的流传，至今仍家喻户晓，妇孺皆知。反复品味该成语，不禁拂卷深思。我们既钦佩于太公的非凡谋略和远见，也为求贤若渴、招贤纳士的周文王能够得此旷世奇才而感到庆幸，同时也更多思考该成语背后的深刻寓意。其实该成语内涵着诸多做人做事的大智慧，值得当今每个人，尤其是青年学子领悟和学习。第一，应学习太公积极、自信的生活态度。如前所述，太公出身低微，前半生很困，很坎坷，但他始终以积极的心态面对一切，充分相信自己，没有自暴自弃，这是他赢得成功的基础。第二，应学习太公善于等待、善于观察、准确把握时机的品格。尽管前半生不得志，没有施展才华的机会，但太公仍胸怀大志，始终坚信自己是经世之才，并一定能被堪当大任，所以他始终坚持自己的理想、信念不放弃，耐心、执着地等待机会的到来。他经受得起挫折，不怨天尤人，任凭风浪起，稳坐钓鱼船，并在等待中充实自己、沉淀自己、磨砺自己，养精蓄锐。而当机会到来之时，他也不是被动等待，而且是积极、主动地去寻找，终获成功。太公的经历再次说明：机会只垂青于有准备的人。我们也要善于等待，善于为目标的实现做好充分准备，善于抓住机会。第三，应学习太公过人的才智。太公钓鱼，"因命守时"，依循天命，遵守天时，体现了大智慧。而且太公钓鱼用的是直钩，任何人都不会相信这样能钓到鱼，而姜太公做到了，不仅钓到了，还钓到了王侯将相这条大鱼，这展示了太公不趋炎附势、不委曲求全的刚毅性格以及非凡的才智胆识。第四，告诉我们要想使别人臣服自己，首先必须提升自己，使自己具有很强的实力，只有这样才能吸引更多有才能的人来相助。要想遇见优秀的人，自己首先必须要优秀。第五，应学习太公独特的自我推销技巧。古人云："世有伯乐，然后有千里马，千里马常有，而伯乐不常有。"太公何尝不知道用直钩钓不到鱼的道理，正如他所说，他不是在钓鱼，而是在钓王侯。"宁在直中取，不向曲中求"。他是想通过这种奇葩的做法，引起姬昌的注意，正所谓剑走偏锋出奇制胜，太公用其特有的方式推销自己，终获成功，并成就了一段善于自我推销的历史佳话。可见，"酒香也怕巷子深"，好酒大都是被处心积虑的自我包装推销出来的。一个人纵有多少真才实学，如果遇不到识才爱才之人，不懂得推销自己，也很难脱颖而出。当前大学生求职和就业压力愈发凸显，太公的自我营销术无疑具有很强的借鉴价值。如何在茫茫人海中脱颖而出，如何恰当地推销自己，展现自我，得到别人的认可，对于青年学子的求职尤为重要。青年学子们，别抱怨自己怀才不遇，别整天"宅"着孤芳自赏，在练好"内功"的基础上，去推销自己吧，这样才能实现精心谋划和充分准备下的"海阔凭鱼跃"。综上所述，太公钓鱼，钓出了自信，钓出了从容，钓出了智慧，还钓出了拯救苍生的机遇，更开了齐文化智慧性特质之先河。小故事，大道理。我们每一个人特别是青年学子，都应善于从该成语故事中解读更多的人生哲理与真谛，以为自己的成长、成功获取更多有价值的精神养料。

3. 老马识途

【出处】《韩非子·说林上》

【原典】"管仲曰：'老马之智可用也。'乃放老马而随之，遂得道。"

【译文】"管仲说：'老马的智慧是可以利用的。'于是放开老马，人跟随着它们，终于找到了回去的路。"

【释义】途：路，道路。老马能能辨认道路。比喻经验丰富的年长者熟悉情况，能找到解决问题的正确途径。

【拓展链接】

1. 典故拓展

春秋时期，齐桓公称霸以后，虽然中原各国都逐渐承认了齐国的盟主地位，但居住在边远地区的某些少数民族部落却不理会这一套。前663年，北方的山戎国（在今河北省东北部）侵略燕国，劫夺粮食、牲畜和财物，燕国派人向齐国求救。齐桓公征求管仲的意见，管仲说："山戎经常骚扰中原，是中原安定的忧患，一定要征服。"桓公听了管仲的话，亲率大军援救燕国。当桓公的军队赶到燕国时，山戎国的军队已带着掠夺的财物，逃到东部的孤竹国去了。桓公便命令军队继续追击敌人。山戎国和孤竹国的军队听说齐国的军队打来了，就吓得躲进了深山荒林中。桓公顺着敌人的踪迹攻进深山。最后，把敌人的军队打得四散逃散。桓公取得了胜利，并把敌人掠夺的财物也夺了回来。

当他们要返回齐国时，却在山中迷了路。因为齐军来的时候是春天，山青水绿，道路容易辨认。而返回去时已是冬天，山野白雪皑皑，山路弯曲多变。所以，他们走着走着就辨不清方向了。这时，管仲说："狗、马都有辨认道路的本领。我们挑几匹老马，让它们在前边引路，就可以走出山谷。"桓公立刻让人挑选了几匹老马，放开缰绳，让它们在前面随意地走，军队跟在马的后边。没有多久，在马的带领下，齐国的军队果然走出了山谷，找到了回齐国的路。走到山里没有水，隰朋说："蚂蚁冬天住在山的南面，夏天住在山的北面。（如果）蚁穴有一寸高的话，地下八尺深的地方就会有水。"于是齐军挖掘山地，终于得到了水。以上便是典故"老马识途"的故事梗概。

2. 典籍链接——《韩非子》

《韩非子》是中国古代著名思想家韩非的著作。全书分为五十五篇，为法家集大成的作品。韩非（约前281年–前233年），战国末期韩国人（今河南省新郑），是中国古代著名的哲学家、思想家、政论家和散文家，法家思想的集大成者，后世称"韩子"或"韩非子"。他出身韩国贵族，曾和李斯同学于法家代表人物荀况，李斯自以为不及。当时韩国国力衰弱，韩非多次上书韩王，提出富国强兵、修明法制的主张，但不被采纳，于是他退而著书，成十余万言。其著作传到秦国，秦王嬴政读后十分钦佩，于是发兵攻韩，索要韩非。韩王派遣韩非入秦，秦王却又不信任他，后秦王又听了李斯、姚贾的诬陷，将韩非子拘囚下狱，李斯送毒药使他自杀于狱中。

《韩非子》一书，重点宣扬了韩非法、术、势相结合的法治理论，达到了先秦法家理论的最高峰，为秦统一六国提供了理论武器，同时，也为以后的封建专制制度提供了理论依据。书中记载了大量脍炙人口的寓言故事，最著名的有

"守株待兔""讳疾忌医""滥竽充数""老马识途"等等。这些生动的寓言故事，蕴含着深隽的哲理，以其思想性和艺术性的完美结合，给人们以智慧的启迪，具有较高的文学价值。

3. 知识链接

（1）孤竹国和山戎

孤竹国诞生于夏，是冀东地区出现最早的国家，三千年前商代的北方大国。商朝初年（约前1600年），商封墨氏为孤竹君。孤竹国从立国到灭亡存在了九百四十多年（约前1600年—前660年）。孤竹国的建立，标志着冀东文化已高度发达。孤竹先民是礼仪、文明之邦，距今约三千六百余年。孤竹国范围广袤，约涵盖今天的太行山以东、中国东北、内蒙古以及蒙古和朝鲜地区。

山戎是我国春秋时期北方的一支较强大的少数民族。又称北戎，是匈奴的一支。活动地区在今河北省北部。后亦为北方少数民族的泛称。以林中狩猎和放牧为主的游牧民族。但是，随着历史的变迁，山戎人伴随游牧，逐渐开始了农耕。据史书记载，经常联合侵犯中原，成为燕、齐诸国之边患。齐桓公兴兵救燕伐山戎，灭掉令支、孤竹、山戎部旅。春秋末期，山戎逐渐衰落。约战国晚期，山戎逐渐销声匿迹。

（2）老马识途的真实原因

马的脸很长，鼻腔也很大，嗅觉神经细胞也多，这样就构成了比其他动物更发达的"嗅觉雷达"。这个嗅觉雷达不仅能鉴别饲料，水质好坏，还能辨别方向，自己寻找道路。马的耳翼很大，耳部肌肉发达，转动相当灵活，位置又高，听觉非常发达。马通过灵敏的听觉和嗅觉等感觉器官，对气味、声音以及路途形成牢固的记忆。所以，马能够识途。

【今读新得】桓公的军队在碰到难题时，凭借管仲的精明通达和隰朋的聪明才智，不惜向老马和蚂蚁学习，最后终于走出困境。该成语故事告诉了我们如下通透的道理：第一，万物皆有灵性。世间万物皆平等，世间万象也均能给人以思想，给人以启迪，给人以智慧。所以，我们应该将其视为人类的良师益友，与其平等相处，敬畏、尊重、善待并珍惜它们。第二，人非圣贤，孰能无过。由此告诫我们：有经验的人更熟悉情况，能够在某个方面发挥指引、引导作用，因此，我们做事情要多动脑，应善于发现身边事物的规律，对于不了解的事情应虚心向有经验的人学习求教，这样可以少走弯路。更进一步地说，只有不断学习，才能不断实现提升和超越。对于青年学子而言，大学时期是其人生发展的黄金阶段，是其步入社会的准备时期。要想在未来职场中独当一面，在生活中游刃有余，需要具备较高的综合素养，为此，从现在起就必须不断进取，努力学习，不断丰富和积累经验，提升综合能力和素质。一方面，学习是全方位的，不仅要向今人学，还要向古代圣贤学；不仅要向书本学习，还要向实践学习，更要向有经验的同学、老师、同事学习。另一方面，要视学习为一种习惯、一种追求，树立终身学习的理念。无论在学校，还是进入职场，步入社会，都须放下身段，放下面子，虚心地、持续地学习。尤其是青年学子初入职场和社会，面对工作热情高但经验欠缺、实践能力和职场素养都很低的尴尬，更应把心态归零，以开放的心态踏实学习，虚心向阅历丰富的员工求教，由此才能少走弯路，较快适应新环境，不断提升，并尽快实现由新手到专家的转变。

4. 文挚殉医

【出处】《吕氏春秋·至忠》

【原典】 "齐王疾痏，使人之宋迎文挚，文挚至，视王之疾，谓太子曰：'王之疾必可已也。虽然，王之疾已，则必杀挚也。'"

【译文】"齐闵王患了忧郁症，请宋国名医文挚来诊治。文挚到了齐国，对闵王的病情详细诊断后对太子说：'大王的病肯定可以治好。但是大王痊愈后，必杀我无疑。'"

【释义】指战国名医文挚为了给齐闵王治病而不惜被烹的故事。借以比喻为职业而献身的可贵的职业精神。

【拓展链接】

1. 典故拓展

文挚，战国时期名医，宋国商丘人，洞明医术，而且是一位贤德的人。前280年间，齐闵王患了郁症，也就是现代医学中所说的"忧郁症"，整天闷闷不乐，沉默寡言，常无故叹气。经许多医生治疗，就是不见好转。于是就派人请文挚来诊治。文挚到了齐国，对闵王的病情详细诊断以后对太子说："大王的病肯定可以治好。但是大王痊愈后，必杀我无疑。"太子不解地问为什么。文挚回答说："大王的病只有用激怒的方法来治疗才能治好。激怒了大王，我一定会被杀死。"太子听了恳求道："只要能治好父王的病，我和母后会以死来向父王求情以保全你的性命。"文挚见推辞不过,只得应允,说:"那我就冒死为大王治一治吧。"于是他与太子约好诊期,但文挚故意爽约。只好约了第二次,他又没来。又约了第三次,这次他同样失约。闵王见文挚屡屡失约,甚感恼怒。没想到,文挚突然来了,鞋也不脱,踩着闵王的衣服就问他的病情如何,并得寸进尺地用粗话激怒闵王,闵王再也按捺不住了,从病床上翻身坐了起来,指着文挚大骂不休。没想到这一怒竟然让闵王的病痊愈了。闵王的病虽治好了,但他余怒未消,派人去捉拿文挚,准备把他活活烹死。太子和王后闻讯急忙赶来解释,请求闵王宽赦,但闵王就是不听,最后文挚终于被活活烹死了。以上便是典故"文挚殉医"的由来。

2. 知识链接——烹刑

烹刑就是指用锅烹人的刑法,古有"斧钺汤镬"之说,现多指古代时的一种酷刑,即将犯人投入装有沸水、热油的大镬、大鼎中煮或炸以处死的刑罚,也叫烹刑、镬烹或鼎烹等。大抵多见于受刑者被去除主要衣物后,由刽子手或军卒将犯人或推或投地放入近如人高的大锅,并将锅下的柴薪点燃,提升水温,进行烹煮,受刑者大多死于烫伤及脏器衰竭(即重度烧伤),刑罚的结束大多却会将受刑者煮至骨肉分离为止。烹人的大锅古时叫作鼎或镬。都是用铜或铁铸成的,不同的是鼎有三只足,镬无足。所以,古时就把这种酷刑叫作镬烹、鼎镬或汤镬。

据《封神演义》,周的始祖西伯被囚禁于羑里的时候,西伯的儿子伯邑考在殷都作人质,为纣王当车夫。纣王把伯邑考放在大锅里"烹为羹",赐给西伯。西伯不知是人肉羹,就把它吃了。纣王得意地对别人说:"谁说西伯是圣人?他吃了自己儿子的肉羹还不知道呢!"这是古代烹人的最早事例。据历史记载,春秋时期的齐哀公继位十二年后(前868年),因纪侯(纪国国君)进谗言而被周夷王烹杀,这是我国记录较早的烹杀事例之一。另有著名的如易牙烹子、齐王烹郦食其等典故。

【今读新得】战国名医文挚因忠于国君而被烹,留下了医学史上的千古奇冤。同时,文挚根据中医学"怒胜思"的原理,采用激怒病人的治疗手段,治愈了齐王的病,在中国医学史上创造了一个心理疗法的典型范例,也谱写了一曲以身殉医的悲歌,为后世留下千古遗憾。文挚虽然为此搭上了一条命,但他的高尚医德却因此而得以升华,并被千古传诵。文挚这种"重然诺,轻生死"的敬业精神值得我们每个人尤其是青年学子学习。敬业精神是初涉职场的青年应具备的良好的品德之一，是日后获取事业成功和发展的基石。敬业精神是人们基于对一件事情、一种职业的热爱而产生的一种全身心投入的精神，是社会对人们工作态度的一种道德要求。简而言之，敬业是一种职责，它要求每个人做好自己分内的事，一丝不苟，尽忠职守。其核心是无私奉献意识。中华民族历来有"敬业乐群""忠于职守"的优良传统，忠于职守、克己奉公早已流淌在我们的血脉中。从大禹治水，三过家门而不入，到魏徵心怀天下，冒死直谏，再到包拯大义灭亲，敬业精神都深深地烙在了中国人的心中。该典故让我们看到，战国时期的名医文挚用自己的生命诠释了敬业精神的内涵。时至今日，敬业精神仍是各行业的衡量标准，是公民应遵循的基本价值规范之一。青年学子是国家的未来，其敬业精神如何，不仅影响其自身发展，更关系到组织乃至国家的前途。当今职场流行一句名言："今天工作不努力，明天努力找工作！"说的正是敬业精神的重要性。敬业精神是做好本职工作的重要前提和可靠保障，当前用人单位对大学生的敬业精神提出了更高要求，而从某种程度上说，敬业精神的缺失正是某些青年学子的短板。青年学子们，时代呼唤敬业精神，你们未来的求职和职业发展需要敬业精神，愿你们从现在做起，将敬业精神铭刻在自己头脑中，将敬业变成一种习惯和实际行动，让良好的职业道德常驻心间！

5. 秉笔直书

【出处】《左传·襄公二十五年》

【原典】"大史书曰：'崔杼弑其君。'崔子杀之。其弟嗣书而死者，二人。其弟又书，乃舍之。南史氏闻大史尽死，执简以往。闻既书矣，乃还。"

【译文】"太史记载说：'崔杼杀了他的国君。'崔杼杀死了太史。他的弟弟接着这样写，因而死了两人。太史还有一个弟弟又这样写，崔杼就没杀了。南史氏听说太史都死了，拿了照样写好了的竹简前去，听到已经如实记载了，这才回去。"

【释义】秉：持，握住。直书：按事物的本来面目书写、记述。指史官书写历史不忌避什么，只根据史实真相说话。

【拓展链接】齐太史，就是齐国的太史。太史是官名，即"史官之长"。在西周、春秋年间，太史是地位很高的官职。负责掌管起草文书、策命诸侯卿大夫、记载史事，兼管典籍、历法、祭祀等事。太史通常是父死子继，兄终弟及，即一个家族全部是记录历史实况的，被称为史氏。

　　成语故事"秉笔直书"发生在春秋年间，讲的是齐太史群体敢于坚持正气、冒死直笔的故事。齐国国君齐庄公在位时，齐庄公贪恋大夫崔杼之妻棠姜的美色，偷偷地与其私通，后来崔杼发觉了，就一直心怀怨恨。前 548 年，崔杼设计杀了庄公，立庄公的异母弟杵臼为君，是为景公。崔杼也自封

（成国栋作）

为相国，飞扬跋扈、专断朝政。但他对弑君之罪十分惶恐，特别是担心被史官记录在史册上，留下千古骂名。于是他下令将专管记载史事的太史伯找来，说道："昏君已死，你就写他是患病而亡。如果你按我说的意思写，我一定厚待于你，如若不然，可别怪我不客气！"说罢，崔杼拔剑在手，杀气逼人。齐太史伯抬头看了看崔杼，不慌不忙地拿起竹简，提笔而书。书罢，他将竹简递给崔杼。崔杼接过竹简一看，上面赫然写着"夏五月，崔杼谋杀国君光"。崔杼大怒，挥剑杀了太史伯。按当时的惯例，史官是世袭的。于是，崔杼又召来太史的二弟太史仲，说道："你哥哥竟然不听我的命令，我已处决了他，今后由你来接任太史伯之职。你就写庄公是病死的，不然，那就是你的下场。"他指着太史的尸体，恶狠狠地说。他满心以为太史仲会慑于他的淫威而从命的。可是只见太史仲冷静地摊开竹简，提笔写道："夏五月，崔杼谋杀国君光。"崔杼怒不可遏，又拔剑杀了太史仲。接着崔杼又将太史的三弟太史叔召来，凶狠地说："你的两个哥哥都已经死了，难道你也不爱惜自己的生命吗？如果改变写法，还能有一条活路。"但太史叔平静地回答："按照事实秉笔直书，是史家的天职。与其失职，还不如去死。"结果还是在竹简上照直而书。崔杼被气得七窍生烟，咬牙切齿，把太史的三弟碎尸万段，令四弟太史季补缺。太史季非常淡定地把竹简摊

开来递给崔杼，崔杼一看，依旧是那几个字，叹息一声，让太史季退下。齐国的另一个史官南史氏听说太史兄弟皆被杀害，抱着竹简急匆匆赶来，要前赴后继，接替太史兄弟将崔杼的罪状记载史册，见太史季已经据实记载，才返回去。于是史书上便留下了这样的话："周灵王二十四年，齐庄公六年，春三月乙亥，崔杼弑齐庄公光于其府。"终于将崔杼的恶行真实地记录下来，为后世留下了确凿可信的历史资料。而齐太史兄弟不畏强暴，前仆后继，秉笔直书的义举也永载史册，为历代所传诵。南宋著名爱国诗人文天祥《正气歌》中有"时穷节乃见，一一垂丹青。在齐太史简，在晋董狐笔"。其中的"在齐太史简"即出自秉笔直书这个成语故事。

【今读新得】读罢该成语故事，不禁为齐太史群体敢于坚持正气、冒死直笔的浩然正气所感动。为了维护记录历史的直书实录传统，为了对历史和后代负责，齐太史们前赴后继，不畏强暴，大义凛然，不惜以身殉义，视死如归，成为史上秉笔直书的著名范例。齐太史们宁死也要真实记录历史，维护历史真相的壮举，体现了古代优秀史官们对职业操守和职业道德的不懈追求。齐太史秉笔直书的故事可歌可泣，不仅彪炳史册，更给后人以巨大的鼓舞和启发。它永远鼓励着人们实事求是，勇敢地去追求、坚持真理。太史伯、仲、叔和季勇于牺牲自己的性命，并非因为他们觉得自己的性命轻如鸿毛，而是在他们的心目中，还有比生命更重要的东西，那就是恪尽职守。因而我们可以说，秉笔直书的成语故事彰显了齐文化的厚德精神，给我们的启迪也带有普适性。职业道德是人们在一定的职业活动中所应遵循的，具有自身职业特征的道德准则。各行各业都有自己的职业道德规范。每个从业者，不论是从事何种职业，在职业活动中都要遵守职业道德。可以说职业道德修养是从业者的立身之本、成功之源，更关系到所从事行业的形象和利益。因此，遵循职业道德，既是对从业者在职业活动中的行为要求，又是对社会所承担的道德、责任和义务。大学作为学子们踏入社会前的最后一个阶段，承担了促进和帮助学子们打好扎实职业素养基础的重任。对于青年学子而言，具备良好的职业素养，就具备了入职的敲门砖。学子们的就业能力和发展潜力在很大程度上取决于其职业素养的高低。古人云："玉不琢，不成器。"青年学子应学习和发扬齐太史们不畏强权、秉笔直书的职业精神，将思想品德修养特别是职业道德修养当作一项艰巨、长期的任务，从点滴做起，从我做起，自觉锤炼自己。此外，对待工作对待生活，都要心存敬畏，持认真负责的态度，实事求是，不媚俗、不畏强权，勇于担当，敢于坚持真理。愿青年学子们一生拥有浩然正气，且浩浩荡荡！

6. 三月不知肉味

【出处】《论语·述而》（又见《史记·孔子世家》）

【原典】"子在齐闻《韶》，三月不知肉味。曰：'不图为乐之至于斯也。'"

【译文】"孔子在齐国，欣赏《韶》乐三个月，（听乐时很专注）几乎不知道肉的滋味。他说：'没想到好的乐曲居然这样迷人。'"

【释义】比喻集中注意力于某一事物而忘记了其他事情。也借用来形容几个月不吃肉。

【拓展链接】

1. 典故拓展

孔子是一个大音乐家，不仅能一般地教授《乐》，还精通乐理，深谙音律。鲁昭公二十五年（前517年），孔子来到齐国，做了上卿高昭子的家臣，想借高昭子的关系接近齐景公。他与齐国的乐官谈论音乐，耳闻目睹了《韶》乐的演奏盛况，不禁心醉神迷，常常忘形地手舞足蹈。之后一连三个月，孔子在睡梦中也反复吟唱；吃饭时也在揣摩《韶》乐的音韵，以至于连他一贯喜欢的红烧肉的味道也品尝不出来了。他还说："想不到音乐的美竟然能达到这么高的境界！"这便是成语"三月不知肉味"的由来。后来孔子每谈及《韶》乐，便情不由衷地赞曰："《韶》尽美矣，又尽善也。"由此又衍生出了成语"尽善尽美"，意指极其完善，极其美好，完美到没有一点缺点。孔子闻《韶》处位于今山东省淄博市临淄区齐都镇韶院村北，为一处规模不大的淡灰色仿古建筑。门内北墙正中镶嵌着一方石碑，碑上隶书大字题曰"孔子闻韶处"。

2. 知识拓展——《韶》乐

韶乐，史称舜乐，是中国传统宫廷音乐。起源于五

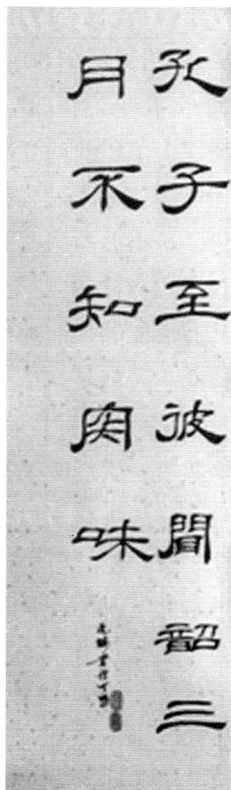

（吴晓谕作）

千多年前，为上古舜帝之乐，是一种集诗、乐、舞为一体的综合古典艺术。据史料记载，舜作《韶》主要是用以歌颂示范为帝的德行。此后，夏、商、周三代帝王均把《韶》作为国家大典用乐。周武王定天下，封赏功臣，姜太公以首功封营丘建齐国，《韶》传入齐。《韶》入齐后，在齐国改革、开放、"因俗简礼"的基本国策影响下，适应当地民情民风习惯；吸收当地艺术营养，从内容到表演形式都有所丰富、演变，从而更增强了艺术表现力，更贴近了东夷传统乐舞，展现了新的风貌。故而孔子入齐，在高昭子家中观赏齐《韶》后，由衷赞叹道："不图为乐之至于斯！"而且"学之，三月不知肉味。"（《史记·孔子世家》）留下了一世佳话。

3. 典故链接——孔子学琴

《史记·孔子世家》还记载了一段孔子学弹琴的生动故事。孔子年轻时曾经师鲁国著名乐官师襄子学琴，一连学了十天，也没增学新曲子。师襄子说："可以学些新曲了。"孔子说："我已经熟习乐曲了，但还没有熟练地掌握弹琴的技法。"过了些时候，师襄子又说："你已熟习弹琴的技法了，可以学些新曲子了。"孔子说："我还没有领会乐曲的意蕴。"又过了一段时间，师襄子说：你已经领会了乐曲的意蕴，可以学些新曲了。"孔子说："我还没有体会出作曲者是怎样的一个人。"又过了些时候，孔子肃穆沉静，深思着什么，接着又心旷神怡，显出志向远大的样子，说："我体会出作曲者是个什么样的人了，他的肤色黝黑，身材高大，目光明亮而深邃，好像一个统治四方侯的王者，除了周文王又有谁能够如此呢！"师襄子恭敬地离开位置给孔子拜了两拜，说："老琴师传授此曲时就是这样说的，这支曲子叫做《文王操》啊！"

【今读新得】孔子闻《韶》，三月不知肉味，这个故事可谓家喻户晓。读罢该故事，我们既感佩于孔子非常高的音乐造诣，也为齐《韶》乐的艺术魅力所自豪，更为孔子对音乐痴迷的态度以及刻苦钻研、忘我投入的精神所折服。而孔子学琴的故事更让我们坚信：成功离不开全身心投入、长期的坚持。孔子无论是闻《韶》，还是学琴，他身上都散发出一种迷人的力量——专注力。专注力，即注意力，指一个人专心于某一事物或活动时的心理状态。孔子艺术造诣的练成不可否认地受到了其天然禀赋的影响，但更与其在学习、欣赏音乐过程中所体现出来的心无旁骛的投入、锲而不舍的求学、废寝忘食的领悟有密切关系，而这些无不是专注力的绝好体现。也就是说，孔子学琴时心意专一，精益求精，进而豁然贯通，心有所得，以致于音乐学习与鉴赏，最终练就了一个大音乐家。以上典故揭示了这样的道理：除了专注，成功没有别的秘诀。无论做什么事情，只有全身心投入地去做，才能超越常人，能别人之不能。孔子无疑是对这一道理的最好诠释。青年学子们，当你在抱怨命运不公、时运不济时，请扪心自问一下：你有没有付出像孔子一样的专注与努力？你有没有达到如孔子一样的三月不知肉味的境界？《周易》曰："天行健，君子以自强不息。"愿你们以青春作为亮色，以专注作为底色，使出你的洪荒之力，去铺就属于自己的辉煌之路。

7. 余音绕梁

【出处】《列子·汤问》

【原典】"既去而余音绕梁，三日不绝，左右以其人弗去。"

【译文】"（她）走了以后，那美妙的歌声依旧在屋梁间缭绕飘荡，一连三天，都不停止，大家都还以为她还在这里呢。"

【释义】余音：在音乐演奏之后耳边好像还有声音。梁：屋梁。形容歌声优美，令人难忘。

【拓展链接】战国时期，有一位善歌的女子，名叫韩娥，是韩国人。一次她经过齐国，因路费用尽，便在齐国都城临淄的雍门卖唱，以换取食物。韩娥声音清脆嘹亮，婉转悠扬，十分动人。这次演唱，轰动全城。唱完以后，听众还聚在雍门，徘徊留恋，不肯散去。韩娥投宿一家旅店，因为贫困，她遭到了旅店主人的侮辱，韩娥伤心透了，"曼声哀哭"而去。哭声悲伤凄楚，附近居民，都被感动得流下泪来。由于韩娥的歌声，婉转动听，唱完以后两三天，似乎还有遗留的歌声，在屋梁间缭绕飘荡，一连三天，大家都难过得吃不下饭。当人们听说韩娥已经出城离去时，立刻派人去追，对其苦苦挽留。韩娥不便违拗百姓的要求，便回来为大家继续演唱了一次。众人闻之，气氛顿时欢悦起来，此前的悲愁情绪一扫而空。其歌声之动人，乃至于此。《列子·汤问》在描写这一情节时说："余音绕梁，三日不绝。"后来人们便用"绕梁三日"来称赞歌声或音乐的美妙。

【今读新得】

该成语故事既让我们看到齐人对音乐的痴迷，更让我们感受到韩娥的音乐造诣。音乐可以让人欢喜让人忧，可以让人手舞足蹈，也可以让人涕泪悲戚。足见韩娥歌声之美妙以及音乐的感染力之大。但是，换个角度思考，尽管对于韩娥的详细情况史料没有更多记载。但是有一点可以确定的是：韩娥甜美的嗓音固然有天赋的成分，但是若仅有天赋而没有后天的努力，没有平日刻苦的练习，最后也难以产生余音绕梁的魅力。唐代诗人贾岛曾说："十年磨一剑，霜刃未曾试。"一个人的成功可能有一定的运气因素，但实力才是最重要的。一个人光鲜亮丽的背后，都有许多我们所不知道的艰辛和努力。那些成功人士无非是睡得比你晚，起得比你早，跑得比你卖力，而且比你更懂得坚持。美国 NBA 球星科比·布莱恩特无疑是 NBA 历史上最伟大的球星之一。记得有一次科比·布莱恩特问记者："你见过洛杉矶凌晨四点的太阳吗?"记者一脸茫然，而科比却说："我每天都见。" 显然他比别人更清楚的是：他是用过人的拼搏和努力取得了成功。在第 88 届奥斯卡颁奖礼上，莱昂纳多拿着"小金人"底气十足地说："I do not take tonight for granted!" （我并不认为今天所获的这个奖是理所当然的!）是的，从 1994 年因《不一样的天空》得到奥斯卡最佳男配角提名开始，十九岁的小李子就与奥斯卡结缘，但一直只是提名，未能获奖。他终于在等待了二十二年以后如愿以偿。小李子成功的背后固然有颜值和天赋的因素，但是他却一直是用出色的作品证明自己的实力。因此，他站在奥斯卡的领奖台上绝非偶然和幸运，而是他这二十多年所有努力的一次大爆发。两位明星的人生轨迹再次说明，成功绝不是一蹴而就的事，没有人会随随便便成功。每个人的青春都是限量版，青春，不是用来挥霍的，而是用来珍惜的，是用来实现梦想的。青年学子们，不要在应该奋斗的年纪选择安逸。趁阳光正好，趁你们尚年轻，踏上逐梦的征途吧。此时《真心英雄》的歌声又在耳畔响起："祝福你的人生从此与众不同，把握生命里的每一分钟，全力以赴我们心中的梦，不经历风雨怎么见彩虹，没有人能随随便便成功……"让我们一起且歌且行吧！

8. 滥竽充数

【出处】《韩非子·内储说上》

【原典】"齐宣王使人吹竽，必三百人。南郭处士请为王吹竽，宣王说之。廪食以数百人竽。宣王死，闵王立，好一一听之。处士逃。"

【译文】"齐宣王派人吹竽，一定要三百人一起吹。南郭处士请求给齐宣王吹竽，齐宣王很高兴。官府给他的待遇和那几百人一样。齐宣王死后，他的儿子齐闵王继承了王位。齐闵王喜欢听一个一个地独奏，南郭处士就逃跑了。"

【释义】滥：失实，不真实。竽：古代的一种乐器。比喻没有真实本领的人，混在行家队伍里充数。也比喻以次充好。有时候也用来表示自谦，说自己水平不够，只是凑个数而已。

【拓展链接】战国时期，齐宣王酷爱音乐，尤其迷恋竽（yú，古簧管乐器）声，手下有近三百个善于吹竽的乐师。宣王喜欢热闹，爱摆排场，总想在人前显示做国君的威严，他每次听吹竽时，总是让这三百个人在一起合奏。有个叫南郭先生的处士听说宣王有这个癖好，觉得有机可乘，他本来不会吹竽，却跑到宣王那里，吹嘘说："大王啊，我是个有名的乐师，听过我吹竽的人没有不被感动的，就是鸟兽听了也会翩翩起舞，花草听了也会合着节拍跳动，我愿把我的绝技献给大王。"宣王听后很高兴，也没有对他进行考察，就很爽快地把他也招入吹竽队伍中。自此以后，南郭先生就随那三百人一块儿合奏给宣王听，和大家一样享受优厚待遇，心里非常得意。每逢演奏的时候，南郭先生总是捧着竽混在队伍中，脸上装出一副动情忘我的样子，看上去和别人一样吹奏得挺投入，还真瞧不出什么破绽来。南郭先生就这样靠着蒙骗混过了一天又一天。可是好景不长，过了几年，宣王死了，他的儿子齐闵王继承了王位。虽然闵王也爱听吹竽，但是和其父不一样的是，他更喜欢听独奏。于是闵王发布了一道命令，要这三百个人好好练习，做好准备，一个个轮流吹竽给他欣赏。乐师们知道命令后都积极练习，想一展身手。只有那个南郭先生急得像热锅上的蚂蚁，惶惶不可终日。他想来想去，觉得这次再也混不过去了，只好连夜收拾行李，溜之大吉。以上便是成语"滥竽充数"的故事梗概。

【今读新得】该成语引人入胜，使人触感而发。它讽刺了那些无德无才而又喜欢浑水摸鱼的骗子，也告诉了我们具有真才实学的重要性。常言道：骗得了一时，骗不了一世。滥竽充数伎俩害人害己，终将败露，只有练就一身真本领、硬功夫，才能从容应对一切困难、挫折和考验。该故事虽已成为历史的尘埃，但在现实工作和生活中，我们还可以或多或少地发现它的影子。对于青年学子而言，该成语给我们敲响了警钟：滥竽充数之人，终究逃不过实践的检验而被戳穿，被淘汰，遭唾弃。因此，无论是在求学期间，还是进入职场、步入社会以后，无论什么时间、什么地点，都绝不做不学无术、滥竽充数的南郭先生，要做一个有真才实学的人。为此，就应不断加强学习，脚踏实地把每一小步走好，练就一身过硬本领，不断提升和超越自己，做一个名副其实的实力派。同时，还应抛弃狭隘的"人缘"观，摒弃多一事不如少一事的老好人心态，对于身边的滥竽充数现象，多一些敢于伸张正义的勇气，多发挥团队精神，多一些必要的提醒、监督、揭发与帮助。

9. 华而不实

【出处】《晏子春秋·外篇》（又见《左传·文公五年》《韩非子·难言》等）

【原典】"景公谓晏子曰：'东海之中，有水而赤，其中有枣，华而不实，何也。'"

【译文】"齐景公对晏婴说：'东海里边，有古铜色水流，其中有枣树，只开花，不结果，这是为什么？'"

【释义】华，通"花"，开花；实，结果实。只开花不结果。比喻外表漂亮而内容空虚。

【拓展链接】有一天，齐景公对晏婴说："东海里边，有古铜色水流，其中有枣树，只开花，不结果，这是为什么？"晏婴答道："从前，秦穆公乘龙船巡视天下，用黄布包裹着蒸熟的枣。龙舟泛游到东海，秦缪公就扔下裹枣的黄布，使那黄布染红了海水，所以海水呈古铜色。又因枣被蒸过，所以种植后只开花，不结果。"景公不满意地说："我是拿虚假的事情问您，你为什么对我胡诌呢？"晏婴说："我听说，对于假装提问的人，也可以虚假地回答他。"以上便是成语"华而不实"的由来。

【今读新得】该成语故事生动有趣，颇令人玩味。首先，让我们再次领略到了晏婴沟通智慧之高妙。其高妙之处就在于对于景公不真诚的沟通态度，他能够机智地采用以子之矛攻子之盾的方法，使景公很快端正了态度，也维护了自己的尊严。由此告诫我们每个人，特别是青年学子，沟通从心开始，所以对于对方要表示足够的诚意和尊重。沟通是人与人之间传递信息、传播思想、传达情感，达成共识的过程，是人与人之间交往的一座桥梁。只有通过亲和的态度、恳切的语言与对方敞开心扉，坦诚相见，才能赢得对方的信任，令对方打开心扉，从而营造良好沟通气氛，实现沟通目的。其次，该成语比喻外表好看、内容空虚的寓意，也对我们每个人，特别是正处于成长和成才阶段的青年学子具有警示意义。华丽的外表固然能够令人愉悦，也使你光彩夺目，但是就如同再美的花也有花期一样，外表的华丽总是容易消逝，并不恒久，而且如果一个人徒有华丽的外表而没有内涵，没有有趣的灵魂，就会给人"金玉其外，败絮其中"之感。相比而言，内在美才是一种内涵美、气质美和修养美，它不仅不会随着时间的流逝而消逝，还会随着岁月的打磨而愈加光芒四射，魅力无穷。常言道："爱美之心，人皆有之。"但是另一方面，每个人的精力都是有限的，每个人的青春也都具有不可逆性，与其用有限的时间、金钱和精力去追求表面的浮华，不如沉下心来，以艰苦的努力来修炼内含着知识、才华、修养和品德的底气。我很欣赏一句话："美貌只能锦上添花，底气才会光芒万丈。"愿以此与各位学子共勉，更愿每位学子都成为真正内外兼修的人！

10. 一问三不知

【出处】《左传·哀公二十七年》

【原典】"文子曰：'吾乃今知所以亡。君子之谋也，始衷终皆举之，而后入焉。今我三不知而入之，不亦难乎？'"

【译文】"中行文子说：'我到今天才知道自己为什么逃亡在外了。君子谋划一件事，对开始、发展、结果都要考虑到，然后向上报告。现在我对这三方面都不知道，就向上报告，不也是很难了吗？'"

【释义】三不知：对事情的发生、过程与结尾都不知。它的原意是对某一事情的开始、发展、结果都不知道。今指对什么都不知道。比喻对实际情况了解太少。

【拓展链接】

1. 典故拓展

前468年，晋国四卿之一的荀瑶率兵攻打郑国。郑国在春秋初年是个强国，后来日渐衰弱，成为一个弱小的诸侯国。郑国君王抵挡不住晋军的进攻，于是派大夫公子般到齐国去求救。公子般到了齐国后，向齐国国君齐平公陈述了晋国如果吞并郑国，就会威胁到齐国的情况，祈求齐国派兵救援郑国。

　　齐平公觉得公子般说得有理，于是就派大夫陈成子率军前去救援。当陈成子率领军队到达淄水河岸的时候，天下大雨，士卒们不愿意冒雨过河。这时，郑国的向导子思可坏了，他很清楚，如果齐军不抓紧行进的话，郑国的都城可能就会有危险了。于是，他力劝陈成子赶快渡河。陈成子也知道情况紧急，于是下令过河。陈成子披着雨篷，挂着兵戈，焦急地站在山坡上指挥齐军过河。战马见了滔滔河水吓得嘶叫，他使用鞭子狠抽，硬逼它们过河，经过一番努力，齐军安全地渡过了淄水，准备与晋军交战。晋军统帅荀瑶见齐国军队来救郑国，感到很意外，因为他没有想到齐国会出兵和晋国交战。他看到齐军军容严整，心里有点害怕，便对左右的部将说："他们的军队排列得非常整齐，我们恐怕打不过他们。我们还是撤兵吧。"荀瑶一边下令撤军，一边派一位使者去齐军营地拜见陈成子，想让这位使者去离间陈成子和郑国的关系。没想到，陈成子根本就不相信这位使者说的话，把他赶了回去。齐国的使者走后，晋卿荀寅（即中行文子）报告陈成子说："有一个从晋军来的人告诉我说，晋军打算出动一千辆战车来袭击我军的营门，要把齐军全部消灭。"陈成子听了，骂他说："出发前国君命令我说：'不要追赶零星的士卒，不要害怕大批的人马。'晋军即使出动超过一千辆的战车，我也不能避而不战。你方才竟然讲出壮敌人威风、灭自己志气的话，回国以后，我要把你的话报告国君。"中行文子说："我到今天才知道自己为什么逃亡在外了。君子谋划一件事，对开始、发展、结果都要考虑到，然后向上报告。现在我对这三方面都不知道，就向上报告，不也是很难了吗？"几天后晋军撤兵，陈成子也率军回国。以上便是成语一问三不知的由来。

　　2. 人物链接——齐平公其人

　　齐平公，姜姓，吕氏，名骜，齐简公之弟，春秋时期齐国国君，前480年至前456年在位。鲁哀公十四年（前481年）元月，田成子，（又称陈恒、田常等）杀齐国国君齐简公和大夫监止，立简公弟姜骜为齐平公，自立为太宰。从此田氏家族专权于齐国平公、宣公、康公三代。前456年，公平卒，子宣公即位。

　　【今读新得】该成语也是当今使用频率较高的成语，多用来形容对一件事情的开始、经过、结果都不了解。它昭示我们：任何事情的发展都必然经历一个从产生、发展到结束的过程，任何事情也都是相互联系、相互贯通的。我们欲全面、系统地了解该事情，就应该对它的来龙去脉、前因后果都要有所了解，不能只知其一，不知其二，更不能一问三不知。该成语无论对于职业人，还是对于当代青年学子，都具有极强的针对性。第一，它警示我们：要想对某一事物有所了解的话，就应该树立全面、系统、整体的眼光，不能只见树木，不见森林，这既是一种思维方式，也是工作方法。只有这样，才能全面、准确、客观地了解和把握该事物。第二，对事物来龙去脉的清晰把握，靠的是扎扎实实、精益求精的学习、工作态度，由此警示青年学子们，无论是在工作中，还是在学习中，都要树立自觉学习、终身学习、探究式学习的理念，要脚踏实地、兢兢业业，深入钻研，把脚踩在大地上，不能踩在云端中，切忌急功近利，切忌流于表面，切忌浅尝辄止。常言道："机会青睐有准备的人。""事有千件，贵在专一。"只要坚持不懈，用心学习，刻苦钻研，勤于积累，终有一天你也会成长为"始中终皆举之"的行家能手。习近平总书记寄语青年：青年处于人生积累阶段，需要像海绵汲水一样汲取知识。青年时期是学习的黄金期，尤其要勤奋学习。在知识更新日趋加速的今天，要想跟上时代发展的步伐，就必须不断学习。不学习就要落伍，不学习就会被时代淘汰。青年人"应该把学习作为首要任务，作为一种责任、一种精神追求、一种生活方式，树立梦想从学习开始、事业靠本领成就的观念，让勤奋学习成为青春远航的动力，让增长本领成为青春搏击的能量"。愿青年学子以此作为奋斗的座右铭，勇攀人生新高峰！

11. 犬兔俱毙

【出处】《战国策·齐策三》

【原典】"韩子卢逐东国外逡，环山者三，腾山者五，兔极于前，犬废于后，确定兔俱罢，各死其处。"

【译文】（淳于髡对齐宣王说：）"韩卢追捕东郭逡，绕山三圈，翻山五座，这时兔子在前面已跑得精疲力竭，猎犬在后面也追得疲惫不堪，兔子和猎犬都疲困之极，各自都昏死在那里了。"

【释义】韩卢：战国时韩国良犬，色黑。亦作"韩子卢"，或"韩獹"。逡（qūn）：狡兔名。比喻争强斗胜，两败俱伤。也作韩卢逐逡。

【拓展链接】

1. 典故拓展

战国时期，齐国准备攻打魏国。大臣淳于髡认为这样会两败俱伤，十分不利，就对齐宣王进谏说："韩卢是天下跑得最快的猎犬，东郭逡是世上动作最敏捷的兔子。韩卢追捕东郭逡，绕山三圈，翻山五座，这时兔子在前面已跑得精疲力竭，猎犬在后面也追得疲惫不堪，兔子和猎犬都疲困之极，各自都昏死在那里了。一个农夫刚好路过，不费力气，不受劳苦，独得其利。现在齐、魏两国交战，长期相持不下，双方兵力疲困、民众劳累，我担心强大的秦、楚会乘虚而入，也像农夫那样独得其利。"宣王听说后，十分害怕，于是撤回将士，不再进攻魏国。以上便是典故"犬兔俱毙"的由来。

　　2. 成语链接——同舟共济

　　《孙子·九地》中说："夫吴人与越人相恶也，当其同舟共济，遇风，其相救也如左右手。"由此诞生了成语"风雨同舟"。故事梗概大致如下："兵圣"孙武是春秋末期齐国人，前532年，齐国发生内乱，孙武毅然到了南方的吴国，潜心钻研兵法。后经吴国谋臣伍子胥多次推荐，孙武得到吴王阖闾的赏识和重用。在孙武的帮助之下，吴国打败了比它强大的楚国，令诸侯对吴国都刮目相看。有一次，有人问孙武："怎样布阵才能不被敌人击败呢？"孙武说："你如果打蛇的脑袋，它会用尾巴反击你；你去打蛇的尾巴，它又会用头部来袭击你；你如果打蛇的腰部，它就用头尾一齐来攻击你。所以善于布阵的将才，也要将军队摆成蛇一样的阵势，头尾能互相救援，使全军形成一个整体，前、中、后彼此照应，才不会被敌人击溃、打散。"那人这才明白队伍要想取胜，应该摆成蛇字形。但他又产生了疑问，不知道士兵会不会像蛇一样，首尾互相照应呢？孙武说："这是不必担心的。战场是生死之地，战争迫使军队必然齐心协力。比如两个仇人，平日恨不得彼此吃了对方。但是他们同乘上一条船渡海，遇到了狂风恶浪，眼看就有葬身海底的危险，他们也会忘记旧仇，同心协力与风浪搏斗以避免船翻人亡的危险。连仇人在危险之时尚能同舟共济，何况是没有冤仇、兄弟情深的将士呢？所以军队必然会像蛇一样成为一个整体，首尾相顾，彼此救援。"以上便是成语"风雨同舟"的由来。该成语比喻互相支持和帮助，共度患难。与成语"犬兔俱毙"殊途同归，从不同的侧面揭示了团队合作的重要性。

　　【今读新得】该成语故事尽管发生在两千多年以前，但至今依然闪耀着迷人的光芒，其蕴含的道理至今也仍具警示作用。它至少带给我们两点感悟。第一，该成语形象地说明了在各种纷乱复杂的矛盾斗争中，如果对立的双方相持不下，结果往往会两败俱伤，让第三者坐收渔利这一道理，并引申出"犬兔相争，农夫得利"这一成语，其与"鹬蚌相争，渔翁得利"具有异曲同工之妙。也即互不相让，必然两败俱伤。常言道：只有合作，才会双赢，而只有双赢才是真正的赢。由此告诫我们每个人，退一步海阔天空，做事要权衡得失，不要只想着对自己有利的一面，要相互谦让，相互包容，相互合作，否则会导致两败俱伤。"二人同心，其利断金。"在当今日益激烈的社会竞争中，任何工作，靠个人单枪匹马都很难完成，建立一个和谐而又默契的团队，取长补短，互利共赢，已经成为一种共识。这一道理对于青年学子更具现实针对性。对于即将步入职场的学子来说，喜欢我行我素，缺少互帮互助的热情，习惯于自我奋斗，不主动与他人合作，这些现象都或多或少地存在着。因此，树立双赢理念，善于团队合作，就变得尤为迫切且重要。因此，青年学子在努力学习知识、提升专业素养之同时，也要注意培养团队合作精神，提升团队合作素养。第二，掌握劝谏技巧是职场必修课。淳于髡之所以能够成功说服宣王，从而避免了一场战争，与他能言善辩、巧妙劝谏有直接关系。淳于髡以博学多才、善于辩论、直言敢谏著称。据史料记载，他劝谏的艺术高超，形式多样。在该成语故事中，淳于髡就恰当地运用了寓言，以犬兔相争而农夫得利的故事，来说明齐魏相争而秦楚得农夫之功的道理，由于寓言形象生动，使得抽象的道理变得浅显易懂，由此增强了说服力，使宣王能主动改变自己的做法。淳于髡的劝谏艺术对青年学子也颇具现实启迪。一是应根据劝谏对象和目的的不同恰当选择劝谏方法，并把握好劝谏时机。二是故事（包括寓言、典故等）形象易懂，说服力量强，传播面积广，巧妙地将鲜活的故事运用于沟通之中，可收到意想不到的效果。因此，在与同学、老师、领导、同事、客户等进行沟通时，特别是在说服别人时，不妨学学淳于髡以故事喻理的方法，恰当运用寓言故事，以提升沟通效果。

12. 缘木求鱼

【出处】《孟子·梁惠王上》

【原典】"曰：'以若所为，求若所欲，犹缘木而求鱼也。'"

【译文】"（孟子）说：'不过，以您现在的做法来实现您现在的愿望，就好像爬到树上去捉鱼一样。'"

【释义】缘：顺着，沿着。爬到树上去捉鱼。比喻方向或办法不对头，达不到预期的效果和目的。

【拓展链接】

战国时候，齐国国君齐宣王想称霸天下，孟子劝他放弃武力，采用仁慈的政治措施。《孟子·梁惠王上》记载了孟子与齐宣王之间的这段对话。孟子问宣王："大王的最大愿望是什么呢？可以讲给我听听吗？"宣王笑了笑，

（成国栋作）

却不说话。孟子便说："是为了肥美的食物不够吃吗？是为了轻暖的衣服不够穿吗？还是为了艳丽的色彩不够看呢？是为了美妙的音乐不够听吗？还是为了身边伺候的人不够使唤呢？这些，您手下的大臣都能够尽量给您提供，难道您还真是为了这些吗？"宣王说："不，我不是为了这些。"孟子说："那么，您的最大愿望便可以知道了，您是想要扩张国土，使秦、楚这些大国都来朝贡您，自己君临中国，安抚四方落后的民族。不过，以您现在的做法来实现您现在的愿望，就好像爬到树上去捉鱼一样。"宣王说："竟然有这样严重吗？"孟子说："恐怕比这还要严重哩。爬上树去捉鱼，虽然捉不到鱼，却也没有什么后患。以您现在的做法来实现您现在的愿望，费尽心力去干，一定会有灾祸在后头。"宣王说："可以把道理说给我听听吗？"孟子说："假定邹国（即当时的邾国，国土很少，在今山东省邹城市东南）和楚国打仗，大王认为哪一国会打胜呢？"宣王说："当然是楚国胜。"孟子说："显然，小国的确不可以与大国为敌，人口很少的国家的确不可以与人口众多的国家为敌，弱国的确不可以与强国为敌。中国的土地，方圆千里的共有九块，齐国不过占有其中一块罢了。想用这一块去征服其他八块，这跟邹国和楚国打仗有什么区别呢？大王为什么不好好想一想，从根本上着手呢？现在大王如果能施行仁政，使天下做官的人都想到您的朝廷上来做官，天下的农民都想到您的国家来种地，天下做生意的人都想到您的国家来做生意，天下旅行的人都想到您的国家来旅行，天下痛恨本国国君的人都想到您这儿来控诉。若果真做到了这些，还有谁能够与您为敌呢？"这便是成语"缘木求鱼"的由来。

【今读新得】通过该成语，我们再次领略了作为"亚圣"的孟子睿智、仁爱的鲜活形象，看到了孟子为了宣传自己的王道、施仁政主张而做的孜孜不倦的努力，以及敢于面刺齐王的勇气，同时也更敬佩其精彩的劝谏艺术。在该成语中，孟子劝谏齐宣王时精彩地运用了譬喻。所谓譬喻，就是把所要表达的复杂思想和逻辑，精练地表现为人们最容易感受的直觉对象。在该成语中，孟子用"殆有甚焉，缘木求鱼，虽不得鱼，无后灾。以若所为，求若所欲，尽心力而为之，后必有灾"来说明宣王开疆拓土的严重后果，比喻虽简单，但把所要论辩的得民失民归于仁的道理阐述得清晰明了，从而使论辩更加生动，也更具说服力。现代社会，大到国与国之间的内政外交，小到邻里之间的纠纷，劝说都是普遍采用的社交手段。劝说看似容易，但要成功地用语言打动并说服别人，赢得赞同，却需要技巧。可见，劝说是一门艺术。它不仅需要勇气，更考验、技巧和方法。该成语所呈现的孟子的论辩艺术，虽历经千年，至今仍具借鉴意义。作为当代青年学子，无论是与亲人的沟通，还是与同学、朋友之间的交往，抑或是步入职场后与领导、同事的交流，劝说都是生活、学习、工作中不可或缺的。因此，孟子的论辩艺术或许值得借鉴。同时，该成语的寓意也值得每位青年学子思考。爬到树上去捉鱼，结果必定是劳而无所得。究其原因，是方向错了。所以，该成语多用来比喻方向、方法错误，或违反客观规律，就不可能达到目的。由此可以说，亚圣在两千多年前就通过这个比喻来告诫我们，选择方向比努力更重要。做事首先要选对方向，选对方法，才有可能成功；方向错了，努力也是白费劲，有时甚至会适得其反。"路漫漫其修远兮，吾将上下而求索。"青年学子们，我们每个人的一生，都不可能一帆风顺，而是充满了荆棘与坎坷。如果及早明确目标，坚定方向，并及时根据环境的变化进行调整与修正，我们就会少走弯路，化险为夷，一路向前，而我们的人生也定会精彩纷呈！

13. 以羊易牛

【出处】《孟子·梁惠王上》

【原典】"曰：'何可废也，以羊易之。'"

【译文】"大王说：'怎么可以不要呢？用羊替代它！'"

【释义】易：更换。用羊来替换牛。比喻用这个代替另一个。

【拓展链接】

战国时期，"亚圣"孟子曾分别在齐威王、齐宣王时两次来到齐国，先后停留达八年之久。有一次，他见到了齐宣王。宣王问孟子说："齐桓公、晋文公称霸诸侯的事迹你听说过吗？"孟子回答道："孔子的门徒没有谈论齐桓公、晋文公事情的，因此后世没有传下来，我也就没有听说过。一定要我讲的话，那就谈谈用仁德统一天下的道理好吗？"宣王问："仁德怎样就可以统一天下呢？"孟子回答道："爱抚百姓而统一天下，就没有谁能阻挡得住他。"宣王问："像我这样的国君可以做到爱抚百姓吗？"孟子说："可以。"宣王问："从哪里知道我可以呢？"孟子说："我在胡龁（齐宣王的近臣）那里听讲过这样一件事：有一次大王坐在堂上，有个人牵着牛从堂下经过，大王见了，问：'把牛牵到哪里去？'那人回答说：'要用它祭钟。'大王说：'放了它！我不忍心看它惊惧哆嗦的样子，像这么毫无罪过就被拉去杀掉。'那人问：'那么就不要祭钟了吗？'大王说：'怎么可以不要呢？用羊替代它！'不知是否有这件事？"宣王说："有这回事。"孟子说："凭这样的心肠就足以统一天下啦！（用羊代牛祭钟）百姓都以为大王是出于吝啬，我本来就知道大王是不忍心啊。"宣王说："是这样，确实有这样议论的百姓。齐国虽然狭小，但我怎么会吝惜一头牛呢？就是因为不忍心看到它惊惧哆嗦的样子，毫无罪过就被拉去杀掉，所以才用羊去替代它的。"孟子说："大王不要责怪百姓以为您吝啬。用小羊换下大牛，他们哪能理解您的做法？因为大王如果可怜牲畜无辜被杀，那么牛和羊有什么区别呢？"宣王笑着说："这到底是一种什么样的心理呢？我并非吝惜钱财而以羊换牛啊。也难怪百姓要说我吝啬了。"孟子说："没什么关系，这正是仁德的表现方式呢，因为当时您只看到了牛而没有看到羊啊。君子对于禽兽，看到它们活蹦乱跳的，就不忍心看见它们死去；听到它们哀叫悲鸣，就不忍心再吃它们的肉。正因为这样，君子要把厨房安在离自己较远的地方。"这便是成语"以羊易牛"的由来。

【今读新得】 该成语故事让我们再次领略了孟子为推行仁政所做的不懈努力，也让我们再次见识了孟子不俗的论辩艺术。孟子不愧是战国时代首屈一指、技压群雄的论辩大师。孟子的论辩具有逻辑性强，方法灵活多样等特点。在该成语故事中，孟子使用了迂回曲折的论辩方法，运用简单的比喻进行论辩，收到了奇效。在整个论辩过程中，他善于抓住对方的心理因势利导，始终掌握了对话的主动权，或旁敲侧击，或欲擒故纵，或咄咄逼人，其论辩技巧之高超，令人叹为观止。因此，该成语故事虽历经千年，仍具有其独特价值，特别是该成语故事中呈现出的抓住对方心理，因势利导，善于运用情节完整的寓言故事来说理等论辩技巧，更是值得现代人，尤其是青年学子们认真品味、学习和借鉴。同时该成语故事也告诉我们：无论是杀牛，还是宰羊，都是屠杀生命。对牛的怜悯与对羊的残忍在本质上是一样的，都不能算是仁慈。也就是说，齐宣王的以羊替牛只不过是骗人的把戏，其虚伪可见一斑。由此昭示我们：一方面，任何生命都是生而平等的，人类对他们应怀有一颗博大的仁爱之心，珍爱之；另一方面，我们解决问题不能只做表面功夫，要直抵其本质，应该废除这种祭祀制度，这才是解决问题的根本途径。

14. 意气扬扬

【出处】《史记·管晏列传》（又见《晏子春秋·内篇杂上》《列女传·贤明传》）

【原典】"其夫为相御，拥大盖，策驷马，意气扬扬，甚自得也。"

【译文】"她的丈夫为宰相驾车，坐在大车盖下面，鞭打着四匹马，意气昂扬，特别得意。"

【释义】意气：情态，气概。扬扬：振奋、得意的样子。指神气十足，非常得意。也指精神振奋，气宇轩昂。也作意气洋洋。

【拓展链接】

春秋时期，齐国名相晏婴躯体不甚高大，据说不满六尺（相当于现在的四尺三寸），但他很有才干，政绩卓著，名闻诸侯。就连专门为他驾车的车夫，也倍感荣耀。有一天晏婴出门，坐着车子，由他的车夫驾车。当车夫驾着车子经过自己家的门口时，他的妻子从门缝里偷看，只见她的丈夫为宰相驾车，坐在大车盖下面，鞭打着四匹马，意气昂扬，神气十足，露出一副惹路人羡慕的神态。车夫回家以后，他的妻子就要求离去，车夫问他为什么。妻子说："晏相国身长不满六尺，却做了齐国的宰相，名声显扬于诸侯。今天我看他出来，意志深远，常常流露出甘居人下的情态。现在你身长八尺，却不过是车夫而已，但看你却是那样的意气洋洋，不可一世，我怎么能跟你继续过下去啊！"妻子的一番话让车夫羞愧难当。从此以后，车夫就变得行为检点，谨慎谦虚起来。车夫的转变让晏婴很纳闷，就去问他，车夫如实作了回答。晏婴赞赏车夫知错能改。

后来，晏婴还把他推荐给齐景公，被封为大夫。这便是成语"意气扬扬"的由来。

【今读新得】该成语故事涉及三个人物：相国晏婴、车夫、车夫之妻。这三个人都给我们释放了极大的正能量。首先，我们看到了身居高位的晏婴低调、内敛、谦和的可贵品质，以及能够知人善任的官德。其次，尽管车夫曾经意气扬扬，甚至得意忘形，但是当其妻指出他的不足以后，他能够知错就改，并奋发向上，处处以晏婴为榜样，严格要求自己，终于成为能堪当大任之才。这充分展现了车夫闻过则改、不断进取的优秀品质。再次，该成语也衍生出了典故"内助之贤"，从而也让我们再次领悟了"一个成功的男人的背后总是站着一个伟大的女人"的道理。车夫的转变、进步固然有其自身的努力，但也与其妻对他的提醒和帮助有直接关系。今人一般将妻子能够帮助丈夫，使丈夫的事业、学业、品格方面都有进展，增加丈夫在社会上的地位，而称内助之贤。尽管随着社会的变迁，内助之贤的内涵亦日益丰富，但是妻子对丈夫在生活、事业等方面的帮助、支持作用，以及在家庭和整个社会中的作用，从古至今都是不容置疑的。概而言之，该成语故事智慧满满，发人深思。当代青年学子也应结合自身实际，积极从该成语中汲取更多的工作和生活智慧。一是要常思不足而进取，不要安于现状，得过且过。车夫的进步原因之一在于知错能改。其实大凡成功者也都能常思自身不足。曾子说："吾日三省吾身"。"省"的目的就在于认识到自己的长与短、优点与缺点，查找自己存在的不足，分析根源，进而找到解决问题的途径，弥补不足，改正缺点不断提升。人存在不足并不可怕，只要我们勇敢地去正视它，努力地弥补它，认真地改正它，这就是一种进取。只有这样，我们也才能不断成长，不断提升和超越自己。第二，要学会低调内敛，不要太张扬。晏婴纵然身居相位，却不露喜色，始终保持低调内敛谦逊的儒者风范，所以他能够历事灵公、庄公、景公三朝，参政达五十七年，任景公相国四十年，可以说是政坛的一棵常青树，这与他低调内敛的品质不无关系。而车夫之所以取得令晏婴刮目相看的进步，也与他一改意气扬扬的态势，变得低调内敛，具有密切关系。由此可见，低调内敛是一种修养，更是成就大事的一种方式。低调的人总是心态平和踏实，锋芒内敛，虚心和善，他们喜欢藏锋守拙，待机而发，如此就能够静下心来储备能力，积蓄力量，处乱不惊，稳步铺就通往梦想的阶梯。

15. 言多必失

【出处】《鬼谷子·中经》

【原文】"却语者，察伺短也。故言多必有数短之外，议其短，验之。"

【译文】"却语的方法是说，要在暗中观察他人的短处。因为人言多时，必有失误之处。要议论他的失误处，并加以验证。"

【释义】意指话说多了一定有失误。

【拓展链接】

鬼谷子（前 400 年—前 320 年），姓王，名诩，又名王禅、王利，号玄微子。一说春秋战国时期卫国朝歌（今河南省鹤壁市淇县）人；一说是战国时期魏国邺（今河北省邯郸市临漳县）人。根据最新考证，鬼谷子系楚国人，生于楚国苦县人（今河南省郸城）。鬼谷子是诸子百家之一、道家代表人物、纵横家的鼻祖，鬼谷子常入山采药修道，因隐居鬼谷，故自称鬼谷先生。"王禅老祖"是后人对鬼谷子的称呼，为老学五派之一。两千多年来，兵法家尊他为兵圣，纵横家尊他为始祖，算命占卜的尊他为祖师爷。在文化史上，他是老子徒弟尹喜的徒弟，是与孙子、孔子、孟子、庄子、荀子、墨子、韩非子等先哲齐名的学术大家。同时，鬼谷子也是一位卓有成就的教育家，传说苏秦、张仪、孙膑、庞涓等战国时期的风云人物皆为其门下弟子。他被认为是中国历史上极富神秘色彩的传奇人物，他在智谋方面的才能非同一般，但也被称为是"最被低估的圣人"。

鬼谷子著有《鬼谷子》一书。该书作为纵横家的代表作，为后世了解、研究纵横家的思想提供了重要参考。该书也一直为中国古代军事家、政治家、外交家所研究，现又成为当代商家的必备之书。它所揭示的智谋权术的各类表现形式，被广泛运用于内政、外交、战争、经贸及公关等领域，其思想深受世人尊敬，享誉海内外。《鬼谷子》一书，历来被人们称为"智慧禁果，旷世奇书"，它在中国传统文化中颇具特色，是乱世之学说、乱世之哲学。《鬼谷子》这部两千多年前的谋略学巨著，是中国传统文化中的奇葩。

【今读新得】鬼谷子的"言多必有数短之处"充溢着丰富智慧，历经两千余年，仍魅力不减。发展到今天，言多必失不仅成为人际沟通理念，还成为一条重要的处世箴言。在现实生活中，我们常常发现：多言的人通常无法管控自己的嘴巴，将自己知道的或想要说的事情都说出来，结果，言者无心，听者有意，不仅会伤害别人，破坏和谐的人际关系，还可能闯下大祸。古人云："一言兴邦，一言丧邦。"此乃参透人生惊涛骇浪之后的阅历之谈。可见，语言表达不仅是人际沟通的手段，还是一门艺术，更是关系一生的大事。在现代社会，由于经济的迅猛发展，人与人之间的交往日益频繁，语言表达能力的重要性也凸显，语言表达能力甚至成为现代人的必备素质之一。语言表达技巧攸关事业的成败、人生的幸福。因此，青年学子即将踏入社会，要获得求职和事业的成功、生活的幸福，应牢记言多必失的古训，把好好说话当作一辈子的大事。为此，在学习专业知识、提升专业技能的同时，也不能忽视沟通能力特别是语言表达能力的培养。具体而言，第一，要谨慎表达，培养口德。《增广贤文》云："良言一句三冬暖，恶语伤人六月寒。"意即善意的话语让人听了，即使在寒冷的冬天都会心生暖意；而怀有恶意的话语让人听了，即使在酷热的夏天都会心生寒意。它告诉我们：凡话三思而后说，说话要谨慎，要懂得说话的分寸，应当说的说，不应当说的不说，不能信口开河，口无遮拦。要多观察，多思考，少说话最佳；还要注意说话的方式、时机和场合。同时，还要学会用"爱语"结善缘，多修口德，善修口德！修口德实际上就是要处处与人为善，人前背后多说些赞美、鼓励、支持的话。说话不一定能够做到口吐莲花，但至少不要口不择言，语出伤人。从现在起，我们不妨开始在日常生活中修炼口德，学着多去欣赏别人，赞美别人！第二，要善于倾听。西方有句名言："上帝分配给人两只耳朵，而只给我们一张嘴巴。"这说明了倾听的重要性。在现代社会，倾听甚至成为首要的沟通技巧，善于倾听比善于表达更为重要。在与别人交流时，善于倾听别人说话，你就能够准确地理解和领会别人想要表达的思想，以及说话的目的，这样你就能够准确地表达自己的思想、观点和情感，能够很好地与人交流和沟通，赢得尊重，从而达到事半功倍的效果。当我们在倾听彼此的心灵之声时，也就拉近了彼此之间的距离，使人际关系更加和谐顺畅。善于倾听是一种气度、一种修养，更是一种智慧，还是一门艺术，是一项需要终生练习的本领。

16. 轮扁斫轮

【出处】《庄子·天道》

【原典】"桓公读书于堂上，轮扁斫轮于堂下。"

【译文】"齐桓公在堂上读书，轮扁在堂下砍削（木材）制作车轮。"

【释义】轮扁：春秋时期齐国有名的造车工人；斫（zhuó）轮：用刀斧砍木制造车轮。意指精湛的技艺。

【拓展链接】轮扁是春秋时期齐国有名的木工，齐桓公召其入宫打造物件。《庄子·天道》篇记载了他与齐桓公谈论读书问题的故事。故事梗概如下：有一天，入夜时分，齐桓公在堂上读书，轮扁在堂下砍削（木材）制作车轮。（轮扁）放下椎凿的工具走上堂来，问桓公说："请问，您所读的是什么书呀？"桓公说："是（记载）圣人之言（的书）。"轮扁又问："圣人还在吗？"桓公说："已经死去了。"轮扁说："那么您所读的书不过是圣人留下的糟粕罢了。"桓公说："我读书，做轮子的匠人怎么能随便议论？说出道理就可以放过你，说不出道理就要处死！"轮扁说："我是凭着我做的事情看出来的。砍削（木材）制作轮子，轮孔宽舒则滑脱不坚固；轮孔紧缩则轮辐滞涩难入。只有不宽舒不紧缩，才能手心相应，制作出质量最好的车轮。这里面有规律，但我只可意会，不可言传。我不能明白地告诉我的儿子，我儿子也不能从我这里得到（做轮子的经验和方法），所以我已七十岁了，还在（独自）做车轮。古代人和他们所不能言传的东西都（一起）死了，那么您读的书不过就是古人留下的糟粕罢了！"桓公听轮扁侃侃而谈，讲得似乎也很有道理，不仅没有治他的罪，反而对他产生了敬意。以上便是典故轮扁斫轮的由来。

【今读新得】该典故看似简单却蕴含着深刻道理，读来发人深思，耐人寻味。它通过木匠轮扁和一代霸主齐桓公的对话，揭示了这样一个道理：即事物的真正精髓难以依靠古代圣贤所流传的文字和人们常用的表面语言来表达，只有通过自己的实践操作才能领悟到。这也体现了老子所说的"道可道，非常道"，意即口述的道理不是永恒的真理。该典故在经过两千多年历史长河的洗涤之后，依然带给我们现代人尤其是青年学子不少思考与启迪。第一，要勇于实践，坚持知行合一。由于知识是人们从实践中总结出来的，要让它活起来，就应让它再回到实践中。对于我们当代人，我们无论做什么事，都要重视理论和实践相结合，而不能食古不化，生搬硬套。对于青年学子来说，在努力增加自己的知识储备的同时，更要勤于探索，敢于实践，从实践中去领悟知识，验证知识，并在实践中不断开阔视野，磨炼意志，砥砺品格，锻炼能力，增长才干，成为知行合一的综合性人才。第二，要学会变通。懂得变通，就是圆融处世，遇事不钻牛角尖。变通是一种勇气，更是一种智慧。古人云：穷则变，变则通，通则达。在现代社会，善于变通更加重要。在学习中学会变通，就会不断改进自己的学习方法、解题思维，不断提高学习效率。在做人做事方面学会变通，不仅能使我们少走弯路，在困境中能寻求最好的解决方法，还会从容应对各种变化，在变化中寻找到机会，求得成功。第三，轮扁敢于斥圣人之言为"古人之糟粕"，其所透射出的敢于质疑的胆量与精神也值得我们学习。宋代学者朱熹说："学贵有疑。小疑则小进，大疑则大进。"大科学家爱因斯坦说："提出问题比解决问题更重要。"都说的是质疑的重要性。在现代社会中，创新是一个民族的灵魂，是一个国家兴旺发达的不竭动力，也是一个现代人应具备的素质。而质疑是创新的起点，因此，培养质疑精神，敢于质疑，善于质疑对于培养创新精神、提高创新能力至关重要。培养质疑精神，就要树立敢为人先的精神，就要不轻信，不盲从，不唯上，不唯书，遇事多动脑筋，勤于思考，善于质疑，敢于向传统挑战、向权威挑战，敢于追求和坚持真理。只有具有这种敢于质疑、大胆创新的勇气以及善于质疑问难的精神，才能不断实现创新、突破和超越，也才能在未来发展中不断开辟新的天地。

05

智慧生活篇

1. 足欲则亡

【出处】《晏子春秋·内篇杂下》

【原典】"晏子对曰：'庆氏之邑足欲，故亡。吾邑不足欲也，益之以邶殿，乃足欲；足欲，亡无日矣。'"

【译文】"晏婴回答说：'庆氏的食邑能够满足他的欲望，所以他逃亡了。我的食邑不能够满足他的欲望，所以增益我邶殿，乃满足我的欲望；欲望满足了，离逃亡也就没有几天了。'"

【释义】太多欲望，太过贪婪，容易让人言行超越底线，走上不归路。应节制，适可而止。

【拓展链接】

1. 典故拓展

齐桓公之子无亏生公孙庆克，其子以父名命氏，称为庆氏。春秋时期，齐有庆封，晋有庆郑，皆齐桓公之支庶。庆封在齐灵公时任大夫，庄公时与崔杼同为上卿，执掌国政。后二人再升为左右相国。因崔杼家内乱，庆封以弑君之罪灭掉崔氏，独霸朝政。其后庆封将政事交儿子庆舍处理，而自己则荒淫无度，引起了满朝对庆氏的不满。前545年，鲍国、子尾、子雅、田须无等攻灭庆氏，庆封出奔鲁国。

庆氏逃亡后，齐国的大臣们瓜分他的封邑，把邶殿一带分给晏婴，那里有六十个边邑。晏婴不要。齐国大夫子尾说："富有是人人都想要的，为什么偏偏您不要呢？"晏婴回答说："庆氏的城邑很多，满足了他的欲望，所以逃亡。我的城邑不能满足欲望，把邶殿加上，就满足了；欲望满足了，离逃亡就没有几天了。逃亡在外，一个城邑也不能主宰。我不要邶殿，不是讨厌富有，是怕失掉富有。富有就像布帛一样有一定的宽度，给它规定宽度，使它不能改变。都想生活丰厚，器用便利，因此就要端正品德加以节制，让财富不要匮乏，也不要过头，这就叫限制私利。私利过了头就会坏事，我不敢贪多，就是所说的限制自己。"这便是典故"足欲则亡"的由来。

2. 典故链接——晏子拒赐

晏婴为相，把齐国治理得非常好。但他身为堂堂相国，享受万钟俸禄，家里却很穷。他一贯推崇廉政的治国理念，而且节衣缩食、率先垂范，多次拒收贿赂与恩赐，展示了晏婴高尚的个人品德和坚持廉政的崇高风范。《晏子春秋》《左传》等典籍中对于晏婴多次拒赐之事亦屡有记载。

一天，晏婴刚坐下来吃饭，齐景公派来找他商量国事的使臣到了。晏婴听说使臣还没吃饭，就把自己的饭分一半给他吃，结果，使臣没吃饱，晏婴也没吃饱。使臣回去就把这个情况告诉了景公，景公很吃惊，说："相国家里这样穷，我一直不知道，这是我的过错。"于是他马上派人送去一千两黄金和一千石粮食，晏婴说什么也不收，送了三次都被晏婴谢绝了。

又过了几天，晏婴乘车上朝，半路上碰到景公出城。景公让人停车，叫过晏婴说："相国，您怎么乘这么破旧的车啊？您的钱不够用吧？您回家等着吧，我马上派人给您送一辆新车。"还没等晏婴回答，景公的车子就走了。晏婴退朝回家时，远远地看见一辆新车停在家门口，他知道是景公送来的，就吩咐仆人小心看护好。第二天天刚亮，马上派人把车送了回去。随后，他亲自去向景公道谢。景公见晏婴又把车送了回来，很不高兴，便对晏婴说："相国要是不接受这辆车，今后我也不再乘车了。"晏婴说："我怎么能和您比呢？您派我管理百官，我应该廉洁奉公，这样才能给百官做好榜样。如果您乘华丽的车子，我也乘华丽的车子，您驾车的马高大健美，我驾车的马也高大健美，百官要是都跟着学，我怎样去管教他们呢？"景公虽然不高兴，可又奈何不了他，便说："您说的不错，可你的日子并不富裕啊，您连吃饭都困难哪！"晏婴笑着说："谢谢您的关心，我的生活一点也不困难，您赏赐我的财物，不但我用，家人也都沾了光，您给我的还少吗？我听说，从君主那里得到很多财物，要是送给别人，那是瞒着君主，讨好别人，忠正的大臣是不干这种事的；要是自己得到很多财物，而不送给别人，储藏起来供自己挥霍享受，有道德的人是不会这样干的，我要那么多财物干什么呢？"景公说："您说的好像也对，可是您恐怕也知道，我们先君桓公很有作为，远近的诸侯谁不佩服他啊！他的相国管仲，是个很了不起的人才，辅助桓公建立了霸业，谁不赞扬他啊！桓公把很大一块地赏赐给管仲，他并没有拒绝，他那样了不起的人物，都这样做，您为什么偏偏拒绝不要呢？"晏婴站起来十分恭敬地说："臣听说：'圣人千虑，必有一失；愚人千虑，必有一得'，臣想，或许管仲当初之失就是臣今日之一得吧？所以，我坚持这样做。"朝廷上的文武大臣听了晏婴和齐景公的对话，都十分敬佩晏婴的品德。

又有一次，正当吃午饭时，大夫梁丘据来到晏婴家，见他家吃的是粗茶淡饭，很简单的素菜，肉类很少，于是回宫就告诉了景公。第二天，景公便要将都昌封给晏婴，晏婴拒而不受，说："富贵而不骄者，臣未曾听说。贫穷而能无怨，臣是也。臣所以能处贫困而无怨恨，因为以贫为师，故可安于贫困，心无外染。今君王封臣都昌，等于是改变臣之师，轻师重封，将使自己被外物所惑，丧己于物，所以臣不敢接受啊！"

【今读新得】晏婴身居相国爵位，享受万钟俸禄，却一贯崇尚尚勤尚俭的生活方式，着实令人感动。在晏婴那里，节俭不是一时之举，而是几十年如一日地奉行；节俭也不单是一种生活习惯和生活方式，而是深深地浸入到了其血脉之中，烙在了其长期的辅政实践中。他能安于贫困，多次拒绝一国之君齐景公的恩赐，唯恐生活奢侈而不能履行职责，折射出他的忠正、仁爱、智慧、低调之从政风范，也引发了我们对欲望及相关问题的联想与思考。毋庸置疑，欲望是人性的组成部分，也是一个人人都绕不开的话题，正所谓"人都有七情六欲"。但是，人生有度，过则为灾。老子曰："知足不辱，知止不殆，可以长久。"可见，在欲望面前，"度"的把握至关重要。正当的欲望，对欲望的正常满足不仅无害，反而是生活和工作的动力。在现实中，正是因为各种形式的欲望的存在，才使得这个世界精彩纷呈，也使得我们的人生愈加跌宕起伏、多姿多彩。但是"过犹不及"，欲望超过一定限度，就会滋生贪心，走向反面，使人堕落。从该典故中可以看出，晏婴对待物质、对待财富、对待欲望的态度持有高度的克制与内敛，让人产生由衷的敬仰，也深深地影响了古今圣贤对道德修养目标的追求。五十四岁的诸葛亮在写给其八岁儿子诸葛瞻的《诫子书》中说："非淡泊无以明志，非宁静无以致远。"林则徐也曾手书一副自勉堂联："海纳百川有容乃大；壁立千仞无欲则刚。"都告诫我们不仅要有海纳百川的胸襟和气度，更要存一份宁静淡泊之心，不断砥砺自己。足欲则亡这一警语更可作为我们每个人特别是青年学子立身行事的指南。人若无欲品自高。在物欲横流的现实社会中，对于我们每个人来说，无论是在工作、学习中，还是在生活中，诱惑都无时不有、无处不在。面对欲望，我们不妨学学晏婴等古代圣贤，既要懂得"足欲，亡无日矣"，"利过则为败"的道理，更要"正德以幅之"，行有所止。

2. 齐人攫金

【出处】《列子·说符》

【原典】"昔齐人有欲金者，清旦衣冠而之市，适鬻金者之所，因攫金而去。"

【译文】"从前齐国有一个想要金子的人，（有一天）清早，他穿好衣服戴好帽子就去了集市。他去卖金子的地方时，正好看见别人买了金子，于是抢了那人的金子离开。"

【释义】形容因贪利而失去了理智，利欲熏心，不顾一切。

【拓展链接】

1. 典故拓展

据《列子》记载：从前齐国有一个特别想得到金子的人，一天清晨，他穿戴好衣帽之后，就去了集市。当他来到卖金子的地方时，正好看见别人买了金子，于是他便在众目睽睽之下抢了那人的金子就走。衙役把他抓住了，官吏审问他："人都在那儿，你还抢别人的金子，这是为什么？"这个齐人理直气壮地回答说："我抢金子的时候，没有看见人，只看见金子罢了。"这便是典故"齐人攫金"的由来。

2. 典籍链接——《列子》

《列子》，又名《冲虚经》，是战国前期思想家列子、列子弟子、列子后学著作的汇编。全书八篇，一百四十章，由哲理散文、寓言故事、神话故事、历史故事组成。而基本上则以寓言形式来表达精微的哲理。共有神话、寓言故事一百零二个。这些神话、寓言故事和哲理散文，篇篇闪烁着智慧的光芒。《列子》是中国古代思想文化史上著名的典籍，属道家学派著作，是一部智慧之书，它能开启人们心智，给人以启示，给人以智慧。

【今读新得】该成语故事塑造了一个胆大妄为、其丑无比的齐人形象。为了得到金子，他不顾一切，利令智昏，甚至触碰底线，可见他是一个只顾眼前利益、利欲熏心、见钱眼开之人。齐人渴望得到金子的欲望固然无可厚非，但君子爱财，取之有道。他通过光天化日之下巧取豪夺这样的不义手段来满足自身欲望，实在是既不合情，也不合法，既损人，又不利己。这种行为理应遭到唾弃。由此我们联想到了上一个典故"足欲必亡",这两个典故尽管都发生在春秋战国时期的齐国大地,但是两个典故的主人公齐人和晏婴的形象却呈现出巨大的落差——前者是那样的丑陋与猥琐,而后者则是那样的内敛节制,闪烁着迷人的人性光芒!如果对这两个典故细加分析不难发现,造成齐人和晏婴差异的关键并不是他们有没有欲望,而是其对待欲望的态度和实现欲望途径方面存在根本差异。具体而言,齐人恣意放纵自己的欲望,太过贪婪,因此"取金时,不见人,徒见金耳"。进而走上了一条不归路,成为千古笑柄。而晏婴正是深谙"足欲,亡无日矣","利过则为败"的道理,故而"不敢贪多","正德以幅之",以致"不受邶殿"。从而彪炳史册。"不义而富且贵,于我如浮云。""名节重于泰山,利欲轻于鸿毛。"大千世界,色彩斑斓,光怪陆离,诱惑形形色色。如何面对之,齐人给我们树立了反面典型,而晏婴则堪称楷模。我们应牢记晏婴"利过则为败"的训导,树立正确的财富观和欲望观,注重道德修养,勤于端正德行,坚守本心,保持定力,懂得节制,懂得适可而止,学会知足,善于驾驭自己的欲望。只有这样,才能行有所止,也才能进入一个清亮、崭新的心灵世界。

3. 墦间乞余

【出处】《孟子·离娄下》

【原典】"卒之东郭墦间。之祭者,乞其余。"

【译文】"最后他走到了东郊的墓地,向祭扫坟墓的人要些剩余的祭品吃;不够,又东张西望地到别处去乞讨。"

【释义】墦:坟墓;余:多余的。这里指祭奠私人的供饭。讽刺了那些追求富贵利禄的人,一面乞讨人家的残羹冷饭,一面还洋洋得意,虚伪骄傲,瞧不起比他地位低下的人这种卑劣行径。

【拓展链接】

齐国有一个人,家里有一妻一妾。那丈夫每次出门,必定是吃得饱饱地、喝得醉醺醺地回家。他妻子问他一道吃喝的是一些什么人,据他说来全都是些有钱有势的人。他妻子告诉他的妾说:"丈夫出门,总是酒醉肉饱地回来;问他和些什么人一道吃喝,据他说来全都是些有钱有势的人,但我们却从来没见到什么有钱有势的人物到家里面来过，我打算悄悄地看看他到底去些什么地方。"第二天早上起来，她便偷偷地尾随在丈夫的后面，走遍全城，没有看到一个人站下来和她丈夫说过话。最后只见他走到了东郊的墓地，向祭扫坟墓的人要些剩余的祭品吃；不够，又东张西望地到别处去乞讨——这就是他酒醉肉饱的办法。他的妻子回到家里，告诉他的妾说："丈夫，是我们仰望而终身依靠的人，现在他竟然是这样的！"二人在庭院中咒骂着，哭泣着，而丈夫还不知道，得意洋洋地从外面回来，在他的两个女人面前摆威风。在君子看来，人们用来求取升官发财的方法，能够不使他们的妻妾引以为耻而共同哭泣的，是很少的！这便是典故"墦间乞余"的由来。

【今读新得】该成语让我们看到了齐人天天乞求在外，而回家又向自己的妻妾百般炫耀体面的丑态，讽刺了那些外表趾高气扬，不可一世，不顾礼义廉耻，但暗地里却行径卑劣、抛弃人格尊严、进行狡诈欺骗的无耻之徒，揭露了他们表面上道貌岸然，实则内心肮脏丑陋的本性。可以说该成语也是孟子价值观的展示。孟子是借对齐人的讽刺、揭露来表达自己的价值取向，那就是"富贵不能淫，贫贱不能移，威武不能屈。此之谓大丈夫"。即大丈夫在困苦中应坚守道德信仰，希望人们要有德有仁，要自尊，也要自爱，即做到仁义礼智信。整个成语故事引人发笑，发人深思，具有较强的讽刺意味，对今人也不乏警示意义。第一，它告诉我们：要重视自我内在修为。"粉身碎骨浑不怕，要留清白在人间。"要有磊落的襟怀和崇高的人格。要有羞恶之心，要自尊自爱，要重视对自我内在修为的要求，不可鲜廉寡耻，苟且偷生，不要做齐人。第二，它告诫我们：应树立正确的财富观和幸福观。该成语对于我们正确认识幸福快乐，认识富贵贫贱大有裨益。在人心浮躁、物欲横流的今天，对待富与贵的态度，在很大程度上决定着自己的幸福度。可见，树立正确的财富观、幸福观对谋求幸福至关重要。苏轼认为："人不可以苟富贵，亦不可以徒贫贱。"这对我们树立正确的财富观和幸福观大有裨益。一方面，要树立"富贵如浮云"的理念，静守己心，看淡浮华，对财富富贵看淡、看轻，抵制住各种不良诱惑。另一方面，要恪守"君子爱财，取之有道"的道理。富贵功名是人人都想得到的，但必须通过正当的手段和途径去获取，而不能走歪门邪道，这样才符合仁德。要自觉抵制拜金主义、享乐主义等的侵蚀。在对物质追求的基础上，不断加强和注重自身的道德修养，提升自己的精神境界，注重人格的锤炼，只有这样，才能享受到高层次的幸福感。第三，该典故中的齐人之所以呈现出内外不一的丑态，也与其缺乏对家庭的责任与担当有密切关系。由此警示我们，作为一个人，都应清醒地意识到自身的价值及在家庭中的责任。敢于担当是一种责任，更是一种精神，是我们每一个人都必须具备的基本素质。一个真正的男子汉应是家庭的"主心骨"，当家庭遭遇事情时，应努力以自己宽厚的肩膀为家人遮挡外面的风雨，从保护家人、捍卫亲情中领悟幸福的真谛。愿与诸位共勉！

4. 金壶丹书

【出处】《晏子春秋·内篇杂上》

【原典】"景公游于纪，得金壶，乃发视之，中有丹书。"

【译文】"齐景公在原纪国的土地上游历时，得到一个金壶，打开一看，里面有用红笔写成的文字。"

【释义】指锦囊妙计。

【拓展链接】纪国是春秋时期的一个诸侯国，位于齐国东面，后来被齐国所灭。有一天，齐景公在原纪国的土地上游历时，得到一个金壶，打开一看，里面有用红笔写成的文字，上书八字箴言"食鱼无反，勿乘驽马"。景公说："有道理！就像这样说的！吃鱼只吃一面，不翻过来吃，是因为不喜欢它的腥味；不乘坐劣马，是不喜欢它走不了远路。"晏婴回答说："不是这样。啊！吃鱼只吃一面，不要翻过来吃，是告诫人们要爱惜民力，不要耗尽百姓的财力；不要用劣马拉车，是告诫人们要任用有才德的人，不要把那些品行不好又没有才能的人安排在自己的身边。"齐景公说："纪国有这样深刻的言语，为什么会亡国呢？"晏婴回答说："有这样的言语也会亡国。我听说：'君子有治理国家的好策略，一定会公行于天下。'纪国有这样的言语，却藏在金壶里，而不被采纳和利用，是多么庸俗浅陋，不亡国才怪呢！"这便是成语"金壶丹书"的由来。

【今读新得】该成语故事虽然简单，但却耐人寻味，它告诉我们至少两方面道理。第一，正如英国杰出戏剧家莎士比亚所说："一千个人眼中有一千个哈姆雷特"，每个人看问题的角度不同，对问题的认识也会有所不同，所看到的事物也会不一样。面对"食鱼无反，勿乘驽马"的八字箴言，作为一国之君的齐景公和作为相国的晏婴认识的视角不同，前者只考虑到自身的享受和需要，而后者考虑的则是基于国家大事制度的思考，因此两人得出的结论也迥乎不同。更进一步地说，角度不同，所看到的事物也会不同。而如果改变看事情的角度，做事情的方式也会有所改变。由此给我们每一个人以启示：凡事若从多个角度去思考，或许心态会更包容，思路会更开阔，办法也会更丰富，得出的结论也会更全面客观。由此也昭示青年学子们：当"山重水复疑无路"时，不妨换一种思维，换一个角度，会发现"柳暗花明又一村"，进而开辟出一片崭新的天地。第二，空谈误国，实干兴邦。制度策略制定得再好，若疏于执行，落实不力，也是空谈。纪国虽有国书，但却将其雪藏在金壶中，而没有很好地宣传、执行，因而导致亡国。由此昭示管理者，制度的制定固然很重要，但落实更关键。如果制度制定了以后不付诸实施，终究还是一纸空文，达不到管理的目的。对于青年学子而言，更应从该成语故事中汲取更多成长智慧。"纸上得来终觉浅，绝知此事要躬行。"这是八百多年以前南宋爱国诗人陆游激励儿子的经验之谈，即使在今天，也仍具启迪和借鉴意义。我们每一个人特别是青年学子们，既要读万卷书，更要行万里路，多读无字之书，躬身实践，知行合一，在实践中学真知、悟真谛，在不断砥砺中得到成长，走向成功。

5. 呆若木鸡

【出处】《庄子·达生》（又见《列子·黄帝》）

【原典】"十日又问，曰：'几矣。鸡虽有鸣者，已无变矣，望之，似木鸡矣，其德全矣，异鸡无敢应者，反走矣。'"

【译文】"又过了十天，齐宣王又派人来问，（纪渻子）回答说：'差不多了。别的鸡即使打鸣，它已不会有什么变化，看上去像木鸡一样，它的德行真是可以完备了，别的鸡没有敢于应战的，掉头就跑了。'"

【释义】呆：痴呆。痴呆地像只木头制作的鸡。形容呆笨或因恐惧、惊讶而发愣的样子。

【拓展链接】

1. 典故拓展

齐国自春秋时期起，就一直是诸侯国之中的强国，国力强盛，百姓生活幸福，所以业余活动就多了，上自君王，下自老百姓都喜欢参加一些娱乐活动，斗鸡也是其中之一。举国上下不乏斗鸡爱好者，齐宣王便是其中的一位斗鸡迷。

为了能在斗鸡场上取胜，宣王特地请训鸡高手纪渻（shěng）子帮他训练斗鸡。宣王求胜心切，仅过了十天，便派人来催问，纪渻子说："鸡没训好，它一见对手，就跃跃欲试，沉不住气。"又过了十天，宣王再次询问，纪渻子说还不行，因为它一看到别的鸡的影子，马上就紧张起来，说明它还有好斗的心理。又过了十天，宣王忍耐不住，再次去问，但还是不行，因为纪渻子认为这只鸡还有些目光炯炯，气势未消。这样又过了十天，纪渻子终于对来人说："请你告诉齐王，我花工夫把鸡训好了。"待到斗鸡时，对手的鸡又叫又跳，而纪渻子训好的鸡却像只木鸡，一点反应也没有，别的鸡看到它那副呆样竟然都被吓跑了。因此，齐（宣）王用这只鸡和别人斗鸡，自然场场获胜，他那高兴的样子就甭提了。由此便诞生了成语"呆若木鸡"。

2. 典籍链接——《庄子》

《庄子》，又名《南华经》，是战国中期道家学派主要代表人物庄子及其后学所著，到了汉代以后，便尊之为《南华经》，且封庄子为南华真人。其书与《老子》《周易》合称"三玄"。《庄子》共三十三篇，分内篇、外篇、杂篇。内篇七篇为庄子所作，外篇十五篇和杂篇十一篇一般认为是其门人和后学者的伪作。《庄子》一书主要反映了庄子的哲学、艺术、美学与人生观、政治观等等。庄子的文章，想象奇幻，构思巧妙，文笔汪洋恣肆，具有浪漫主义的艺术风格，瑰丽诡谲，意出尘外，乃先秦诸子文章的典范之作。《庄子》不仅是一本哲学名作，更是文学上的寓言杰作典范，对中国文学的发展有着深远影响。

【今读新得】该则成语充满了故事性和趣味性，又富有哲理。尽管现代人多用它来形容一个人呆得像木头鸡一样，多含贬义。通过该成语，我们至少可以得到两点启示。该成语本意是形容一个人气定神闲、镇静自若、态度稳重的境界，是一个高级褒义词。由此告诉我们两个道理：第一，"呆若木鸡"固然是斗鸡的最高境界，但是它不是一天练成的。不管多么勇猛善斗的斗鸡，如果没有经过长期、细心的训练，也很难达到这一境界。由此也昭示我们每个人，尤其是青年学子，无论做什么事，都不能急于求成，只有付出长期而艰辛的努力，方能成功。第二，该则成语本意是形容一个人气定神闲、镇静自若、态度稳重的境界，不由让人想到古人所说的"大智若愚"。这是道家人生修养的最高境界，意指真正有大智慧的人表现出来的也许是愚钝，如果当他（她）真正处于非常境况时，却往往能表现出非同寻常的能力。由此昭示我们每个人，特别是青年学子，成功之道在于养成良好的心理素质和人生境界。在现实生活中，我们往往会倡导或追求那种聪明绝顶、勇敢无畏的人生状态。但在生活中不难发现，一个人的聪明如果过于外露，往往是聪明反被聪明误；一个人过分地精于算计，反而会被人算计。而这都不是上等的智慧。真正的智慧是"大智若愚"。大智若愚的人，能够做到表面糊涂、愚钝，心里明白，小事上糊涂，大事上明白，他们不显不露，懂得韬光养晦，以静制动，他们行走于五彩缤纷、诱惑多多的大千世界，方向是明确的，信念是坚定的，内心是宁静的，灵魂是通透的，眼睛是明亮的，步履也是稳健的，由此他们就能够在平凡中表现不同凡响，也更能保护自己，并获得比常人更多的成功机会。青年学子们，愿你们也用心修炼这样的人生智慧和境界，如此会拥有更为开阔、大气的人生格局。

6. 见异思迁

【出处】《管子·小匡》

【原典】"少而习焉，其心安焉，不见异物而迁焉。"

【译文】（管仲回答说:）"从小时就习惯了，思想安定，不会见异思迁。"

【释义】迁：改变。看到别的事物就改变原来的主意。多指意志不坚定或喜好不专一。

【拓展链接】

当年，齐桓公刚刚登上君位，国内一片混乱，百废待举，桓公以其博大胸怀摈弃"一箭之仇"，拜管仲为相。两人一见面，桓公就迫不及待地向管仲请教治国方略，管仲便提出了"定四民之居，使安其业"的建议。桓公说："我的先君襄公，只顾享乐而不理国政，侮辱贤士而宠爱妃嫔，把国事搞得很糟，不但使国家得不到发展，恐怕连宗庙社稷也难保持了。您说要先修内政，请问，怎样改变这种状况呢?"管仲对于富国图霸，早已深思熟虑，成竹在胸，因此针对齐桓公的问题，他献出了一整套涉及政治、经济、军事、人才选拔的改革方案。在国家的行政建制方面，他提出了"叁其国""伍其鄙""定民之居""成民之事"的方案。

桓公问："定民之居、成民之事，是怎么回事?"管仲说："士、农、工、商这四种身份的人，是国家的基石，不可以使他们杂处在一起；杂处，就容易引起混乱，人们就会不专本业而见异思迁。应该使士和士住在一起，农和农住在一起，工和工住在一起，商和商住在一起。把士安置在学校周边，把工安置在靠近官府的地方，把商安置在市井的周围，把农安置在田野附近。""让士住在一起，这样父与父之间谈论道义，子与子之间谈论孝道，作为人臣的就谈对于君主的尊敬，年幼的则谈敬爱兄长。从小生长在这种环境里，人的思想就会安定，长大就不会见异思迁。这样即使父兄的教诲不用整饬就能做到最好，学习也能轻而易举地掌握。所以士的后代永远为士。""让工住在一起，了解四季的不同需求，辨别物品的优劣和器材的用处，选取最合适的物品来用，彼此交流自己的长处，互相借鉴学习。每天都从事这种工作，让自己的产品远销各国。幼小的孩子从小就耳濡目染自己祖辈父辈的工作，长大后也就不会见异思迁了。工匠的后代永远都是工匠。""让商人居住在一起，了解四季中人们的不同需求，查看本地所拥有的物品，确定它的市场价格，肩背着或者牛车拉着，把自己的物品运到需要它的地方去，用自己所拥有的换取自己所没有的。低价买进，高价卖出。并以此来教育自己的后代，那么商人的后代将永远是商人。""让农民住在一起，了解四季的农事，根据季节的变化来选择要用的农具，到了冬天就锄去杂草，等待耕作。该耕种的时候，就深翻土地，等待及时好雨。及时的好雨过后就要扛着锄头从早到晚开始劳作，把自己的体力汗水洒落在土地上，这样农民的后代就永远是农民。可以选拔其中的优秀者出来做官，他们一定值得信赖。这样，士农工商所从事的职业就可以世代相传，从而使士之子恒为士，农之子恒为农，工之子恒为工，商之子恒为商。这就叫作定民之居，成民之事。能做到这样，就可以使基石牢固，国家稳定。"意思是要确定士、农、工、商四种职业者的社会地位，并让他们安居乐业。管仲的以上建议史称"定民之居"，也就是使民众各有其居，各守其业，不许杂处或任意迁徙。

在早期人类思想中，"农本意识"根深蒂固，即在经济结构上要"以农为本"，而士、工、商只能算作"末业"。管仲却冲破传统观念的束缚，将经商、做工、搞手艺、种田四种职业并列，并鼓励"商之子恒为商"，即商人的后代要继续经商。我们常说，有地位才能有作为。商人的社会地位得到确立，商业也就名正言顺地发展起来。管仲的这一思想，对后世产生了深远的影响。

此外，在内政上，为了实现"定民之居，成民之事"，齐国还实行了"叁其国而伍其鄙"的政策："国"就是国都及其郊区，"叁其国"就是把"国"划分成二十一乡，工商乡六个，士（农），乡十五个。"鄙"就是乡村。"伍其鄙"就是规定三十家为一邑，设一司官；十邑为一卒，设一卒帅；十卒为一乡，设一乡帅；三乡为一县，设一县帅；十县为一属，设一大夫。全国乡村共分为五属，分别由五个大夫管理。使民众各有其居，各守其业，不许杂处或任意迁徙，也使士、农、工、商各就其业，从而使部落的残余影响被彻底革除，行政区域的组织结构更加精细化，并有效地维护了社会稳定。

【今读新得】士、农、工、商这四种身份的人，是国家的基石，不可以使他们杂处在一起；杂处，就容易引起混乱，人们就会不专本业而见异思迁。今天听起来，不过是寥寥数语，而在当时却是一项了不起的改革。该成语尽管源于齐国的政治改革，但是对于今人的日常生活、工作、学习依然具有警示意义。见异思迁的现象在当代青年学子中不同程度地都存在着，而且也呈现出不同的表现形式，其或者表现为在实现目标中的游离不定、前功尽弃，或者表现为遇到困难和挫折时的自暴自弃，或者表现为在创新活动中的缺乏毅力，或者表现为实际学习和工作中的虎头蛇尾，或者表现为在交友和恋爱中的急功近利、三心二意等等。而这些都会导致我们难以从一而终。宋代大诗人苏轼曰："不一于汝，而二于物。"无论做人还是做事，都不能见异思迁，三心二意。青年学子们，让我们在追梦的道路上不忘初心，忠贞专一，一心一意，惟其如此，志向才能坚定，也才能够最终到达理想的彼岸。

7. 千虑一得

【出处】《晏子春秋·内篇杂下》

【原典】"婴闻之：'圣人千虑；必有一失；愚人千虑；必有一得。'"

【译文】（晏婴说：）"我听到过这样的说法：'圣人千百次考虑，总有一次失误；愚笨的人千百次考虑，总有一次正确。'"

【释义】虑：思考。得：指可取之处。指（愚笨的人）反复思考总有可取之处。多用作自谦语。

【拓展链接】

相国晏婴为人正直，当官清廉，生活非常俭朴，上至国君，下至百姓，对他都很尊敬。一天，晏婴正要吃午饭，齐景公派了一个人来见他。晏婴没有因为对方是国君派来的而特殊款待他，而是当场把自己的饭菜分成两份，请来人共进午餐。当然，他这顿饭没有吃饱，对方也没有吃饱。景公知道这件事后，感叹道："相国家里竟然如此贫困，我一直不知道。这是我的过错！"说罢，景公便命人给晏婴送去千金，以供他接待宾客之用。不料。晏婴不愿接受，叫来人带回。景公命人再送，他仍然不肯收下。当景公命人第三次送来时，晏婴对来人说："请禀报君主，我并不贫困。君主给我的俸禄，不仅足够我供养家人、接待宾客之用，还可以用来接济穷苦百姓。所以，我不能接受君主额外的赏赐了！"送金的人也感到非常为难，对晏婴说："相国，我是奉命办这件事的。您这次又不愿接受，叫我如何去回报君主呢？"晏婴想了想，说："既然如此，我和你一起进宫，让我当面向君主辞谢。"晏婴见了景公，感谢他对自己的厚爱，并表达作为一个臣子，能吃饱穿暖就可以了，不能有过多的财富，请求他不要勉强让自己接受额外的赏赐。景公听了这番话，对晏婴更加敬重，但还是要把千金赐给他。景公还举了一个例子：齐国以前的贤相管仲，为齐桓公成为当时各诸侯国第一个盟主立了大功。桓公赏给他许多封地，管仲没有推辞就接受了。你晏婴为什么要推辞？晏婴说："我听到过这样的说法：圣人千虑；必有一失；愚人千虑；必有一得。"他还自谦地说："无论君臣，清廉为上，我这人愚钝，再三考虑也许有点道理。"景公听他说到如此地步，只好作罢。由此便诞生了成语"千虑一得"。

【今读新得】 该典故告诉我们一个朴素的真理：任何事物都是一分为二的，聪明之人考虑问题也可能有疏漏之处，即使是愚笨之人，在很多次考虑中也总会有些可取的地方。所以，人无完人。人或事物各有其长，亦各有其短，彼此都有可取之处。该典故所蕴含的道理更值得我们每一个青年学子深思。第一，在处理人际关系方面，不能以简单和片面的眼光看待别人，每个人身上都有闪光点，应更多地看到别人的长处和自己的短处。第二，百密一疏，无论是学习，还是工作、生活，我们要本着千虑一得的态度，多一些全面、冷静思考，要谨慎细微，增强危机感，不断精益求精，切不可马虎大意。第三，既然人或事物各有其长短处，因而为人既不要妄自菲薄，也不可过于自信和自大，应该多一份谦虚、欣赏和包容，少一份苛责和狭隘。正如印度诗人泰戈尔所说："当我们是大为谦卑的时候，便是我们最

（寇亮作）

近于伟大的时候。"当我们多一份谦逊、宽厚、欣赏和包容，我们的精神就会更加成熟，心灵就会更加丰盈，脚步也就会更加的从容与自信。

8. 莫众而迷

【出处】《韩非子·内储说上》

【原典】"晏子曰：'古之所谓莫三人而迷者，一人失之，二人得之，三人足以为众矣，故曰莫三人而迷。'"

【译文】"晏婴说：'古代所谓没有三个人合计就会迷惑，是说一个人意见错误，两个人意见正确，三个人足以形成正确的多数了，所以说没有三个人合计就会迷惑'。"

【释义】意指做事不与众人商量，就会迷惑。古代以"三人为众"，因此"莫三人而迷"，也叫"莫众而迷"。

【拓展链接】

晏婴访问鲁国，引发了鲁国国君鲁哀公求知解疑的强烈愿望。鲁哀公向晏婴提出了一个治国方略问题，他说："俗话说，'没有三个人合计就会迷惑'。所以我现在遇事常常发动举国上下的臣民参与谋划，鲁国仍然不能摆脱混乱的局面，这是什么原因呢？"晏婴说："古代所谓'没有三个人合计就会迷惑'，是说一个人意见错误，两个人意见正确，三个人足以形成正确的多数了，所以说'没有三个人合计就会迷惑'。现在鲁国的群臣成百上千，所有的言论几乎都统一于季氏的私利，鲁国人数也不是不多，但说的话就像出自一人之口，哪有三个人呢？"晏婴所说的季氏即季孙氏，春秋战国时期鲁国的卿家贵族。作为"三桓"之首，季孙氏凌驾于公室之上，掌握鲁国的实权。三桓，是凌驾于公室的鲁国贵族，出自鲁桓公，包括季孙氏、叔孙氏、孟孙氏。其中，季孙氏的始祖季友，谥成，史称"成季"。春秋晚期，鲁国的大权落在了季孙氏、叔孙氏、孟孙氏三个大的政治家族手中，因这三家均是鲁桓公的后代，所以称之为"三桓"。"三桓"之中，尤以季孙氏的势力最强。其家庭中的季平子、季桓子、季康子祖孙三代连续担任鲁国的正卿，事实上成了鲁国的"第一政治家族"。孔子与季孙氏家族的三代领导人均打过交道。

【今读新得】该则成语告诉我们一个做人的道理：一个人的考虑往往不够周

全，而经过多数人的合计，就比较全面、稳妥。这与古人所言"三人行，必有我师焉"，"兼听则明，偏信则暗"具有异曲同工之妙。该则成语给青年学子的启示有二：一是一人计短，二人计长，因此无论是在工作中，还是生活、学习中，都要集思广益，广泛听取多方面的意见和建议，多吸取别人的眼光、见识和智慧，这样才能明辨是非，科学决策，更能不断改善和提升自己。二是独木难成林，百川聚江海。众人拾柴火焰高。只有善于合作，才能实现双赢。当今世界，社会分工越来越细，竞争日益激烈，单枪匹马打天下的个人英雄主义时代已经一去不复返，协同竞争、分工合作已经成为大势所趋。为此就需要每个人尤其是青年学子，不仅要树立强烈的合作意识，增强团队精神，更要掌握合作的方法和技巧，培养善于合作的良好品质。个人再完美，也仅是沧海一粟；而一个团队、一个优秀的团队才是浩瀚的大海。善于合作，才能走得更远，人生之路才会天开地阔！

9. 静若处子，动若脱兔

【出处】《孙子·九地》（又见《史记·田单列传》）

【原典】"是故始如处女，敌人开户；后如脱兔，敌不及拒。"

【译文】"因此，战争开始之前要像处女那样显得沉静柔弱，诱使敌人放松戒备；战斗展开之后，则要像脱逃的野兔一样行动迅速，使敌人措手不及，无从抵抗。"

【释义】处子：未出嫁的女子，即处女；脱兔：奔跑的兔子。未行动时平静得像处女，行动起来像奔跑的兔子一样敏捷迅速。

【拓展链接】

《孙子·九地》中说：在决定战争方略的时候，就要封锁关口，废除通行符证，不允许敌国使者往来；要在庙堂里再三谋划，做出战略决策。敌人一旦出现间隙，就要迅速乘机而入。首先夺取敌人战略要地，但不要轻易与敌约期决战。要灵活机动，因敌情来决定自己的作战行动。因此，战争开始之前要像处女那样显得沉静柔弱，诱使敌人放松戒备；战斗展开之后，则要像脱逃的野兔一样行动迅速，使敌人措手不及，无从抵抗。

在《史记·田单列传》中，在对田单复齐的事迹进行了生动描述以后，司马迁又对田单的奇事奇谋进行了高度评价和歌颂。"太史公曰：兵以正合，以奇胜。善之者，出奇无穷。奇正还相生，如环之无端。夫始如处女，适人开户；后如脱兔，适不及距：其田单之谓邪！"意即"太史公说：用兵作战要一面和敌人正面交锋，一面用奇兵突袭制胜。善于用兵的人，总是能够奇兵迭出而变化无穷的。正面的交锋和背侧的奇袭都要发生作用，这两种战术的相互转化，就如同圆环没有起止一般使人捉摸不定。用兵之初要像处女那样沉静、柔弱，诱使敌人敞开门户，毫不戒备；然后在时机到来之时，就像逃脱的兔子一般快速、敏捷，使敌人来不及防御。田单用兵，正是如此吧！"由此又引申出了两个成语，一是出奇无穷，一是静若处子，动若脱兔。前者是指事物没有穷尽。指多出奇兵，多用奇计。比喻变化多端，使人难以捉摸。后者则指军队未行动时像未出嫁的姑娘那样沉静、持重，一行动就像飞跑的兔子那样敏捷、迅速。

【今读新得】虽然该成语本义是形容军队，但随着后世的运用，其内涵也在不断拓展，而且其应用也日益广泛，由原来的军事领域，而扩展到政治、经济、生活等诸多方面。对于该成语的理解可谓见仁见智，但现在比较普遍的一种用法是用来形容亦静亦动，动静相宜，由此使该成语的含义平添了一些时代感。现代社会竞争日益激烈，生活节奏和工作节奏加快，人们的压力也不断加大，因此，如何更好地调适好自己，保持良好的精神状态，对于社会与个人的和谐、健康发展都具有重要意义。而成语静若处子，动若脱兔无疑具有积极的借鉴价值。它告诉我们：凡事都具有两面性，是运动和静止的统一，是矛盾的统一。爱动与爱静，是人生的两个方面，缺一不可。动，即改变原来位置或脱离静止状态，因此，它意味着行动，意味着变化，也意味着活力。无论是组织，还是个人，都有对于未来的美好愿景，但是愿景再美，目标再伟大，如果不去扎实行动，也只能是空中楼阁。因此，动对我们完成目标、实现梦想，都是至关重要的。它使生活更加多姿多彩，人生也更加波澜壮阔。但是我们又应该认识到，未来总是充满太多的不确定性，目标的实现也不可能一帆风顺，这就需要我们静下来。所谓静，即宁静、平静、冷静，心有静气。只要人心静了，才能做生活的主人，才能克服身上的躁气，才能保持"行到水穷处，坐看云起时"的旷达乐观的心境，如此定力就有了，智慧也就开了。静不仅是一种境界，更是一种智慧。正所谓静生百慧。可以说，只有守静，才能造就内心的强大，才能体悟人生的真谛，也方能发现生活中的美好与幸福。更何况我们在规划愿景、梦想和目标也须冷静思考。由此可见，无论工作还是生活，都不仅需要动，更需要静，两者相互交融，缺一不可。只有"动"与"静"有机结合，才能真正地奏出和谐的乐章。该成语对于当代人特别是青年学子同样具有积极的启迪。它启示我们：在人生旅程中，一定要学会善于调适自己，要处理好动与静的关系。在繁重的工作任务面前，在激烈的竞争中，在生活的巨大压力下，抑或面对鲜花和掌声，面对利益和诱惑，都要始终保持冷静清醒的头脑，戒除内心浮躁之气，要具有临危不乱、波澜不惊的风度，要修炼一种平和恬淡的心境，切勿迷失自我随波逐流。同时还应处事果断而不彷徨，具有勇往直前的勇气，提高执行力。也就是说，既要秀外，也要慧中。愿青年学子们在人生的舞台上，动静结合，宜动宜静，在心中修篱种菊，活得热气腾腾，尽享人生美丽风景。

10. 螳臂当车

【出处】《韩诗外传》卷八（又见《庄子·人间世》）

【原典】"齐庄公出猎，有螳螂举足将抟其轮。问其御曰：'此何虫也？'御曰：'此螳螂也。其为虫，知进而不知退，不量力而轻就敌。'"

【译文】"齐国国君齐庄公出门打猎，有一只螳螂举起脚，准备和他的马车车轮子搏斗。（庄公）问他的车夫说：'这是什么虫子啊？'车夫说：'这是螳螂。它见车子来了，不知道赶快退避，却还要来阻挡，真是不自量力！'"

【释义】当：阻挡。螳螂伸出臂膀阻挡车轮。比喻不自量力。

【拓展链接】

1. 典故拓展

春秋时期，有一次，齐庄公坐着车子出去打猎，忽见路旁有一只小小的虫子，伸出两条臂膀似的前腿，要想来阻挡前进中的车轮。庄公问车夫："这是什么虫子？"车夫答道："这是一只螳螂，它见车子来了，不知赶快退避，却还要来阻挡，真是不自量力！"庄公笑道："这虫子要是人，必定是天下勇士啊！"于是就叫车夫将车子靠边，避开它，从路旁走过去。这件事情很快就传开了。人们都说庄公敬爱勇士，更有好多勇敢的武士，纷纷来投奔庄公。这便是成语"螳臂当车"的由来。

2. 人物链接——齐庄公其人

齐庄公，吕购，姜姓，吕氏，名购，春秋时期齐国的第十二任国君，齐文公之孙，齐成公之子。在位六十四年，是春秋战国时期在位最长的国君。齐成公九年（前795年），齐成公死后，其子吕购继承君位，为齐庄公。齐庄公时期，齐国开始进入休养生息时期，不安的局面得以改观，齐国国力渐强。由于他在位时间很长，使得刚刚经历了长期内乱的齐国，得以在长时间稳定的情况下恢复元气。齐庄公晚年基本使齐国处于小霸的地位，为齐僖公主盟诸侯、齐襄公灭纪国报哀公被烹之仇、齐桓公九合诸侯打下了坚实基础。吕购可谓齐国霸业的奠基者、齐国历史上的一位中兴之主。齐前庄公六十四年（前731年），齐庄公去世，其子禄甫即位，是为齐僖公。

3. 典故链接——割肉相啖（dàn）

该则典故出自秦相吕不韦的《吕氏春秋·当务》。说的是：战国时代，齐国有一个无名小镇，镇上住着两个自命不凡、自吹为勇敢的人，一个住在城东，一个住在城西。有一天，两人在路上不期而遇。住在城西的说："难得见面，我们姑且去喝酒吧。"住在城东的说："行。"于是两人走进酒铺喝起酒来。酒过数巡后，住在城东的说："弄一点肉来吃吃怎么样？"住在城西的说："你我都是好汉。你身上有肉，我身上有肉，还要另外买肉干什么？""好！好！"另一个说。于是叫伙计拿出豆豉酱作为调料，两人便拔出刀来，你割我身上的肉吃，我割你身上的肉吃，谁也不肯露怯，直到一起倒下。像这样的勇敢，还不如不勇敢好呢。

【今读新得】以上两个成语耐人寻味，而又发人深思。这两个成语的共同点就是，都涉及勇气问题。所不同的是，一个讲的是螳螂，另一个则说的是两位齐人。虽然它们都非常勇敢，但螳螂举起前腿企图挡住前进的车子，可谓不自量力；而齐人之勇则是盲目的逞勇斗狠，是一种愚勇、莽勇。螳螂之勇，徒有满腔的英雄气概，纵然使出浑身解数也难以推动车子；两位齐人是为勇而勇，其结果是割肉相啖，两败俱伤。可见，以上两种勇，都不是真正的勇。由此也引发了我们对于勇气问题的再思考。何谓勇气？敢作敢为、毫不畏惧的气概叫作勇气。但勇气不是表面的鲁莽，也不是一时的头脑发热，而是一种理智的信念。毋庸置疑，勇敢是一个人必不可少的品质。勇气是我们在成长途中披荆斩棘的利剑，它能帮助我们战胜前进路上的危险与困难。它是我们走向成功的开端。但是勇敢如果不用在恰当之处，就失去了意义，其结果不但帮不到自己，有时反而会害了自己，甚至会做出蠢事。就像上述成语中的螳螂之勇即是可笑的，而齐人之勇更是愚蠢而可悲的。可以说，勇若此，不若无勇。因此，以上两个成语故事给我们如下启迪：尽管每个人都需要具有勇敢精神，但是我们既需要勇敢，更需要有智慧，需要尊重规律，需要讲艺术。要做一个有思想、有作为的人，不要为勇而勇，不要把"不自量力"当成"勇敢"，更不要把"鲁莽"和"愚蠢"当成"勇敢"，否则不仅会遭人耻笑，更会害人害己。以上两个成语故事也给当代人尤其是青年学子一定警示。它们告诫我们：人需要具有勇敢精神，见义勇为的行为受人称赞，誓死杀敌的气概令人敬佩，但是上述成语中的两种勇，非但不值得称道，而且还会遭人耻笑。因此，在追梦的道路上，我们既要激发潜藏在我们内心深处的勇气种子，敢于亮剑，敢于披荆斩棘，又要遵循规律，讲究艺术，量力而行，切忌自啖其食。著名西班牙作家塞万提斯曾经说过："太胆小是懦弱，太胆大是鲁莽，勇敢是适得其中。"愿青年学子们，左手勇气，右手智慧，努力创造属于自己的精彩！

11. 安步当车

【出处】《战国策·齐策四》（又见《史记·孟尝君列传》）

【原典】"斶愿得归，晚食以当肉，安步以当车，无罪以当贵，清静贞正以自虞。"

【译文】（颜斶说:）"我希望回到我的乡里，晚点吃饭权当吃肉，悠闲散步权当乘车，不犯王法权当富贵清静纯正，自得其乐。"

【释义】安：安详，从容。当：当作。从容步行，当作坐车。形容人能安于淡泊的生活而不追逐名利。

【拓展链接】

1. 典故拓展

该成语出自战国时期贤者颜斶（chù）与齐国国君齐宣王之间的一次碰撞。战国时期，养士之风盛行，这是因为士作为一个特殊阶层，不但学识渊博，洞明世事，淡泊名利，富有牺牲精神，而且他们在诸侯纷争中也发挥着举足轻重的作用。因此，各国为了实现称霸诸侯的梦想，都纷纷揽士、养士，当时有"得士者得天下"之说法。

当时齐国有一位高士，名叫颜斶。他才华出众，心藏韬略，耕读修身，不慕权势。齐宣王闻知他的贤名，就想任用他。有一天，宣王便把他召进宫来，可颜斶却站在远处，不到近前来。宣王说："颜斶，上前来！"颜斶也说："大王，上前来！"宣王很不悦。左右近臣对颜斶说："大王是人君，你是人臣；大王说：'颜斶，上前来！'你也说：'大王，上前来！'可以吗？"颜斶回答说："我上前是趋炎附势，大王上前是礼贤下士；与其让我趋炎附势，不如让大王礼贤下士。"宣王怒容满面，说："是王尊贵，还是士尊贵？"颜斶回答说："士尊贵，王并不尊贵。"宣王说："可有什么道理吗？"颜斶说："有，从前秦国进攻齐国，秦王下令说：'有人敢在柳下季墓地五十步内砍柴的，判以死罪，不予赦免。'又下令说：'有人能砍下齐王的头的，封邑万户，赐金二万两。'由此看来，活王的头，还不如死士的墓。"宣王听了，一声不吭，很不高兴。左右近臣都说："颜斶过来！过来！大王拥有万乘大国的土地，立有千石重的大钟，万石重的钟架；天下知仁行义的士人都来到齐国，为齐王服务；有口才、有智谋的人莫不来到齐国，发挥他们的才能；四方诸侯莫敢不服；齐王所要的东西无不齐备；全国百姓无不拥护。可现在，一般所谓高尚之士，不过称作匹夫、徒步等鄙贱之人而已，他们身处农村；等而下之者，也不过是些边远地方里巷的看门人而已。士人这样下贱呀，也真是够呛了。"颜斶回答说："不对。我听说，古之大禹时代，诸侯有万国。为什么会这样呢？是由于他们掌握了一套重教化、治国、爱民的办法，并且重视士人，善于发挥他们的才能。所以舜帝出身于农民，发迹于穷乡僻壤，终成为天子。到了商汤时代，诸侯也有三千。可是到了现在，称孤道寡的只不过二十四家。由此看来，这难道不是由于'得士'和'失士'的政策造成的吗？如果诸侯渐渐地被杀戮、被消灭，到那时，就是想要做个里巷的看门人，又怎么可能呢？所以，《易经》上不是这样说吗：'高高在上的统治者，如果不重视士人，善于运用他们的才能，做些踏踏实实的工作，而只是一味地喜欢弄虚作假，标榜虚名，他们必然走入骄傲奢侈的歧途；骄傲奢侈，灾祸必然随之而来。'所以没有实际效用，却只喜欢空名的，国土将日益削减，国力将日益衰弱；没有好的德行，却希望幸福的，必然处境困窘；没有建立功勋，却只图享受俸禄的，必然蒙受侮辱。这一切必然招致严重的祸害。所以说：'好大喜功者，必定不能建立功业；空言而无行者，终究不能实现他的愿望'。这都是爱虚名、好浮夸，无治国爱民实效者的必然下场。所以尧有九佐，舜有七友，禹有五丞，汤有三辅。自古至今，如果不得到士人辅助而能建功立业的，从未有过。所以国君不应该以经常向人请教为耻辱，不应该以向别人学习而感到惭愧。因此，言行符合社会的规律，德才兼备，而能传扬功名于后世的，像尧、舜、禹、汤、周文王他们就是这样。所以说："真正得道、体道，掌握了规律的人，就可以主宰一切。'那些在上能窥见事物的本源，在下能通晓事物的流变，了解事物很透彻的最圣明的人，怎么会遭到削弱、困窘、受辱等灾祸呢？《老子》说："贵必以贱为根本，高必以下为基础。所以，侯王自称孤、寡、不谷，这不正是贵为贱的根本吗？难道不是吗？'所谓孤、寡，就是人们处于困窘、卑贱的地位。可是侯、王自己称孤道寡，难道不是侯、王谦居人下、重视士人的证明吗？尧传位于舜，舜传位于禹，周成王任用周公旦，世世代代都赞扬他们为英明的君主。这正是因为他们深知士人的可贵。"

宣王听到这里，才觉得自己理亏，于是说："唉！君子怎么能随便加以侮辱呢？我实在是自讨没趣啊。现在我才了解到君子的话，我明白了不懂得尊重士人乃是小人的行为。希望您就收下我这个学生吧。而且希望先生能与我交往，我将以上等宴席招待您，出门有车乘，妻子儿女个个也衣着华贵。"颜斶拒绝道："璞玉生在深山中，一经匠人加工，就会破坏，虽仍宝贵，但失去了本来的面貌。士人生在穷乡僻壤，经过推举选拔而被任用，享有利禄，他并非不尊贵、不显赫，可是他的精神、本质已遭到破坏。所以我希望大王让我回去，每天到点吃饭，像吃肉那样香，安稳而慢慢地走路，足以当作乘车。平安度日，并不比权贵差。清静无为，纯正自守，乐在其中。"颜斶说罢，向宣王拜了两拜，便离开了。据记载，颜斶辞别齐宣王以后，就来到了他心仪已久的马踏湖（在今山东省淄博市桓台县东北部），并隐居于此，终老于此。

以上便是成语安步当车的出处。这个故事中有"斶知足矣，归真返璞，则终身不辱"。（《战国策·齐策四》）由此衍生出了成语"返璞归真"，也作返朴归真。意指去掉外饰，还其本质。比喻恢复原来的自然状态。据史料记载：颜斶辞别了齐宣王以后，径直走向了心仪已久的马踏湖（在今山东省淄博市桓台县）。据《青州府志》载："新城清凉台，在会城湖中，相传为颜斶故居……"

2. 典故链接——黔娄被

东晋诗人陶渊的诗《咏贫士》中有一句："安贫守贱者，自古有黔娄。"这句诗咏赞了古代贫士黔娄安贫守道的节操。黔娄是战国时期齐国的贤者，善于韬略，能退敌兵，国人对他很敬重。鲁恭公请他为相，齐威王聘他为卿士，他都拒绝了。据《列女传·贤明传》记载：黔娄死后，孔子的学生曾子与门人前去吊孝。黔娄非常穷困，死后因被子太小，连遗体都盖不住。曾子就建议黔娄妻把被子斜过来盖，黔娄妻说："宁可正而不足，也不能斜而有余。"曾子无言

以对，于是哭着说："哎呀，先生之终老，以何为谥号啊？"黔娄妻说："以
'康'为谥号。"曾子说："先生在世时，食不充腹，衣不盖形。死的时候手脚
都盖不上，旁边也没有酒肉。生不得其美，死不得其荣，怎么能以'康'为谥
号呢？"黔娄妻："过去国君想拜先生为国相，先生辞而不为，这是有余贵；
国君曾经赐先生粟米三十钟，先生辞而不受，这是有余富。先生以天下之淡味
为美，以天下之卑位为安。不忧愁贫贱，不汲汲于富贵。求仁而得仁，求义而
得义。谥号为'康'，不是很合适吗？"曾子很感慨地说："唯有黔娄这样的贤
德之士才能有这样乐贫行道的贤妻啊！《诗经》中说：'彼美淑姬，可与寤言。'
就是说的黔娄之妻这样的人啊。以上便是黔娄安贫守贱的典故，也是"黔娄被"
的出处。后人常以"黔娄被"指贤者有贤妻、贫而不坠其志。喻贫士品行端正。
也作穷死黔娄。

【今读新得】在"安步当车"这个成语故事中，颜
斶不仅针锋相对与宣王争论"王贵"与"士贵"的问
题，还理直气壮地拒绝了宣王以"食必太牢，出必乘
车，妻子衣服丽都"对他的笼络。细读该成语，我们既
看到了宣王的骄倨而又从善如流、知错能改、重视人才
的国君形象，更品味到了颜斶尽忠直言、不慕权贵、洁
身自好而又向往淡泊宁静生活的隐士风骨，还让我们感

（寇亮制）

受到了一代名士颜斶身上散发出来的那种"物欲不可夺，威权不可辱"的浩然
之气。安贫守贱成语故事则向我们展示了黔娄正直清高、守节不移的高士形象。
黔娄及其妻虽生活贫困，但不改其志，在喧嚣的名利场中仍然坚守着自己的人
格尊严，充分展现了其安贫乐道、清高脱俗的高尚节操。前有黔娄，后有颜斶。
他们都用自己的特立独行诠释了气节的内涵。他们是浮华尘世中的一股清流！
即使在两千多年后的今天，也依然能够感受到清新脱俗之气。对以上两个成语
品味之余，不由心生敬佩之情，也产生了诸多感触。第一，管理者必须礼贤下
士，尊重人才。成语安步当车以雄辩的事实论证了君主应该礼贤下士，尊重人
才这一朴素的治国方略。其实，无论对于一个国、一个地区，还是一个组织来
说，人才都是第一资源。古今中外，概莫能外。当今世界，国与国之间激烈的
竞争，归根结底还是人才的竞争。所以，要树立人才兴邦、人才兴国、人才兴
企的理念，不拘一格选人才，放手大胆用人才，形成人尽其才、才尽其用的良
好氛围。第二，颜斶安步当车的生活态度、淡泊名利的人生境界，以及黔娄守

节不移的高尚操守，都值得每个人学习。颜斶和黔娄均能视名利如粪土，视富贵如浮云，体现了他们淡泊名利、从容、平和的人生态度，折射出坦然地面对荣辱、得失的可贵品格。这何尝不是一种人生大智慧和可贵的中国气节呢？在竞争日益激烈、诱惑日趋纷繁的现代社会，我们更应学习颜斶和黔娄的高尚境界，固守节操，淡泊名利，以平常心对待人生和把握生活，始终保持心灵的高洁、平和、安详、从容，笃守住自己的道德底线，这样我们的灵魂和人格才会日渐丰盈，内心会更有力量。第三，安步当车原指以从容的步行代替乘车，道理简单，话语朴素，对于今天的我们来说，亦更具现实启示。随着经济的不断发展和人民生活的日益富裕，我们已经进入汽车时代，汽车文明在带给我们方便、舒适、快捷的同时，产生的交通拥堵、能源消耗、空气污染等负面效应也日趋明显。因此，安步当车作为一种绿色出行方式应得到大力提倡。愿广大青年学子从我做起，从现在做起，自觉树立绿色出行理念，努力成为健康生活新风尚的积极倡导者。

12. 弹剑作歌

【出处】《战国策·齐策四》（又见《史记·孟尝君列传》）

【原典】"居有顷，倚柱弹其剑，歌曰：'长铗归来乎！食无鱼。'"

【译文】"过了一段时间，（冯谖）倚着柱子弹着自己的剑，唱道：'长剑啊，回家去吧！吃饭没有鱼。'"

【释义】战国时齐公子孟尝君门下的食客冯谖曾屡次弹剑作歌，怨己不如意。比喻怀才不遇。有时也指才能高超。也作冯谖弹铗。

【拓展链接】

战国时期各国盛行养士之风，士成为社会上一种特殊势力。孟尝君是战国时齐国的公子。史书把他与赵国的平原君、楚国的春申君、魏国的信陵君合称为"战国四公子"，这是因为他们都有一个共同点，那就是"好养士"，以扩大自己的政治影响。孟尝君其时号称有食客三千，可说是宾客满门、谋士云集。

齐国有个叫冯谖的人，穷得没法养活自己，请人嘱托孟尝君，愿意投奔门下做个食客。孟尝君问："他有什么爱好？"回说："他没什么爱好？""他有什么才干？""他没什么才干。"孟尝君笑着收下他说："行啊。"手下的人以为孟尝君看不起冯谖，就给他吃粗劣的饭菜。按照孟尝君的待客惯例，门客按能力分为三等：上客吃饭有鱼，外出乘车；中客吃饭有鱼，外出无车；下客粗菜淡饭，外出自便。过了一段时间，冯谖倚着柱子弹着自己的剑，唱道："长铗归来乎！食无鱼。"要求改善待遇。左右的人把这事告诉了孟尝君。孟尝君说："食之，比门下之客。"又过了一段时间，冯谖弹着他的剑，唱道："长铗归来乎！出无车。"左右的人都取笑他，并把这件事告诉给孟尝君。孟尝君说："为之驾，比门下之客。"冯谖于是乘坐他的车，高举着他的剑，去拜访他的朋友，十分高兴地说："孟尝君客我。"此后不久，冯谖又弹着他的剑，唱道："长铗归来乎！无以为家。"此时，左右都开始厌恶冯谖，认为他贪得无厌。而孟尝君听说此事后，想到冯谖有个老母亲。于是孟尝君派人供给冯母吃的用的，不让短缺。这使冯谖深受感动，决心不再向孟尝君索取，一心一意地等待为孟尝君效力的机会。

后来孟尝君张贴文告征询家里养的众门客："哪一位熟悉会计，能为我到薛邑去收债？"冯谖写下名字说："我能。"孟尝君惊诧地问："这位是谁？"底下人说："就是唱'长铗归来乎'的那个人啊。"孟尝君笑道："这位客人果然是有才干的，我对不起他了，一直没会过他的面。"孟尝君请他相见并赔礼说："我琐事缠身精疲力倦，忧虑挂心头昏脑涨，个性懦弱生来笨拙，埋头于国家的事务中，对先生多有得罪。先生不见怪我，竟有意想为我到薛邑去收债吗？"冯谖说："愿意。"于是冯谖套马备车，整理行装，带上债券契约启程了，告辞说："债收完，买些什么回来呢？"孟尝君说："看我家缺少的买吧。"

冯谖赶着马车到薛邑，叫办事员把该还债的乡民们都召集来核对债券。凭证全部对过，冯谖站起来，假传孟尝君的命令把欠的债赏赐给众乡民，借此把他们的债券烧了，乡民都呼叫万岁。冯谖一路马不停蹄地回到齐国都城临淄，大清早就求见孟尝君。孟尝君奇怪他这么快回来，穿衣戴冠接见他，问："债收完了吗？回来得为什么这么快啊？""收完了。""买些什么回来了？"冯谖说："您说'看我家缺少的买吧'。我暗自考虑，您宫中珍宝成堆，宫外狗马满圈，堂下美人都站满了。您家里缺少的就是义罢了。我私下为您买了义。"孟尝君说："买义是怎么回事？"冯谖说："现在您有了小小的薛邑，不把乡民当子女般抚爱，相反还要用商人的手段取利于民。我已私自假托您的命令，把债赏赐给乡民们，借此把债券都烧了，乡民都喊万岁。这就是我为您买的义啊。"孟尝君不高兴，说："行了，先生算了吧！"

一年后，齐闵王对孟尝君说："我不敢使用先王的臣子做臣子。"孟尝君于是只好到领地薛邑。他离薛还有百里，薛邑的乡民们就扶老携幼，在半路上迎接他。孟尝君回头对冯谖说："先生为我买的义，今天终于看到了。"冯谖说："狡猾的兔子有三个洞，只能免它一死罢了。现在您只有一个洞，还不能高枕无忧睡大觉。请让我为您再凿两个洞。"孟尝君给了他五十套车马，五百斤黄金，向西出访来到魏国。冯谖对魏王说："齐国把大臣孟尝君赶到国外，诸侯谁先迎接他，谁就能国富兵强。"于是魏王空出了相国的位置，把原来的相国调任大将军，派了使者，带着黄金一千斤，车马一百套，去聘请孟尝君。冯谖抢先赶着马车回来，告诫孟尝君说："千斤黄金，是隆重的礼品；百套车马，是显贵的使者。齐王该听说这消息了。"魏国的使者往返请了三次，孟尝君坚持辞谢不去。齐闵王听说，君臣都慌了，派太傅送来黄金一千斤，彩饰纹车二辆，马八匹，佩剑一柄，专函向孟尝君谢罪说："我太不慎重了，遭到祖先降下的灾祸，被拍马奉承的臣子所蒙蔽，得罪了您，我是不值得您来帮助的。希望您看在先王宗庙的份上，能暂且回国来治理万民吗？"冯谖告诫孟尝君说："希望你向齐王求得先王的祭器，在薛邑建立宗庙。"宗庙筑成，冯谖回报孟尝君说："三个洞已经凿好，您就此高枕而卧，享受安乐吧。"

　　闵王罢免了孟尝君后，门下食客多离他而去。孟尝君恢复相位后，冯谖策马前去迎接，其他门客却未到。孟尝君感慨地对冯谖说："自己一生好客，对待客人从来不敢有所闪失，而他们见我被罢官，却都离我而去。今仰赖冯先生得以恢复相位，门客还有什么脸面再见我呢？我如果再见到他们，必唾其面而大辱之。"冯谖听了忙下马向孟尝君叩头，孟尝君问他是否替门客谢罪。冯谖说："不是，是君之言失。"他进一步解释说："富贵多士，贫贱寡友，这是一种必然规律。您失去相位，宾客自然都会离去，您不应该因此埋怨他们，希望您能够'遇客如故'。"孟尝君非常感激冯谖的提醒，于是再次拜谢并接受了冯谖的建议。孟尝君在做齐国相国的几十年时间里，"无纤介之祸"，这与冯谖的精心谋划是分不开的。

　　以上便是典故"弹剑作歌"的出处。唐代大诗人李白在《行路难·其二》中有名句："弹剑作歌奏苦声，曳裾王门不称情。"用的就是该典故。诗人是借冯谖弹剑作歌的典故表达自己希望报效诸侯却不被理解的苦恼。

　　这个典故还衍生出四个成语典故：即狡兔三窟、高枕无忧、扶老携幼和策马相迎。具体地说，在这个典故中，冯谖说："狡兔三窟，仅得免其死耳。今有一窟，未得高枕而卧也。""三窟已就，君姑高枕为乐矣。"这便是成语狡兔三窟和高枕无忧的来历。前者意指狡猾的兔子准备好几个藏身的窝。比喻隐蔽的地方或方法多。后者则指垫高枕头睡觉，无忧无虑。比喻思想麻痹，丧失警惕。"孟尝君就国于薛。未至百里，民扶老携幼，迎（孟尝）君道中。"此即成语扶老携幼的出处，该成语意指幼搀着老人，领着小孩。形容所有人都出动了，也形容场面很大，人很多。闵王罢免了孟尝君后，门下食客多离他而去。孟尝君恢复相位后，冯谖策马前去迎接。由此又诞生了"策马相迎"这个典故。

【今读新得】该典故就其意而言虽指怀才不遇，但是深入其中你会发现，满满的正能量贯穿于该典故的始终，让人遐想，也令人振奋。这些正能量来自典故中的两个主人公：一为"战国四公子"之一的孟尝君，一为战国名士冯谖。首先，该典故折射出孟尝君轻财好施、宽容大度、礼贤下士的优秀品格。冯谖寄居他的门下，不断地要求优厚的生活待遇，孟尝君非但没有生气，没有置若罔闻，反而都一一满足，体现出他胸怀宽广、爱惜人才、礼贤下士的一面。其次，该典故也向我们展示了一个机敏奇巧、深谋远虑、具有远见卓识、才干超群、知恩图报而性格不羁、特立独行的战国奇士风采。一是冯谖穷困潦倒，寄居孟尝君门下，待遇低下，于是倚柱三弹其剑，要求改善待遇，不惺惺作态，也不在乎外人怎样评价，体现了真名士的风骨。二是他投奔到孟尝君门下以后借三弹剑而作歌提出一连串得寸进尺的要求，实则是隐瞒自己的实情，以怪异而独特的假象，来吸引眼球，并试探孟尝君的胸怀和眼光，这反映出他深谋远虑，并善于揣摩他人心理。三是通过冯谖薛地市义、游说诸侯、建立宗庙、开凿三窟及策马相迎等举动，为孟尝君积累了丰厚的政治资本，为其日后巩固其政治地位立下了汗马功劳，也充满反映出冯谖知恩图报、侠肝义胆、忠贞不贰、目光如炬的优秀品格。概而言之，该成语典故让我们再次领略到孟尝君宽宏大度、礼贤下士的君子风范，也展现了冯谖旷世奇才的风采。以上便是我们从该成语典故感受到的正能量。可以说，正是孟尝君的至诚相待以及冯谖的智慧、谋略以及侠肝义胆，成就了这段千古佳话，同时也让他们各得其所，实现了双赢。由此，也带给我们些许启示。一是"士为知己者死"。作为一个管理者，特别是领导人，对待下属要有宽宏的气魄和广大的胸襟。为此就要懂得尊重和欣赏下属的长处，包容下属的不足，还要善于了解下属的需求并尽力满足之，只有这样，下属才能心甘情愿、积极主动地为实现组织目标而努力工作。二是"周公吐哺，方能天下归心"。管理者尤其是领导者只有用诚心"纳"住人才，用策略大胆"用"人才，用政策"留"住人才，才能使人才工作落地，也才会人尽其才，才尽其用。三是"唯大英雄能本色，是真名士自风流"。冯谖虽身怀绝技，曾怀才不遇，但他没有自暴自弃，而是审时度势，韬光养晦，伺机而动，呈现出不虚伪、不谄媚、不卑不亢、不同凡俗的真名士风采。由此昭示青年学子们，在风云变幻的人生舞台上，一定要有一颗积极平和的心态，要清晰地把握好自己，摆正自己的位置，得意不忘形，失意不消沉，坚定目标，恪尽职守，将自己有限的时间、精力和才智能力用于最恰当的人和事上，这样才能成就自己的最大价值。四是冯谖的忠心耿耿、侠肝义胆、知恩图报也值得每个人，特别是青年学子学习。孟尝君礼遇之，冯谖也知恩图报，即使众多门客都离他而去，冯谖却不离不弃，助其东山再起。冯谖的见义勇为，为了报答他人的知遇之恩，不惜以生命为代价，甘为朋友赴汤蹈火、义无反顾，体现了我国古代英雄忠诚、节义的可贵精神。无论什么时代，忠贞不贰、舍生取义，都是一个民族永远也不会过时的精神财富。"义人在上，天下必治。"如果人人讲公德，个个必有诚信，见义勇为、助人为乐才会成为社会常态，而这正是一个国家和民族的希望之所在。

13. 当断不断

【出处】《史记·齐悼惠王世家》（又见《东周列国志》）

【原典】"召平曰：'嗟乎！道家之言当断不断，反受其乱，乃是也。'遂自杀。"

【译文】"召平说：'唉！道家的话当断不断，反受其乱，正是如此呀。'终于自杀而死。"

【释义】断：决断。该做出决断的时候不能当机立断。形容犹豫不决，坐失良机。

【拓展链接】

1. 典故拓展

齐悼惠王刘肥，是汉高祖刘邦最大的庶子。他的母亲是高祖从前的情妇，姓曹氏。高祖六年前（前201年），立刘肥为齐王，封地七十座城，百姓凡是说齐语的都归属齐王。齐王是孝惠帝的哥哥。孝惠帝二年（前193年），齐王入京朝见皇帝。惠帝与齐王饮宴，二人行平等礼节，如同家人兄弟的礼节一样。吕太后为此发怒，将要诛杀齐王。齐王害怕不能免祸，就用他内史勋的计策，把城阳郡献出，作为鲁元公主的封地。吕太后很高兴，齐王才得以辞朝归国。

悼惠王即位十三年，在惠帝六年去世。他的儿子刘襄即位，这就是哀王。哀王元年（前188年），孝惠帝去世，吕太后行使皇权，天下事都由吕后决断。哀王二年，高后把她哥哥的儿子郦侯吕台封为吕王，分出齐国的济南郡作为吕王的封地。哀王三年，他的弟弟刘章进入汉宫值宿护卫，吕太后封他为朱虚侯，把吕禄的女儿嫁给他为妻。四年之后，封刘章的弟弟兴居为东牟侯，都在长安宫中值宿护卫。哀王八年，高后分割齐国的琅琊郡把营陵侯刘泽封为琅琊王。

第二年，赵王刘友入朝，在他的府邸被幽禁而死。三个赵王都被废黜。高后封吕氏子为燕王、赵王、梁王，独揽大权，专断朝政。朱虚侯刘章二十岁时，很有气力，因刘氏得不到职位而愤愤不平。他曾侍奉高后宴，高后令朱虚侯刘章当酒史。刘章亲自请求说："臣是武将的后代，请允许我按军法行酒令。"高后说："可以。"到酒兴正浓的时候，刘章献上助兴的歌舞。然后又说："请让我为太后唱耕田歌。"高后把他当作孩子看待，笑着说："想来你的父亲知道种田的事，如果你生下来就是王子，怎么知道种田的事呢？"刘章说："臣知道。"太后说："试着给我说说种田的事。"刘章说："深耕密种，留苗稀疏，不是同类，坚决铲锄。"吕后听了默默不语。过了一会儿，吕氏族人中有一人喝醉了，逃离了酒席，刘章追过去，拔剑把他斩杀了，然后回来禀报说："有一个人逃离酒席，臣谨按军法把他斩了。"太后和左右都大为吃惊，既然已经准许他按军法行事，也就无法治他的罪。饮宴也因此而结束。从此以后，吕氏家族的人都惧怕朱虚侯，即使是大臣也都依从朱虚侯。刘氏的声势又渐渐强盛起来。第二年，高后去世。赵王吕禄任上将军，吕王吕产任相国，都住在长安城里，聚集军队威胁大臣，想发动叛乱。朱虚侯刘章由于妻子是吕禄的女儿，所以知道了他们的阴谋，于是派人偷出长安报告他的哥哥齐王，想让他发兵西征，让朱虚侯、东牟侯做内应，以便诛杀吕氏族人，趁机立齐王为皇帝。齐王听到这个计策之后，就和他的舅父驷钧、郎中令祝午、中尉魏勃暗中谋划出兵。齐国相召平听到了这件事，就发兵护卫王宫。魏勃欺骗召平说："大王想发兵，可是并没有朝廷的虎符验证。相君您围住了王宫，这本来就是好事。我请求替您领兵护卫齐王。"召平相信了他的话，就让魏勃领兵围住王宫。魏勃领兵以后，竟派兵包围了相府。召平说："唉！道家的话'当断不断，反受其乱'，正是如此呀。"终于自杀而死。这便是成语"当断不断"的由来。

2. 典故链接——管仲的"时至则为,过则去"

管仲说:"时至则为,过则去。"(《管子·国难》)意即时机到了就要有所作为,否则时机一过就再也没有机会了。可见管仲也主张凡事应该当机立断。他不仅是这样说的,还提醒齐桓公不能优柔寡断。

管仲为了帮助齐桓公实现称霸诸侯的目的,便开始与桓公讨论如何才能把国家治理好。桓公说:"我有三大缺点,不知道是否还能把国家治理好?"管仲说:"我不知道您所说的缺点是什么?"桓公说:"我不幸嗜好打猎,往往等到天黑见不到禽兽了才回宫,诸侯国的使者来了,带不回讯息,百官奏事无人批复;我不幸嗜好饮酒,日夜相继,这样往往耽误诸侯使者的来访和大臣的上奏;我不幸嗜好女色,以至于宫中有很多未出嫁的姑姑和姐妹。"管仲说:"这都不是好习惯,但也算不上是最要紧的。"桓公有点生气地说:"这三者都可以,难道还有什么不可以的事么?"管仲说:"一国之君,只有两大缺点为不可,就是优柔寡断和不勤勉。优柔寡断就会丧失民众,不勤勉做事就不会成功。"桓公说:"那我就放心了。你今天先回去休息,改天我们再一起商量治理国家的方策。"管仲说:"国君做事要果断,为什么要往后推呢?"桓公问:"那怎么办呢?"管仲建议桓公先修内政,后图外事。他对桓公说:"如果本国的内政得不到治理,那么我们对外的正义行动,也不会得到诸侯的信任。必须先在本国内政的治理上做出榜样,才可能使诸侯亲附我们。"桓公说:"我的先君襄公,只顾享乐而不理国政,侮辱贤士而宠爱妃嫔,把国事搞得很糟,不仅国家得不到发展,恐怕连宗庙社稷也难保持了。您说要先修内政,请问,怎样改变这种状况呢?"管仲对于富国图霸,早已深思熟虑,成竹在胸,因此针对桓公的问题,他制定了一整套涉及政治、经济、军事、人才选拔的改革方案。在管仲看来,桓公好玩、好酒、好色固然不好,但是这些也都没有优柔寡断和不勤勉的危害大。

【今读新得】以上典故告诉我们,在我们的生命之中,优柔寡断是最大的敌人。古人说:"当断不断,必受其乱。"古人还说:"机不可失,失不再来。""夜长梦多,日长事多。"都揭示了一个道理:机会来去匆匆,转瞬即逝,如若优柔寡断,就会与之失之交臂,抱憾终身,甚至可能会导致祸端!这个道理对于青年学子同样具有普遍参考价值。对于大多数同学而言,从小一直到高中,基本事情都是由父母决断,由自己做出决断的机会很少。进入大学,发现很多事情都需要自己做决断,需要自己权衡利弊。未来步入社会以后,若要想做一番事业,要想取得成功,更需要具备果断的素质。为此,从现在开始,青年学子就应培养自己当断则断的果断精神，养成做事敏捷、决策果断的习惯，敢于和优柔寡断说"NO"，拒绝拖延，逐步提升自己的决断力。爱拼才会赢！成功在于机遇的把握！如果你决定要干一件事，那就将过去的一切统统抛开，果断地迈出你的第一步。幸运之神更垂青于那些敢想敢做的人！

14. 轻重缓急

【出处】《管子·国蓄》

【原典】"岁有凶穰，故谷有贵贱；令有缓急，故物有轻重。"

【译文】"年景有丰有歉，所以粮价有贵有贱；号令有缓有急，所以物价有高有低。"

【释义】缓：慢。泛指主次、轻重、先后的区别。也作缓急轻重。

【拓展链接】

管仲相齐期间，他在政治、经济、军事等方面实行了一系列改革，辅佐齐桓公成就了辉煌的霸业。《管子·国蓄》篇是对国家经济的重要论述之一。其中说：一个万乘之国如果出现了万金的大商贾，一个千乘之国如果出现了千金的大商贾，这说明什么呢？这说明国家大量流失财利的结果，臣子就不肯尽忠，战士也不肯效死了。一个国家，年景有歉有丰，所以粮价就有贵有贱；号令有缓有急，所以物价就有低有高。如果不能及时采取措施，就会出现贫富不均的现象，进而引发一系列社会问题。凡将治国，不懂得轻重之术，就不能组织经济之"笼"来控制民间；不能够调剂民利，就不能讲求管制经济来实现国家大治。《国蓄》中还说：一个君主，如果不能及时散开囤积，调剂余缺，分散兼并的财力，科学地调控人民的用费，即使农业再发展，铸造的钱币再多，也不能免去贫富不均的现象。要是社会资源分配和使用出了问题，人民之间就会相互奴役，国家就不会治好。

【今读新得】管仲的"令有缓急，故物有轻重"，既是安民强国的宏观调控思想，更是一种非常实用的工作方法和生活准则，更是时间管理的重要原则之一。所谓轻重缓急，指各种事项中有主要的、次要的，有急于要办的和可以慢一点办的；或者指事项和工作有重要的，有不重要的，有缓办的，也有急办的。在行为和时间安排上，我们应做到分清"轻重缓急"，分清主次，这正是时间管理的优先原则。这一原则无论对于管理者，还是对于其他人士，特别是青年学子，都具有积极的借鉴价值。对于管理者来说，不但其精力是有限的，而且每天还要应对很多繁杂的事情，所以如果把要处理的事情分出轻重缓急，排出优先次序，不仅使工作忙中有序，还能节约时间，提高效率，完成后的效果也会不同凡响。相反，如果分不清事情的"轻重缓急"，结果不仅会浪费许多时间，贻误时机，更会让你前功尽弃。因此，一名优秀的管理者应学会判断事情的轻重缓急，做好时间管理。对于青年学子来说，大学时光是人生最美好、最关键的时段，每位学子都有自己对未来的美好憧憬和设想，而要想将其变成现实，就必须珍惜大学时光，做好时间管理。为此不仅要做好科学规划，制定明确目标和详细计划，更要学会时间管理，遵循优先原则，把要做的事情列出清单，分出轻重缓急，有主有次，按一定规律和顺序去完成，这样不仅有利于让你的大学生活井井有条，学习、做事、生活效率会大大提升，大学生活更加丰富、充实和无悔，更有助于目标的实现以及成长成才。两千多年以前，管仲就曾经说过："昔之日已往而不来矣。"东晋诗人陶渊明也说："盛年不重来，一日难再晨。及时当勉励，岁月不待人。"青年学子们，时光如水，逝者如斯。现在正是为梦想而拼搏的奋斗季，愿你们珍惜时光，不殆流年，搏得一个美好前程！

15. 不管三七二十一

【出处】《战国策·齐策一》

【原典】"临淄之中七万户，臣窃度之，下户三男子，三七二十一万，不待发杀远县，而临淄之卒，固以二十一万矣。"

【译文】"齐都临淄有七万户，依我猜测，根据最低标准估计，每户有三个男子，三七就二十一万人，不必调遣远地的兵力，就凭临淄的十卒也有二十一万。"

【释义】意指不顾一切，不问事情的缘由。也说不管四六二十四。

【拓展链接】

战国时期，有齐、楚、燕、赵、韩、魏、秦七个国家，号称"战国七雄"。原本落后的秦国经过商鞅变法渐渐强盛起来，其他六国为了自己的利益，就联合起来抵抗秦国。苏秦是战国时期著名的纵横家，他的主张是合纵抗秦，就是联合其他国家共同对付强大的秦国，与张仪主张的连横事秦针锋相对。苏秦遍游六国，一天，他到了齐国都城临淄，见到了齐宣王，向宣王游说抗秦，宣王慨叹齐国的兵力不足，苏秦说："都城临淄有七万户，我计算了一下，每户按三个男子服役，这就是三七二十一万雄兵，抗秦的兵源仅临淄一城就足够了，若再加上别处兵源，力量就更加强大。"苏秦的这种算法，显然是如意算盘，因为临淄城不可能每户都能达到出三个男子当兵，这里有各种情况，有的是鳏寡孤独，有的有女无男，有的只是老弱病残，所谓临淄二十一万雄兵仅仅是纸上谈兵而已。因此苏秦的估计是脱离实际的。以上便是成语"不管三七二十一"的由来。

【今读新得】该成语现在也已经成为一个被广泛使用的词，多用来形容不顾一切、不分青红皂白、不考虑后果的言行。它对规范现代人的言行举止，具有较强的警示和指导作用。在现实生活中，因一时冲动而付出惨重代价，不仅自毁前程，还变成了社会的败类和人民的罪人。这样的案例并不鲜见。因此，对于我们每个人来说，在工作、生活等诸方面，都应一切从实际出发，遇事要冷静，要进行客观理性分析。对于青年学子而言，这一点尤为重要。青年学子目前正处于充满激情和热情、怀揣梦想、风华正茂、血气方刚的人生阶段，加之世界观、人生观、价值观尚不成熟，社会阅历还很欠缺，所以遇事容易急躁、冲动，不假思索，仅凭感情用事，缺乏理性、冷静的判断，这样就容易干傻事，不仅无益于事情的解决，更会导致人际关系变得十分紧张，甚至酿成"一冲动成千古恨"的遗憾和悲剧。中世纪波斯诗人萨迪曾经说过："事业常成于坚忍，毁于急躁。"我国民间也常说："冲动是魔鬼，冷静是天使。"由此也昭示青年学子们，无论是在干事、创业，还是在交友、生活等方面，都应多一份理性谨慎，多一份深思熟虑，多一份克制和宽容，多一份平心静气，少一点感情用事，少一点跟着感觉走，少一点斤斤计较，少一点急躁和冲动。青年学子们，愿你们在人生的舞台上，左手激情，右手理性，勤于锤炼自己，逐步提升自身的个人修养和综合素质，不断开拓人生新境界！

16. 贪小失大

【出处】《吕氏春秋·权勋》（又见《战国策·齐策六》）

【原典】"燕人逐北入国，相与争金于美唐甚多。此贪于小利以失大利者也。"

【译文】"燕国军队追逐着溃败的齐军，一直追到齐国国内，在美唐这个地方抢劫了很多金银珠宝。这个就是不肯舍弃小的利益以至于失去更大的利益。"

【释义】意指因为贪图小利而遭受更大损失。

【拓展链接】

1. 典故拓展

战国中后期，燕国国君燕昭王即位之后，励精图治，希望振兴国家。他曾筑黄金台广招天下贤才，以增强国家的实力。赵人乐毅原本在魏国当官，由于不被统治者信任而离开魏国，投奔到燕国来，向燕王纵论兵法，深得燕王赏识，被拜为亚卿。乐毅忠肝义胆，为燕国尽职尽责，竭尽所能。随着时间的推移，燕国实力越来越强，而它的仇敌齐国却越来越不景气。因此，燕王就委任乐毅为大将，联合秦、韩、魏、赵四国的军队，一起进攻齐国。

齐闵王获悉这一消息后，急忙调兵遣将，任命触子为先锋官，在济水一带迎战。触子见五国联军雄赳赳、气昂昂，为了避其锋芒，挫其锐气，坚守壁垒不战。他认为，联军虽然人多势众，但是五国之间都有嫌隙，时间长了肯定要出现摩擦。更何况，五国联军远道而来，粮食等物资都要从很远的国内长途运输，长此以往，拖也能把联军拖死。因此，虽然天天有联军的兵士们前去骂阵，但齐军就是听而不闻，乐毅这边也没有相应的应付之策。正在乐毅一筹莫展的时候，糊涂的闵王却帮了联军大忙。他见触子只守不攻，觉得有损齐国威风，于是命他赶紧出兵。触子没有办法，只得被迫抗敌，结果被打得大败，落荒而逃，不知所终。幸亏还有齐将达子引领残军且战且退，一路上又被乐毅的伏兵截杀，从济水狂奔几百里，一直退到齐国都城临淄以西一个叫作秦周的地方才停下来，准备死守临淄城。

齐军战败后，很是憋屈，士气不振。达子是个老实人，心里着急，他想犒劳士卒以振奋士气，可是又没有钱，于是就去求闵王，希望他能发放城内国库的金币犒赏三军。闵王本来对达子的败退就很恼火，一听还要他库房里的金币，更是火气不打一处来，他拍案大骂道："达子你这个残兵败将，仗没有打好，还妄想要我的赏赐！你马上给我出去死战，否则提着你的人头来见我！"听完闵王的这番话后，达子不由自主地仰天长叹，心想：昏君不知审时度势，必然没有好下场，齐国肯定没有希望了。于是，他只能率领残部冲进敌阵，拼力搏杀，结果不幸战死沙场。达子一死，燕国军队追逐着溃败的齐军，一直追到齐国国内，在美唐这个地方抢劫了很多金银珠宝。这个就是不肯舍弃小的利益以至于失去更大的利益。以上便是成语"贪小失大"的由来。

2. 典籍链接——《吕氏春秋》

《吕氏春秋》是在秦国丞相吕不韦主持下，集合门客们编撰的一部黄老道家名著。成书于秦始皇统一中国前夕。此书以道家理论为基础，以名、法、墨、农、兵、阴阳家思想学说为素材，熔诸子百家学说为一炉，闪烁着博大精深的智慧之光。《吕氏春秋》集先秦道家之大成，是秦道家的代表作，全书共分二十六卷，一百六十篇，二十余万字。《吕氏春秋》包含十二纪、八览、六论，注重博采众家学说，是以道家思想为主体兼采阴阳、儒墨、名法、兵农诸家学说而贯通完成的一部著作。但主要宗旨属于道家。所以《汉书·艺文志》等将其列入杂家。东汉学者高诱说《吕氏春秋》："此书所尚，以道德为标的，以无为为纲纪"，这说明最早的注释者早已点明《吕氏春秋》以道家为主导思想之特征。《吕氏春秋》是中国历史上第一部有组织按计划编写的文集，上应天时，中察人情，下观地利，以道家思想为基调，坚持无为而治的行为准则，用儒家伦理定位价值尺度，吸收墨家的公正观念、名家的思辨逻辑、法家的治国技巧，加上兵家的权谋变化和农家的地利追求，形成一套完整的国家治理学说。

【今读新得】闵王由于拒绝了齐将达子发放城内国库的金币来犒赏齐军的请求，结果导致齐军一路溃败，五国联军一直追到齐国国内，不仅把美唐的金银财宝洗劫一空，还所向披靡，使齐国七十余座城沦陷，闵王也仓皇出逃。闵王的这一做法可谓是因小利而失去了国家，也遭到了天下人的耻笑。该成语故事告诉我们：那些贪图小便宜的人，为得到小便宜，只顾眼前利益，忘记了长远利益，但实际上，却会失去更多！像闵王那样贪小失大的案例，不仅在古代并不鲜见，即使是到了现代，无论是在生活中，还是在工作中，也俯拾即是。这类人有一个共同特征就是目光短浅、爱占便宜，贪图小利，只顾眼前利益，所以许多喜欢占便宜的人，都是因为只注重小细节，而不看重大的方面，忽视了长远利益，其结果往往会付出巨大的代价。由此也昭示我们每一个人，特别是青年学子，在做一件事情或做出某一项决定之前，一定要充分考虑它对自己的影响，不仅要考虑它对自己现在的影响，还要想到它对未来的影响，而且要全方面考虑，否则就会因为小事而耽误了大事。更进一步地说，有时做决定往往在一念之间，结果反而酿成极大的错误，追悔莫及。由此昭示我们：无论是在学习中，还是在生活、工作中，都要三思而后行，能屈能伸，不断反省和矫正自己，切勿因小失大，冲动行事，否则，你将捡了芝麻，丢了西瓜。在我们身边，因小失大的例子更是不胜枚举。《韩非子·喻老》中有一句广为流传的名句："千里之堤，溃于蚁穴。"它深刻揭示了千里长堤虽看似十分牢固，却会因一个小小蚁穴而崩溃的道理。"少了一个铁钉，丢了一个马掌；少了一个马掌，丢了一匹战马；丢了一匹战马，败了一场战役；败了一场战役，失了一个国家。"这句西方民谣也道出一个事实：历史车轮转向何方，可能仅仅缘于一枚小小的铁钉。历史发展如此，人生成败也不例外。由此可见，切忌贪小失大，注重细节，从小事做起，防微杜渐，已经成为具有普适性的人生智慧。老子云："天下难事，必成于易；天下大事，必做于细。"漫漫人生之路是由无数细节串缀而成的，每一个细节都是人生的一个不可或缺的节点。让我们用细节做基石，以自省为后盾，来铺设自己坚实的人生之路吧！

17. 言归于好

【出处】《左传·僖公九年》

【原典】"曰：'凡我同盟之人，既盟之后，言归于好。'"

【译文】"齐桓公说：'凡是参加同盟的各国，大家订立了盟约之后，重新友好相处。'"

【释义】言：句首助词，无义。指双方重新和好。

【拓展链接】

春秋战国时期，诸侯争霸，战争连年不断。齐桓公建立霸业后，为了重修诸侯之好，于前651年在葵丘（今河南省商丘市民权县境内）召开结盟会议，史称"葵丘会盟"。参加会盟的有齐、鲁、宋、卫、郑、许、曹等国的国君，周襄王也派代表参加，对齐桓公极力表彰。这是齐桓公多次召集诸侯会盟中最盛大的一次，标志着桓公的霸业达到顶峰，桓公成为中原的首位霸主。在结盟大会上，诸侯国各抒己见，经过激烈的争论，最终达成了一决议：第一，不得阻塞水源；第二，不得阻挠粮食的流通；第三，要尊贤育才，选拔贤士，不得世袭官职。盟会期间，桓公最后要求："凡是参加同盟的各国，大家订立了盟约之后，一定要遵照执行，消除过去的隔阂，重新友好相处。"后来，人们就用"言归于好"来表示重新和好。

【今读新得】春秋时期最著名的这次盛会虽早已随风远去，但我们依稀还能在历史的黄页中嗅出悠远醇厚的味道。这场会盟成就了齐桓公的霸业巅峰，让他登上了人生顶峰。今天，我们重温这段充满荣耀的辉煌历史之时，仿佛又听到了一代霸主齐桓公"凡我同盟之人，既盟之后，言归于好"那铿锵有力的声音。该成语再次彰显了齐文化的和合包容精神，同时也带给我们些许启迪和感悟。同时也得到些许启迪和感悟。第一，只有合作才能实现共赢。桓公的言归于好，体现了团结合作这一中华民族的传统美德。在今天，在竞争日益激烈的现代社会，这一美德应该弘扬和传承。这是因为，现代社会中任何工作的进行，靠个人单枪匹马难以完成，都需要建立一个和谐而默契的团队，才能够有条不紊地进行下去。从个人发展角度看，它关系到一个人的前途和命运。一个人，纵使才华横溢、能力超群，如果不能较好地融入社会，不善于与他人沟通、协作，就不会在成功的路上走很远，更无法实现自己的理想与目标。所以在个人发展中，善于团队合作具有非凡的价值。如果我们善于合作，一定会在竞争中获得成功！希望青年学子们都努力做一个善于合作的人，树立双赢理念，懂得合作、善于沟通、提升团队合作能力。第二，合作也意味着以德报怨，将以前的仇恨和误会一笔勾销。南非前总统纳尔逊·曼德拉用宽恕包容歧视，用仁慈化解仇恨，让对手为之折服。在他身上，我们看到了平等、正义、自由、勇敢、仁厚这些人性最美好的光辉，他的境界让人肃然起敬。我们也要见贤思齐，修炼尽弃前嫌的胸怀和气量，以一颗博大之心去包容、原谅朋友以及周围的人，让生活回归温馨、友善与祥和。第三，与人合作，不仅要与人为善，团队成员要相互理解、相互尊重、相互支持、相互关爱，还应善于发现、欣赏并学习别人的长处，同时具有容人之量。要虚心听取意见和建议，具有海纳百川的气度，多包容别人的缺点。"万人操弓，共射一招，招无不中。""一枝独秀不是春，百花齐放春满园。"合作是人生与事业的最高境界，懂得合作，呼唤成功，让我们在你与我间，架起一座紧密相连的桥梁，共同抵御风险，共同赢得利益，共同分享快乐。这才是生存之道。请牢记：只有合作，才能实现共赢！希望青年学子们都努力做一个善于合作的人，让成功之花在合作的土壤里盛开！

(郭丽作)

18. 有恃无恐

【出处】《左传·僖公二十六年》

【原典】"齐侯曰:'室如悬磬,野无青草,何恃而不恐?'对曰:'恃先王之命'。"

【译文】"齐孝公说:'房屋中像挂起的磬一样的空,四野里连青草都没有,你们凭什么不感到害怕呢?'(展喜)回答说:'我们依仗的是周成王的遗命。'"

【释义】恃:倚仗,依靠;恐:害怕。有依靠就没有什么可害怕的。形容有某种势力可仗恃,言行无所顾忌。

【拓展链接】

该成语源于春秋时期鲁国一次出色的外交活动——展喜犒师。春秋时期,中原霸主齐桓公死后,其子齐孝公继承了王位。鲁僖公二十六年(前634年)夏天,鲁国遭到了严重的灾荒。孝公觉得扩张自己实力的机会到了,就乘人之危,亲率大军,浩浩荡荡地去讨伐鲁国。鲁僖公听说敌军压境,知道自己的实力无法和齐军对抗,便派大夫展喜为使者带着牛羊、酒食去犒劳齐军。展喜日夜兼程在齐鲁边界上截住了孝公。展喜是一个很善于辞令的人,他先是很恭敬地对孝公说:"我们鲁国的君王听说大王亲自到我国,特地派我前来慰劳贵军。"孝公傲慢地问:"你们鲁国人感到害怕了吗?"展喜不卑不亢地回答说:"那些没有见识的人可能有些害怕,但我们鲁国的国君和大臣们却一点也不害怕。"孝公听了,轻蔑地说:"你们鲁国国库空虚,老百姓家中缺粮,房屋中像挂起的磬一样的空,四野里连青草都没有,你们凭什么不感到害怕呢?"展喜胸有成竹,不慌不忙地说:"我们依仗的是周成王的遗命。当初,我们鲁国的祖先周公和齐国的祖先姜太公,忠心耿耿、同心协力地辅助成王,废寝忘食地治理国事,终于使天下大治。成王对他俩十分感激,让他俩立下盟誓,告诫后代的子子孙孙,要世代友好,不互相侵害,这都是有案可稽的:我们的祖先是这样友好,大王您怎么会贸然废弃祖先盟约,进攻我们鲁国呢?我们正是依仗着这一点,才不害怕的。"孝公听了,自觉理亏,无言以对,只好打消了讨伐的念头,班师回国了。一场大战就这样被展喜的几句话给化解了。

【今读新得】面对齐军的大军压境,在齐强鲁弱、鲁国又发生饥荒,无力抵挡的情况下，鲁国想出了一个绝妙的高招——派展喜前去犒劳前来入侵的齐军。由于展喜的机智善辩、从容应对，终于取得了外交上的胜利，使齐孝公无言以对，不得不退兵，从而解救了国家的危难。通过该则成语故事，我们看到了鲁国大夫展喜在捍卫祖国尊严时体现出来的智慧和勇气，特别是展喜面对咄咄逼人、倨傲自大的齐孝公时，表现出来的大义凛然、刚中有柔、层层紧逼、巧于辞令、善用心理攻势等外交智谋，更是叫人拍案叫绝，不由发出"三寸不烂之舌，强于百万之师"的感叹！可以说，展喜的成功既是他拳拳爱国精神的成功，更是他非凡外交智慧的成功。在赞佩之余，我们认识到，该成语对当今世界也有几多有益启示。第一，与对手的较量，既需要实力，更需要智慧。要真正具有与对手抗衡的实力，既可以运用武力，以实力为后盾，与对手短兵相接，更应该依靠外交智慧和技巧与对手周旋，兵不血刃，只有软硬兼备，才能立于不败之地。第二，展喜刚柔相济、善打心理战、大义凛然、临危不惧的精神和外交智慧，值得当代人尤其是青年学子学习。三是该成语还告诉：我们人贵有自知之明。在该成语故事中，齐国虽然强大，但却没有得逞，主要原因之一就是齐孝公过于傲慢自负。他刚即位不久，在没有客观判断齐国的形势、未做充分准备的情况下，就急急忙忙攻打鲁国，继而想重温乃父齐桓公霸业的旧梦。其结局以失败告终在所难免。由此也告诫我们每一个人，尤其是青年学子，做人一定要有自知之明。如果目中无人，自高自大，就难以清醒地认识自己和对手，不仅不利于自己的发展，还无法看清事情的本质，更会影响到人际关系。常言道："自知者明。"放下傲慢和自负，多一份尊重与谦和，让人性的光辉照耀我们一路前行。

19. 居必择邻

【出处】《晏子春秋·内篇杂上》

【原典】"君子居必择邻，游必就士。"

【译文】"君子居住就一定会选择邻居，出游必定接近贤士。"

【释义】居：住；择：选择。意指住家必须选择好邻居。

【拓展链接】

1. 典故拓展

据《晏子春秋·内篇杂上》记载：孔子的弟子曾子将要远行，晏婴为他送行，并对他说："君子送给人车子，不如赠给人言语。我是赠给你言语呢，还是赠给你车子呢？"曾子说："请赠给我言语。"晏婴说："现在那些车轮，本是山中笔直的树木，灵巧的工匠使它弯曲，让它同规那样圆，即使再加晒干，也不再挺直了。所以君子小心那种隐形的弯曲。和氏璧本是乡里的门槛，灵巧的工匠修治它，就成了收藏在国都中的宝物，所以君子用心修治自身。现在那兰草，三年长成，用苦酒浸泡过后，君子不亲近它，百姓也不佩带。若用麋肉酱浸泡它，则相当于一匹马的价格。不是兰草好，是浸泡它的东西使它这样啊。希望您一定要找合适的浸泡物。我听说，君子居住就一定选择邻居，出游必定接近贤士。选择居住地是为了寻求贤士，寻求贤士是为了避开祸患。我听说，外界的干扰能改变人的本质，习惯风俗会改变人的性情，不能不小心呀。"以上便是成语"居必择邻"的由来。

2. 典故链接——一傅众咻（xiū）

据《孟子·滕文公下》记载：孟子，是战国时期著名的思想家和教育家。他是孔子儒家学说的主要继承者，有"亚圣"的美称。有一年，孟子听说宋国的国君说要施行仁政，这正是孟子所竭力主张的，所以他特地到宋国去。孟子在宋都彭城（今江苏省徐州市）了解了一段时间，发现宋国国君手下的贤臣很少，而没有德才的人却很多。他感到情况并不是像宋国国君说的那样，便打算到别国去游历。宋国的国君听说孟子要离去，便派大臣戴不胜去挽留，并向他请教治理国家的方法。戴不胜说："请问先生，怎样才能使我们宋国的君王贤明？"孟子回答说："先生要使贵国的君王贤明吗？我可以明白地告诉您。不过，还是让我先讲一件事。楚国有位大夫。想让自己的儿子学会齐国话。据您看，应该请齐国人来教他呢，还是请楚国人来教他？"戴不胜不加思索地说："当然是请齐国人来教他。"孟子点点头，说："是的，那位大夫请了一个齐国人，来教儿子齐国话，可是他儿子周围有许多楚国人整天在打扰他，同他吵吵嚷嚷。在这样的环境中，就是用鞭子抽他、骂他、逼他，他也学不会齐国话。如果那位大夫不是这样做，而是将儿子带到齐国去，让他在齐国都城临淄的闹市住几年，那么齐国话很快就会学好。即使你不让他说齐国话，甚至用鞭子拍打他，强迫他说楚国话，也办不到。"戴不胜打断孟子的话说："我们宋国也有薛居州那样的贤士呀！"孟子回答说："是的，宋国的薛居州是一位清廉的大夫。但是靠他一个人在君王左右是不起什么作用的。如果君王左右的人，无论年老处少、官职尊卑，都能像薛居州一样，那才行呢。君王左右都不是好人，那君王能与谁去做好事呢?"戴不胜向国君复命后,国君见孟子去意已决,便不再强留,送了他一些钱,让他离开宋国。以上便是成语一傅众咻的出处。其中,傅:教导;咻:喧扰。该成语原指一人教诲时,众人在旁喧扰。后比喻学习或做事时受扰,不能有所成就。有时也形容环境对于人的影响甚大。

【今读新得】以上两个成语均含有环境对人的影响不可忽视之意。"居必择邻"的言外之意是:邻居一定要选择能给自己和家人带来好影响的邻居。与"近朱者赤,近墨者黑""孟母三迁""南橘北枳"等成语故事所表达的意思具有异曲同工之妙,都反映出古人对良好居住环境的向往。另外,班固的《后汉书》更留下千古名句:"与善人居,如入芝兰之室,久而不闻其香。与恶人居,如入鲍鱼之肆,久而不闻其臭。"意即与道德高尚的人生活在一起,就像进入充满兰花香气的屋子,时间一长,自己本身因为熏陶也会充满香气,于是就闻不到兰花的香味了;和素质低劣的

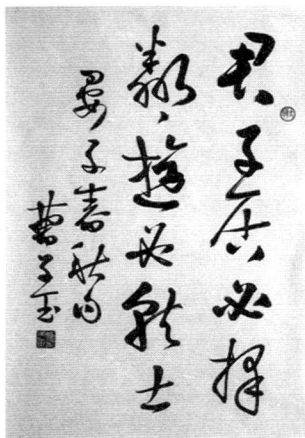

(曹子玉作)

人生活在一起,就像进了卖鲍鱼的市场,时间一长,连自己都变臭了,也就不觉得鲍鱼是臭的了。由以上可以看出:古人早就认识到了环境对人的重要影响,并注意将选择良师益友以及选择利于学习的环境以修身立德作为人生箴言。概而言之,"居必择邻,游必就士"所蕴含的人生智慧值得现代人特别是青年学子借鉴。它昭示我们:环境对一个人性格、习惯、品德等的影响力不容小觑。接近好人可以使人受到好的熏陶,接近坏人可以使人受到坏的影响。进而告诫青年学子:在交友、选择生活环境时,应当谨慎选择。只有拥有了良好的环境,人的心情才会更加舒畅,才能将自己置于融洽和谐的人际氛围中,置于积极的磁场中,才会看到这个世界的斑斓色彩,也才会拥有更饱满的人生。另一方面,无论在工作中,还是生活中,一个良好环境和氛围的营造,要靠大家的共同努力。更进一步地说,营造和维护良好的生活、工作、成长环境,人人有责,时不我待。愿青年学子们多一份责任,多一份行动。如果人人都尽一份力,我们的家园就会更加温馨美好!

06

|亲情如水篇|

1. 孺子牛

【出处】《左传·哀公六年》

【原典】"女忘君之为孺子牛而折其齿乎？而背之也！"

【译文】（鲍牧说：）"难道您忘记先君为荼做牛而折掉牙齿吗？现在你这是违背先君的遗命！"

【释义】原意是表示父母对子女的过分疼爱。后来现代伟大文学家鲁迅《自嘲》中的"横眉冷对千夫指，俯首甘为孺子牛"名句使"孺子牛"的精神得到升华，人们用"孺子牛"来比喻心甘情愿为人民大众服务，无私奉献的人。

【拓展链接】

1. 典故拓展

春秋时期，齐景公是一个在位时间很长的国君（在位五十八年）。他一共有六个儿子，但他最喜爱的是小儿子晏孺子（原名叫姜荼）。晏孺子是景公的宠妃芮姬所生，长得聪明伶俐，活泼可爱，已到花甲之年的景公经常和孺子一起玩乐，做游戏，孺子要他干什么，他就干什么。

有一次，孺子要景公装作一头牛让他牵着玩，景公立即让人拿来一根绳子，把绳子的一头用牙齿咬住，把绳子的另一头让孺子牵着。孺子高兴极了，他便像牧童一样，牵着"牛"猛跑起来，景公也装着牛叫在后面跟着跑，跑着跑着，孺子一不留神，突然一跤跌倒。景公没有防备，咬着绳子的门牙竟被拽掉了一颗，顿时满嘴鲜血直流。孺子"哇"的一声，大哭起来。景公顾不得自己，上前把孺子拉到自己怀里，说："孺子乖，孺子不哭，爸爸不痛！"过了一会，孺子不哭了，景公又陪着孺子玩起了别的游戏。过了不久，景公病了，而且病得很重。临死前，他立下遗嘱，要大臣国夏和高张辅助晏孺子继承王位。景公的长子阳生听说后，害怕遭祸，逃到了鲁国，孺子的其他几个兄长都被景公下令逐出京都，迁到东莱。

景公死后，国夏和高张便立孺子为君，孺子年幼，就由国夏和高张辅政。这时，原与阳生交好的大夫陈僖子心中愤愤不平，他先造谣说国夏和高张要杀尽旧臣，起用私党，煽动君臣的不满，接着与另一大臣鲍牧一起向国夏和高张发难，打败了他们两人。孺子年幼无知，便封鲍牧为右相，封陈僖子为左相。

不久，陈僖子又暗中把阳生接回国内，藏在自己家中。一天，陈僖子假称祭祖，请群臣宴饮。席间，陈僖子说："我最近得到一副最好的盔甲，请各位鉴赏！"说完，他让几名家臣抬出一个大皮囊，解开皮囊，阳生从里面走了出来，群臣见了，不由十分吃惊。陈僖子说："国君死后，继立长子，这是天经地义的。晏孺子年纪太小，做不了国君，今天我奉鲍相国的命令，我们大家一起改立公子阳生为国君！"鲍牧听了，大吃一惊，说："我事先根本不知道这件事，你怎么能诬称是我的意思。难道您忘记先君为荼做牛而折掉牙齿吗？现在你这是违背先君的遗命！"

阳生向鲍牧作揖说："废掉一个国君，再立一个国君的事，各国多得很。相国只要权衡是否合乎道义就行了，何必一定要什么先王遗命呢？"鲍牧和群臣见陈僖子和阳生早有准备，府中也埋伏了武士，如果反对，势必身首异处。于是只得同意陈僖子的主张，一起歃（shà）血为盟，共立阳生为国君，是为齐悼公。悼公继位后，没多久便下令把晏孺子杀了。过了不久，因为鲍牧曾反对立他为君，悼公便也寻了个借口，把鲍牧杀了。

以上便是"孺子牛"的典故。由此可知，"孺子牛"的原意不是牛，而是人，即为儿子扮牛的齐景公，表示父母对子女的过分疼爱。鲁迅先生使"孺子牛"的精神得到升华。鲁迅所表达的情怀是崇高而伟大的，没有个人的私心和杂念。他所要做的"孺子牛"，与齐景公为私所扮演的"孺子牛"有着天壤之别。

2. 人物链接——晏孺子其人

晏孺子，姜姓，吕氏，名荼，为齐景公的宠妃芮姬所生，春秋时期齐国国君。鲁哀公六年（前489年），齐景公病重，命国夏、高昭子立少子晏孺子为太子，逐群公子，迁之东莱。不久田乞（陈乞）发动宫廷政变，迁晏孺子于骀，后弑之，逐其母芮姬，与诸大夫另立年龄较长的吕阳生为新君，即齐悼公。晏孺子在位仅十个月而亡。

3. 典籍链接——《左传》

《左传》，全称《春秋左氏传》，相传是春秋末年鲁国的史学家、文学家、思想家左丘明为《春秋》做注解的一部史书，与《公羊传》《穀梁传》合称"春秋三传"。它也是中国第一部叙事详细的编年体史书，共三十五卷。《左传》是儒家经典之一，且为十三经中篇幅最长的，在《四库全书》中列为经部。记述范围从前722年（鲁隐公元年）至前468年（鲁哀公二十七年），主要记载了东周前期二百五十四年间各国政治、经济、军事、外交和文化方面的重要事件和重要人物，是研究中国先秦历史很有价值的文献，也是优秀的散文著作。《左传》是我国第一部规模宏大而内容翔实的史学钜编，在古代史学发展史上占有不可替代的重要地位。

4. 典故链接——知子莫若父

据《管子·大匡》记载：齐前庄公六十四年（前731年），齐前庄公去世，禄甫即位，是为齐僖公。齐僖公生有三个儿子，即公子诸儿、纠与小白。僖公委派鲍叔牙辅佐小白，鲍叔牙不愿干，称病不出。管仲和召忽去看望鲍叔牙，说："为什么不出来干事呢?"鲍叔牙说："先人讲过，知子莫若父，知臣莫若君。现在国君知道我不行，才让我辅佐小白，我是想不干了。"

以上便是成语知子莫若父的出处，意指没有比父亲更了解儿子的了。现在人们常用该成语来表示父亲对儿子的深切了解。

【今读新得】以上两个成语均与父爱有关。特别是成语孺子牛中齐景公的父爱更是令人感动。当一国之君齐景公趴在地上，口里衔着绳子，让他最宠爱的小儿子孺子当牛骑的时候，我们读到的是其满满的父爱；当年至花甲的景公咬着绳子的门牙被拽掉了一颗，满嘴鲜血，却仍然不顾一切地将吓哭了的孺子拉到怀里，去抚慰他的时候，我们已被这种深沉的父爱感动得热泪盈眶。人们常说父爱如山，这一点在该成语故事中表现得更加生动感人。它也让我们认识到：父爱虽伟大宽广，但最感人之处往往就在这微不足道的细节里。《诗经》上说："父兮生我，母兮鞠我，抚我畜我，长我育我，顾我复我。"常言也道："可怜天下父母心。"寥寥数语却饱含了多少深情与期盼，多少辛酸与无奈！世界上最大的恩情莫过于父母的养育之恩。它值得我们用生命去珍爱、去感恩、去报答。中国有一句古话："百善孝为先。"孝是德之本，善之源，是一个人为人处世之根本，也是做人的基本要求。其实，孝敬父母，无须做出惊天动地之举，往往体现在点滴的生活细节中。也许一句关爱的话语、一个温暖的眼神、一个亲昵的动作，抑或任何一个微小的进步，就可以表达我们对父母的爱与孝心。以上是该则成语给我们的第一点启示。另一方面，该成语也自然让我们联想到一个老生常谈的话题——父母应怎样爱自己的子女。的确，每个孩子都是父母手心里的宝。有了父母的爱，孩子才能健康成长。但是爱孩子也要有分寸，讲原则。若对待孩子的爱丧失原则，过分宠爱，势必把孩子惯坏、宠坏。这种"爱"反而是盲目的、有害的。身为一国之君的景公以年老力衰之躯，陪最小的孩子孺子玩耍实在难能可贵，足见他对孺子的爱之深。但是不可否认的是，这种爱又包含着不少宠爱、溺爱的成分。以至于景公对孺子的爱逐步升级，由"治家"扩展到"治国"，以致后来破坏祖宗礼法，由最小的儿子孺子继承王位，进而导致继承君位的纠纷不断，孺子最终也变成了王位之争的牺牲品。由此再次印证了"惯子如杀子，溺爱出逆子"这一道理。反复品读该成语，我们既为景公在孺子身上倾注的深深父爱所感动，同时也为他对孺子的过分宠爱、溺爱，以致最终导致的悲惨结局感到遗憾和可悲。由此也告诫当代父母：孩子是父母掌心里的宝，父母疼爱孩子是人之常情，但是爱孩子要爱得其法，要爱得有度，应克制那些无益的激情和冲动，千万不要把疼爱变成溺爱。可见，养育孩子的过程，也是和孩子共同成长的过程。

2. 缇萦救父

【出处】《史记·扁鹊仓公列传》（又见《列女传·辩通传》）

【原典】"上书曰：'妾父为吏，齐中称其廉平，今坐法当刑，妾切痛死者不可复生，而刑者不可复续，虽欲改过自新，其路莫由。妾愿入身为官婢，以赎父刑罪，使得改行自新也。'上闻而悯其意，此岁即除肉刑法。"

【译文】"（缇萦）上书朝廷说：'我父亲是朝廷的官吏，齐国人民都称赞他的廉洁公正，现在犯法被判刑。我非常痛心处死的人不能再生，而受刑致残的人也不能再复原，即使想改过自新，也无路可行，最终不能如愿。我情愿自己没入官府做奴婢，来赎父亲的罪，使父亲能有改过自新的机会。'汉文帝看了缇萦的上书，悲悯她的心意，便赦免了淳于意，并在这一年废除了肉刑。"

【释义】指淳于意的小女缇萦为了赎回父亲的肉刑罪，大胆上书皇帝，自愿纳身救父的感人故事。

【拓展链接】

"肉刑"，是古代残废肢体、残害肌肤、破坏身体机能的墨、劓、刖、宫等带有原始、野蛮色彩的刑罚。夏、商、周朝如此，秦朝更是风行，《盐铁论》中就有"劓鼻盈车、履贱踊贵"的记述。这种让人切齿痛恨的酷刑，一直延续到汉初。然而，到了前167年，西汉文帝刘恒却突然发布了废除肉刑的诏书："《诗》曰：恺悌君子，民之父母。今人有过，教未施而刑已加焉，或欲改过为善，而道无繇至，朕甚怜之！夫刑至断肢体，刻肌肤，终身不息，何其痛而不德也！岂为民父母之意哉？其除肉刑，有以易之！"（《史记·文帝本纪》）不久，丞相张苍等人根据这个诏书废除了肉刑制定，颁布了新刑法。让人惊讶的是，促成汉文帝做出废除肉刑这一重大历史决策的，竟然是一位年龄只有十几岁的民间小姑娘。她的名字叫缇萦。

缇萦系西汉初期著名医学家淳于意之女。淳于意，复姓淳于，名意，是临淄人，因为他曾经当过齐太仓令（管理京城粮仓），所以人们尊称他为仓公或太仓公。淳于意年轻时爱好医术，拜名医公乘阳庆为师，虚心求教，学习医术。淳于意得到公乘阳庆的真传，公乘阳庆让淳于意把以前学的医方全部抛开，然后把自己掌管的秘方全给了他，并传授他古代的脉书，以及各种诊病的方法，医术非常精湛。淳于意学了两年后，为人治病，常常是药到病愈，因此很快成为名医。但他喜欢到处游历，一些权贵派人请他去当侍医，他怕行动受到束缚，便一一予以拒绝。为此，他还曾隐藏行踪，时常迁移户籍，甚至不置家产。这样，就难免得罪权贵。他在当太仓长的时候，有人就告发了他。

前167年，淳于意被判肉刑。按西汉初年的律令，凡做过官的人，受肉刑必须到京城长安执行。因此，淳于意被用传车押送到长安受刑，经受肉刑是一种极为痛苦的凌辱。临行时，淳于意的五个女儿号啕大哭。在这种难受的境遇下，淳于意哀叹道："可惜我生女不生男，急难临头，没有一个人能帮助我！"

年纪最小的女儿缇萦听了父亲的话，既悲痛又不服。她认为女孩子也能像男孩子一样，为父亲解救苦难。于是，她毅然跟随父亲一起进京。到长安后，（缇萦）上书朝廷说："我父亲是朝廷的官吏，齐国人民都称赞他的廉洁公正，现在犯法被判刑。我非常痛心处死的人不能再生，而受刑致残的人也不能再复原，即使想改过自新，也无路可行，最终不能如愿。我情愿自己没入官府做奴婢，来赎父亲的罪，使父亲能有改过自新的机会。"缇萦的上书情真意切，悲辛感人。当朝皇帝是开创了历史上少有盛世"文景之治"的汉文帝刘恒。史书记载，汉文帝治天下，恭俭仁厚，以德化民，海内安宁，百姓安居乐业。文帝看了缇萦的上书后，感其孝诚，于是下诏赦免淳于意，并在当年颁发诏书废除肉刑。正是小小女子缇萦的至孝之心而上书救父的美举，促使了肉刑的废除。缇萦这一非常的行动，不仅使其父淳于意免除受刑，还使他得以重操医业，潜心研究医学，成为一代名医。司马迁评价这件事时，引用老子的话说："美好者不祥之器"。——凡是美好的东西，都是不吉祥的事物。因为美好的东西恰恰是统治者最害怕的东西。典故缇萦救父也是成语改过自新的由来。意指改正错误，重新做人。

【今读新得】读了该则典故，我们不禁为年方十几的小姑娘缇萦身上闪烁的毅力、勇气及其至孝之心所深深感动，也不由发出"缇萦救父留美谈，谁说女儿不如男"的感叹。缇萦上书救父的孝行，流芳千古，也成为后世孝道的典范。父母之爱是无私的、伟大的。父母给予了我们生命，并含辛茹苦地抚育我们长大，教我们做人，这种恩情当永远铭记在心，他们应当得到我们的回报，受到我们的孝敬。小小缇萦的孝行可敬可颂，堪称我们学习的楷模。常言道："羊有跪乳之恩，鸦有反哺之义。"孝敬父母既是做人的本分，也是中华民族的传统美德，更是每个公民应尽的法律义务。中国还有一句古话："树欲静而风不止，子欲养而亲不待。"可见，人生最不能等待的事情就是孝顺父母。青年学子们，趁我们还年轻，趁他们尚未老去，去好好珍惜和报答这份沉甸甸的爱吧！

3. 不义之财

【出处】《列女传·母仪传》

【原典】"其母曰：'不义之财，非吾有也。不孝之子，非吾子也。子起。'"

【译文】"田稷母说：'不义之财，不是我应该有的。不孝之子，也不是我的儿子。你走吧。'"

【释义】不义：不正当，不合理。意指不应该得到的或以不正当的手段得来的钱财。

【拓展链接】田稷子是战国时期齐国人，他深得齐宣王信任，被拜为相国。一次，田稷子收受了下属官吏贿赂的黄金百镒。有一天，他将这百镒黄金拿回家奉于其母。其母眼望百金，面露怒容，责问田稷子道："你虽为相已三年，但你的俸禄大概还没有这些多吧？这些金子难道是德行纯正的正人君子应该得到的吗？我怎么能收下这些金子呢？"田稷子对母亲如实答道："这些金子确实是下属送我的。"母亲严厉地训斥田稷子说："我听说士大夫应当修身洁行，不苟且贪求。一个品德高尚的士人心中应该不想不义之事，家中应该不收无理之利，一定要注意做到洁身自好、言行一致、忠诚守信、办事公正。现在国君把治理国家的重任交付给你，你应时时不忘精忠报国，感谢君恩，不应该贪求不义之财，做违心之事。你只有为政清廉，办事公正，才能一生通达，没有祸患。如今你却与此相反，背离了忠的要求。"又说："不义之财，非吾有也。不孝之子，非吾子也。子起。"母亲的一番训斥使田稷子羞惭不已，他急忙走出家门，先将百金退还给属吏，然后主动向宣王请罪。宣王明白了此事缘由，对田稷母的义行义举赞不绝口，不仅赦免了田稷子的罪，"复其相位"，更将千金赏赐田稷母，诏令天下学习田稷母深明事理、教子有方的高尚品行。这便是成语"不义之财"的由来。

【今读新得】读罢该成语故事，我们既为齐宣王能够明辨是非、宽宏大度拍手称快，还为田稷子严奉母训、知错即改、清廉为政的可贵德行所钦佩，更为田稷母的高尚品德和高超的教子智慧所折服。对于相国田稷子来说，做事认真，知错能改，退贿请罪的确难能可贵，不过常言道：一个成功的男人背后总是站着一个伟大的女人。该典故就充分展示了古代女性尤其是母亲在子女成长中的重要作用。田稷子可贵官德的养成离不开其母日常的教诲、督促与管束。在该故事中，田稷母就为田稷子怎样为官做人上了生动一课：为官要忠诚事君，恪尽职守，廉洁公正，行为高洁；做人要忠诚老实，不虚伪欺诈，言行一致，诚实守信等。她的那句"士修身洁行，不为苟得"的训斥今天听来依然掷地有声！由此亦折射出田稷母是一个为人清廉正派、深明事理、感情细腻而又深谙教子之道的伟大母亲。其教子之道简而言之就是：不但适时教诲儿子，而且注重身教——以其高尚品行去影响和感化儿子。至此，我不禁联想到东晋时期著名孝廉范逵面对截发延宾的陶侃母所发出的感慨："非此母不生此子。"我们是否也可以说："有此母，田稷子之幸也，天下之大幸也！"同时，该成语故事也让我们思绪万千，感触良多。父母在赋予我们生命的同时，也给我们带来了一生的爱，特别是母亲的呵护、教诲和影响更是我们一生最宝贵的财富。母爱就像一把燃烧的火炬，时刻照亮我们前进的路。母爱又似涓涓细流，无声地滋润我们的心田。"谁言寸草心，报得三春晖。"懂得知恩，学会感恩，是每个人成长中的重要一课。青年学子们，让我们常念父母养育之恩，常为感恩之行，以自己的实际行动去演绎无悔的青春！

不義之財
非吾有也

丁酉年夏蓬壷书

（耿彦奎作）

4. 义继母重义守信

【出处】《列女传·节义传》

【原典】"其母对曰：'今既受人之托，许人以诺，岂可以忘人之托而不信其诺邪！且杀兄活弟，是以私爱废公义也；背言忘信，是欺死者也。……何以居于世哉！'"

【译文】"这位母亲回答说：'现在我既然受人托付，就要信守诺言，怎么可以忘记嘱托失信于人！况且让哥哥去死，留着弟弟活着，这是用私爱来废弃公义；违背誓言，不守信用，是欺骗死去的人。……不守诺言怎么能活在世上呢！'"

【释义】意指义继母重义守信，教子守信好义。

【拓展链接】据《列女传·节义传》记载：齐宣王时期，发生了一起命案，有人在路上被殴打致死。官吏查案时，有兄弟二人争相认罪受罚，结果命案成了悬案。官吏只得将情况报告给相国，相国又禀报给宣王。宣王说："如将二人均予以赦免，那是放纵有罪的人，也违背了国家法律；如将二人同时杀掉，又会诛及无辜。寡人深如：知子莫若母，做母亲的最了解儿子的善恶品行，可先征询其母亲的意见，然后再定罪判决。"于是，齐相将两人的母亲传至大堂，并问她说："你儿子打死了人，兄弟二人却争相抵罪去死，官吏也无法做出判决，大王仁义恩惠，让你回答由哪一个来抵命合适？"这位母亲听后大哭不止，然后哀求道："就杀掉我的小儿子吧。"齐相点头表示认可，但他接着又问："天下父母无不偏爱小儿子，而你却提出要杀掉小儿子，是何原因？"这位母亲说："小儿子由我所生，大儿子却是我丈夫的前妻所生，丈夫临终之前指着大儿子对我说：'这孩子命苦，其母去世早，今后就委托你把他抚养成人。'我答应了丈夫的临终遗愿。我深知人应言而有信，现在我既然受人托付，就要信守诺言，怎么可以忘记嘱托，失信于人！况且让哥哥去死，留着弟弟活着，这是用私爱来废弃公义；违背誓言，不守信用，是欺骗死去的人。不守诺言怎么能活在世上呢！丈夫九泉之下也不得安生啊。"这位母亲痛哭流涕，继续说："死去亲生儿子固然悲痛，但我可以竭尽全力培养好大儿子，教育他知义守信，这难道还有错误吗？我常教导小儿子要好好照顾哥哥，不要与哥哥为难，看到他们兄弟互帮互助，我就高兴不已；如果小儿子在九泉有知，也会理解做母亲的选择，做哥哥的也会明白，今后应当怎样去更好地为人，去做事……"说着她泪如泉涌，泣不成声。齐相立即入宫，向宣王做了汇报。宣王听后，对她的品行大加赞赏，并赦免了二子之罪，赐其母为"义继母"尊号，令全国人都学习她。这便是典故"义继母重义守信"的由来。

【今读新得】读罢该典故，我们在赞叹同父异母两兄弟争相抵罪的深厚情谊之同时，更感动于义继母的可贵品质！义继母的那句"背言忘信，是欺死者也。何以居于世哉！"惊天动地，响彻云霄！常言道："虎毒不食子。"哪个母亲不疼爱自己的孩子？大儿子是其夫前妻所生，小儿子才是自己的亲生骨肉，疼惜亲生骨肉是人之常情。但是在义继母眼中，信义是至高无上的，宁可摒弃私爱，以亲生儿子去替罪，也不能背言忘信。在生死攸关之际，她放弃了自己的亲骨肉和私心，为的就是履行当初的那份承诺。这体现了义继母忠于信义、敢于担当的美德。这是一种可歌可泣的人间大爱！再者，俗语说："有其母必有其子。"兄弟二人争相抵罪达一年之久而无反悔，亦足见义继母平日对二子的关怀和教育，以及在此基础上形成的良好家风。义继母以自己良好的修养和品行教导、影响儿子成人成才，确实是普天下母亲学习的楷模。其重义守信的可贵言行诠释了母爱之真谛，也温暖和激励了一代又一代人，并演化为我们民族共同的精神财富。是的，一个人的良好品格和习惯的养成，离不开亲人的培养和教诲。父母的谆谆教诲是你一生的财富！义继母虽已消失在历史的滚滚烟尘中，但她光彩依旧，她从未走远……

5. 凿楹纳书

【出处】《晏子春秋·内篇杂下》

【原典】 "晏子病，将死，凿楹纳书焉，谓其妻曰：'楹语也，子壮而示之。'"

【译文】"晏婴病重，快要离开人世了。（他）凿开厅堂前面的柱子，把遗书放在里面，对妻子说：'我的遗书，等孩子们成年后，拿出来给他们看。'"

【释义】楹：堂屋前部的柱子。意指藏守书籍以传久远。

【拓展链接】

据《晏子春秋》记载，一代名相晏婴病重，快要离开人世了。他凿开厅堂前面的柱子，把遗书放在里面，对妻子说："我的遗书，等孩子们长大后，一定要拿出来给他们看看。"等到孩子们长大了，晏婴的妻子从柱子里取出了遗书，给孩子们看。遗书上写了四句话："布匹、丝绸不能浪费，浪费了就没有穿的；牛马不能浪费，浪费了就没有拉犁种地的牲畜；作为一个士人，不能没有气节，没有气节就不要做官；国家不能物质匮乏，要发展经济、勤俭治国，否则国家就要灭亡。"可见，晏婴一生节俭，对家人的要求也极为严格。

同时，晏婴还要求妻子要衣着朴素，勤俭持家，甚至在临死之前都再三嘱托妻子要保持勤俭家风。据《晏子春秋·内篇杂下》记载：晏婴病重，即将离开人世，他的妻子问他还有什么话，晏婴对妻子说："我死后，担心家里节俭的习惯会改变。你一定要谨慎持家，不要改变这个习惯。"

家风带动政风，影响国风。晏婴辅政五十余年，始终严于律己，奉行节俭，并坚持"国奢示之以俭"，对齐国风气产生了积极影响。明嘉靖《青州府志》称：齐地汉代以后尚俭、倡廉，与晏婴的移俗不无关系。晏婴一生恪守清廉节俭，对家人严格要求，不仅赢得了百姓的衷心拥护，更影响和带动了整个齐国的社会风气，以至于几千年来不少商号在大门上都镌刻"陶朱事业，晏子家风"这一副对联。

【今读新得】 中国古人特别重视家教、家规、家训、家风的传承。古人云：修身、齐家、治国、平天下。其实"齐家"的最高境界就是形成大家庭里的"家风"，它代表着一家人的精神风貌、品格修养和处事原则。在中国传统文化中，家风敦厚尤显重要。在中国数千年的社会生活中，这些源远流长而又独具特色的家风、家训、家规，既是支撑一个家庭乃至家族世代前行的精神内核，也是中国传统文化得以延续的重要载体和媒介，更影响着整个民族的价值观和道德观。在这方面，晏婴给我们做了表率。晏婴担心儿子将来缺乏政治智慧，在临死的时候，给妻子留下遗嘱，叮嘱妻子待儿子成年以后再让儿子阅读。遗书虽然寥寥数语，却字字珠玑，字里行间都充满晏婴对儿孙传承家风的叮咛与嘱托，洋溢着满满的正能量。晏婴遗嘱的关键词：一为要节俭，不能浪费；二是要有气节；三是不可穷，物质不能匮乏。由此可见，晏婴遗嘱尤其重视子女的思想道德修养。同时，还应看到，晏婴家教的重要特点就是非常重视环境熏陶。其家风的形成，更多靠他的身体力行、言传身教。晏婴长期担任国之重臣，一生都注重个人修养，严格自律，而又克己奉公，尚俭倡廉。这些高尚品行不可避免地对家人产生了耳濡目染的影响。晏婴独特的家风家教对后人有着巨大影响，也给今人无尽启迪，更值得青年学子学习。前苏联著名教育家苏霍姆林斯基曾经说过："没有家庭教育的学校教育和没有学校教育的家庭教育，都不可能完成培养人这一极其细致而复杂的任务。"这就说明家庭教育在孩子的成长过程中是不可或缺的。家庭是社会的基本细胞，是人生的第一所学校，家长是孩子的第一任老师。不论时代如何变迁，不论生活格局发生多大变化，家庭的社会功能和文明作用都不可代替，我们都要重视家庭建设，注重家教、家风和家训。我们都应学习和借鉴晏婴的家教智慧，自觉接受其家风中浩然正气的熏染，一是充分认识家庭教育对孩子成长的重要性，要做到生而养之，养而教之，特别应重视培养孩子良好的道德品质和行为习惯。二是从我做起，身体力行，做优秀家训、良好家风的传承者和实践者，这不仅有利于中华家教智慧跨越时空的代际大传承，更能为我们的成长提供源源不断的精神营养。

6. 覆水难收

【出处】宋王楙《野客丛书》

【原典】"太公取一壶水倾于地，令妻收入。乃语之曰：'若言离更合，覆水定难收。'"

【译文】"姜太公便取了一壶水倒在地上，叫他的妻子马氏把水收起来。并对她说：'你已离我而去，就不能再合在一块儿。这好比倒在地上的水，难以再收回来了！'"

【释义】覆：倒。意指泼出去的水，无法收回。比喻事情已成定局，无法挽回。也作"覆水不收"、"反水不收"。

【拓展链接】商朝末年，有个足智多谋的人物，姓姜名尚，字子牙，人称姜太公。因先祖封于吕，又名吕尚。他辅佐周文王、周武王攻灭商朝，建立周朝，立了大功。后来封于齐，是春秋时期齐国的始祖。

太公曾在商朝当过官，由于不满纣王的残暴统治，弃官而走，隐居在陕西渭水北岸的磻溪。为了取得周族的领袖姬昌（即周文王）的重用，他经常垂钓于渭水之上。

太公整天钓鱼，家里的生计发生了问题，他的妻子马氏嫌他穷，没有出息，不愿再和他共同生活，要离开他。太公一再劝说她别这样做，并说有朝一日他一定会得到富贵。但马氏认为他在说空话骗她，无论如何也不相信。太公无可奈何，只好让她离去。

后来，太公终于取得周文王的信任和重用，又帮助周武王联合各诸侯攻灭商朝，建立西周王朝。马氏见他又富贵又有地位，懊悔当初离开了他。便找到太公请求与他恢复夫妻关系。太公已看透了马氏的为人，不想和她恢复夫妻关系，便取了一壶水倒在地上，叫马氏把水收起来。于是太公冷冷地对她说："你已离我而去，就不能再合在一块儿。这好比倒在地上的水，难以再收回来了！"马氏赶紧趴在地上去取水，但只能收到一些泥浆。她羞愧难当，活活气死了。这便是成语"覆水难收"的由来。

【今读新得】姜太公落魄时，其妻马氏嫌他太穷离开了他，后来姜太公得到重用，功成名就，马氏又想与他和好。可是覆水难收，后悔无益。该成语故事虽带有不少演绎成分，但却发人深省，蕴涵了深沉的人生智慧，也带给我们不少有益启示。第

（成国栋作）

一，做事要三思而后行。人生没有返程票，世上也没有后悔药。因此，我们在做决策时，一定要谨慎，要充分考虑到决策的后果和严重性，否则会追悔莫及。第二，不论是友情、爱情还是婚姻，都不是一劳永逸之事，都需要不断经营。也就是说，要有一个好的友情、爱情或者婚姻，选择固然重要，经营才是王道。因此，应常怀一颗感恩之心，并提升爱的能力，以及经营和坚守一份感情的能力。在该典故中，马氏就缺乏对婚姻的坚守，特别是在太公最落魄时，马氏没有选择给太公以理解、温暖和鼓励，可见太公与马氏婚姻的失败归根到底还是婚姻经营的失败。更进一步地说，用心经营，就意味着相互珍惜，就意味着谦让和忍耐，就意味着相守相望，也就意味着一生一世的不离不弃。如果用心经

营，和谁交往或者生活，都是"相看两不厌，唯有敬亭山"。否则，必然是友谊的小船说翻就翻，爱情的巨轮说沉就沉，婚姻的相伴说散就散。第三，要学会与自己和解。不要为打翻的牛奶哭泣，要有笑对人生的超然与洒脱。常言道："昨天的太阳，晒不干今天的衣裳。""人生不如意处十之八九。"过去的就让它过去。在缘分的天空中，与其勉强，不如多一份"一切随缘"的洒脱与豁达，学会放下，学会原谅自己，不要把大好时光浪费在对过去的回忆、忧虑与悔恨之中。法国大文豪大仲马曾经说过："人生是由一串串无数小烦恼组成的念珠，达观的人是笑着数完这串念珠的。"只有从中吸取教训，不断解剖、反省与总结，最终才能达到人生的升华与辉煌。青年学子们，愿我们在漫长的人生旅程中，时时拥有一颗积极自如的心，一份乐观豁达的心智，任凭风起云涌，不管世事如何变迁，终会拥有一片属于自己的幸福而缤纷的天空！

07

|友情无价篇|

1. 物以类聚

【出处】《战国策·齐策三》（又见《周易·系辞上》）

【原典】"淳于髡曰：'不然。夫鸟同翼者而聚居，兽同足者而俱行。'"

【译文】"淳于髡说：'不能这样说。那翅膀相同的鸟类聚居在一起生活，足爪相同的兽类一起行走。'"

【释义】类：同一类。比喻同类一起。指人或事物按其性质分门别类各自聚集。多比喻坏人相互勾结。也作物以类聚，人以群分。

【拓展链接】战国时期，齐国有一位著名学者名叫淳于髡。他博学多才，能言善辩，被任命为齐国的大夫。他经常利用寓言故事、民间传说、山野轶闻来劝谏齐王，而不是通过讲大道理来说服他，却往往能收到意想不到的效果。齐宣王喜欢招贤纳士，于是让淳于髡举荐人才。淳于髡一天之内接连向宣王推荐了七位贤能之士。宣王很惊讶，就问他说："寡人听说，人才是很难得的，我听说千里之内有一位贤士，这贤士就是并肩而立了；百代之中如果出一个圣人，那就像接踵而至了。如今您一个早晨就引荐七位贤士，那贤士不也太多了吗？"淳于髡回答说："不能这样说。那翅膀相同的鸟类聚居在一起生活，足爪相同的兽类一起行走。人们要寻找柴胡、桔梗这类药材，如果到水泽洼地去找，恐怕永远也找不到；到睾黍山、梁父山的北坡去采集，那就可以敞开车装载。世上万物各有其类，如今我淳于髡是贤士一类的人。君王向我寻求贤士，就譬如到黄河里去取水，在燧中取火。我将要再向君王引荐贤士，何止这七个！"以上便是成语物以类聚的由来。

【今读新得】该成语虽经两千多年的岁月沉淀，今天依旧魅力不减，成为一个使用频率颇高的成语。它揭示了人或事物都是按其性质分门别类地各自聚集这一道理，成为人们在处世方面，特别是交友方面普遍遵循的一个准则。俗话说："在家靠父母，出门靠朋友。"法国大作家罗曼·罗兰也说："有了朋友，生活才显出它全部的价值。"人的一生，需要朋友。真正的友谊是人类最灿烂的感情之花，是每个人一生不可缺的宝贵财富。交友更是大学生活不可或缺的重要部分，是学子们走向成熟的必由之路。因此，该成语给当代人特别是青年学子至少两方面启示：第一，朋友是我们一生不可多得的宝贵财富，所以要懂得珍惜与呵护。古人云："独学而无友，则孤陋而寡闻。""百年修得同船渡。"在聚散分离的人生旅途中，在各自不同的生命轨迹上，能够相遇并成为朋友，是一种难得的缘分。所以，应该珍惜这美丽的相遇，并用一生去好好保养和呵护友情。对待朋友，要以诚相待，以心相交，

（孙维德作）

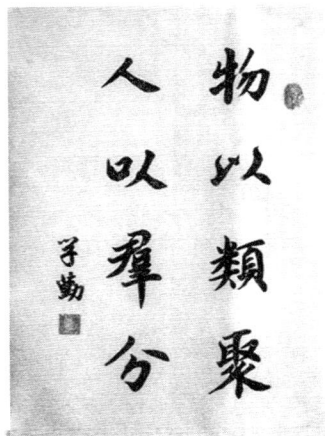

（付学勤作）

以理解为阳光，以宽容为雨露，这样友谊之树才会枝繁叶茂，并结出累累硕果。

第二，交友须谨慎，应遵循一定的交友原则。该成语揭示了事物之间潜移默化、耳濡目染的影响与作用，足以说明和谁在一起的确很重要。在现实生活中，和不一样的人在一起，就会有不一样的人生。选择一个好朋友，可能会成就一生；选择一个坏伙伴，足以把自己毁掉。"画眉麻雀不同嗓，金鸡乌鸦不同窝。"揭示的也是此道理。由此可见，交什么样的朋友，如何与朋友相处，考验的是我们的眼光和智慧。所以，我们每个人特别是青年学子一定要谨慎交友，应遵循一定原则去交友。孔子说："道不同，不相为谋。""益者三乐，损者三乐。乐节礼乐，乐道人之善，乐多贤友，益矣。""无友不如己者。过则勿惮改。""益者三友，损者三友。友直，友谅，友多闻，益矣。友便辟，友善柔，友便佞，损矣。"孔子的上述言论皆是道德与智慧的凝结，可谓字字珠玑，其实是揭示了交友的原则，在今天也不乏指导意义。提醒我们：意见或志趣不同的人不能在一起谋划。有益的朋友有三种，有害的朋友也有三种。同正直的人交朋友，同诚信的人交朋友，同见闻广博的人交朋友，这是有益的。同惯于走邪道的人交朋友，同善于阿谀奉承、阳奉阴违的人交朋友，同惯于花言巧语的人交朋友，这是有害的。概而言之，交友须交志同道合的朋友，交优秀的人和德才兼备的人。

第三，德国哲学家莱布尼茨说过："世界上没有两片完全相同的树叶，没有两个性格完全相同的人。"每个人都是独一无二的，因此在交友时，应求同存异，由此才能广交朋友，深交朋友。愿岁月不老，友谊长存！

2. 管鲍之交

【出处】《列子·力命》（又见《史记·管晏列传》）

【原典】"'生我者父母，知我者鲍叔也！'此世称管鲍善交者，小白善用能者。"

【译文】"'生我的是父母，了解我的是鲍叔牙。'这是人们称道的管、鲍善于结交朋友的事，小白善于任用能人的事。"

【释义】管：管仲；鲍：鲍叔牙；交：交情。意指管仲和鲍叔牙之间的深厚友情。后来形容朋友之间交情深厚、彼此信任的关系。又名管鲍分金、鲍子知我。

【拓展链接】成语管鲍之交讲的是历史上两个出类拔萃的人物——管仲和鲍叔牙之间的深厚友谊。管仲和鲍叔牙都是春秋时期的人，两人互相照顾，亲如手足。管仲家里很穷，又要奉养母亲。鲍叔牙知道了，就找管仲一起经商。赚了钱以后，管仲总是多分给自己，少分给鲍叔牙。而鲍叔牙从不和管仲计较。对此，人们背地议论说，管仲贪财，不讲友谊。鲍叔牙知道后，便替管仲辩解说：管仲不是不讲情谊，他这样做，是由于他家贫困，而且要奉养母亲，多拿一点没有关系的。

后来，管仲和鲍叔牙一起去打仗，每次进攻的时候，管仲都躲在最后面。大家都讥笑他，说管仲贪生怕死，没有勇敢牺牲的精神。鲍叔牙听说后，又向人们解释说，管仲不怕死，因为他家有年迈的母亲，全靠他一人供养，所以，他不得不那样做。后来，公子诸儿当上了国君，是为齐襄公。他每天吃喝玩乐，任意妄为。鲍叔牙和管仲都预感到齐国将会发生内乱，就分别带着公子小白和公子纠逃到莒国和鲁国去了。不久，齐襄公被人杀死，管仲想让公子纠顺利地当上国君，于是便在暗中对付小白，可惜把箭射偏了，小白不仅没死，还当上了齐国国君，是为齐桓公。

桓公即位后，决定委任鲍叔牙为宰相，鲍叔牙却对桓公说："管仲各方面都比我强，应该请他来当宰相才是！"桓公惊讶地说："管仲曾经想要杀我，你居然叫我请他来当宰相？"鲍叔牙却说："这不能怪他，他是为了帮他的主人才这么做的呀！我是您的辅臣，国君要加惠于我，使我免于饥寒，就算您的恩赐了。

至于治理国家，则非我所能胜任的，那只有管夷吾才行。我有五个方面不如夷吾。宽惠爱民，我不如他；治国不失权柄，我不如他；忠信以交诸侯，我不如他；制定礼仪可以示范于四方，我不如他；披甲击鼓，立于军门，使百姓勇气倍增，我不如他。管仲，好比人民的父母，将欲治理儿子，就不可不用他们的父母。"桓公听了鲍叔牙的话，便请管仲回来当宰相。在管仲的辅佐下，齐国迅速强大起来。在长期交往中，管仲和鲍叔牙结下了深厚情谊。

　　管仲在谈到他与鲍叔牙之间的往事时，曾经动情地说："吾始困时，尝与鲍叔贾，分财利多自与，鲍叔不以我为贪，知我贫也。吾尝为鲍叔谋事而更穷困，鲍叔不以我为愚，知时有利不利也。吾尝三仕三见逐于君，鲍叔不以我为不肖，知我不遭时也。吾尝三战三走，鲍叔不以我为怯，知我有老母也。公子纠败，召忽死之，吾幽囚受辱，鲍叔不以我为无耻，知我不羞小节而耻功名不显于天下也。生我者父母，知我者鲍子也。"（《史记·管晏列传》）以上便是成语"管鲍之交"的由来。

　　【今读新得】 常言道："人生得一知己足矣。"人的一生可能会有很多朋友，但是真正的知己却可遇不可求。而管仲和鲍叔牙就堪称知己。管鲍之交的故事被传为千古佳话。特别是管仲当年说的那句"生我者父母，知我者鲍叔也"，如雷贯耳，发人深思而又催人奋进，也带给我们恒久的启示。读罢该典故，我们不仅为鲍叔牙以国家利益为重，知贤荐贤而又让贤的高尚德行所折服，更仰慕于管鲍二人的深厚情谊，无论别人如何评论管仲，鲍叔牙都不为之所动，依然一如既往地给予其包容、谅解与协助。可以说，他们二人既能同甘，更能共苦，是对友情的最好诠释。他们之间的友谊经得起时间的考验，也经得起空间的考验，更经得起名利的考验。这样的友情就像一坛陈年老酒，浓郁清香，悠长甘醇；又似一曲荡气回肠的老歌，情也悠悠，意也悠悠。而该典故告诉我们：管鲍之间的深情厚谊不是凭空练就的，而是建立在两人长期的相互了解、相互信任、相互坦诚和相互谅解的基础之上的。正是由于鲍叔牙的无私大度以及彼此的信任、相知、理解、感恩以及默默的付出，才浇灌出了一朵最馨香而持久的友谊之花，并造就了一段令人津津乐道的千古美谈。难怪唐代大诗人杜甫也发出这样的感喟："君不见管鲍贫时交，此道今人弃如土。"是的，美好的友情令人向往，管鲍之交却告诉我们：朋友需要选择，更需要惺惺相惜。友谊之花需要细心呵护，用心浇灌。友谊是以诚相待、肝胆相照，更是相互包容、荣辱与共，是得意时的相互鼓励与欢欣，更是失意时的不离不弃。"生我者父母，知我者鲍叔也。"既包含着管仲对鲍叔牙的感激之情，亦洋溢着对真挚友情的礼赞。在物欲横流的现代社会，我们应该交什么样的朋友？应该怎样呵护友情？管鲍之交给了我们答案。

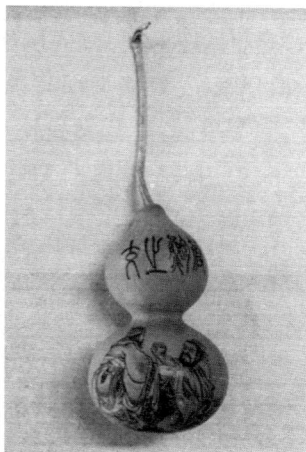

（尚国梁作）　　　　　　　　　　　　（宝福禄商行提供）

3. 晏越之交

【出处】《晏子春秋·内篇杂上》（又见《史记·管晏列传》《新序·节士·》）

【原文】"越石父曰：'吾闻之，至恭不修途，尊礼不受摈。夫子之礼，仆不敢当也。'晏子遂以为上客。"

【译文】"越石父说：'我听说最恭敬地待人也不必修整道路，最重的礼节也不必出门迎客。先生您这么以礼相待，我这个做奴仆的不敢当啊！'于是晏婴将越石父尊为上宾。"

【释义】晏：晏婴；越：越石父。意指晏婴和越石父之间的友谊。比喻以礼相待、相知甚深的朋友关系。

【拓展链接】

晏越之交源自一个动人的故事。越石父是春秋时期齐国的一个贤人，一次偶然的机会使他时来运转，摆脱了奴仆的命运，成为齐国相国晏婴的座上宾。

据《晏子春秋》记载：春秋时期，晏婴出使晋国，路过中牟（今河南省鹤壁市山城区一带），看见一个人头戴破帽子，反穿皮袄，身背饲草，正坐在路边休息。晏婴认为这个人是君子，便叫人去问他说："您是干什么的呢？"那个人回答说："我是越石父。"晏婴问他："您为什么到这里来呢？"越石父说："我到中牟来做人家奴仆，如果见到齐国使者，我就准备回齐国去。"晏婴又问："您为什么来做奴仆呢？"越石父回答说："我不能避免自身的饥寒交迫，因此做了人家的奴仆。"晏婴问："您做奴仆有多长时间了？"越石父回答说："三年了。"晏婴又问："可以用钱把您赎回去吗？"越石父说："可以。"晏婴就解下在左边拉车的马，用来赎出越石父，让越石父坐着自己的车一同回齐国。

当车子到了晏婴的居室后，晏婴不与越石父告别就进了屋，于是越石父很生气，要求同晏婴绝交。晏婴派人回答他说："我不曾同您有什么交往，您做了三年奴仆，我今天才见到，把您赎了出来，我对您还不算可以吗？您为什么突然就要同我绝交呢？"越石父回答说："我听说，贤士在不了解自己的人面前会蒙受委屈，在了解自己的人面前会心情舒畅，因此，这就是君子奉行的不因对别人有功就轻视人家，也不因别人对自己有功就自己贬低自己的道理。我在人家做了三年奴仆，却没有什么人了解我。今天您把我赎了出来，我以为您是了解我的。刚才您坐车的时候，不向我打招呼自己先上了车，我以为您是忘记了礼节；现在又不跟我告别就独自进屋去了，这跟把我当奴仆看待的人是一样的。我还将做奴仆，请您把我卖给世人吧。"

晏婴从屋里走出来，请越石父来相见，晏婴说："刚才，我只见到您的外貌，而现在我看到了您的内心。我听说，反省言行的人不会再犯类似的错误，体察实情的人不会讥笑人家的言辞，我可以向您道歉，您能不抛弃我吗？我真心实意改正错误的行为。"于是他命令人把厅堂打扫干净，重新安排席位，用酒席盛情款待越石父。越石父说："我听说最恭敬的待人也不必修整道路，最重要的礼节也不必出门迎客。您对我以礼相待，我真不敢当啊！"后来，晏婴把越石父奉为上宾。

【今读新得】有人说：朋友是一面镜子，能让你更加立体地解读自己和这个世界。反复品读晏越之交这个成语故事，让我们对这句话有了进一步的领悟和认同。有一种关系叫晏婴和越石父。越石父原来是一个奴隶，晏婴认为他是一个君子，就花钱为他赎身，并把他带回自己家里。可是越石父却因晏婴对自己的冷落、无礼而要求绝交，晏婴于是赔礼道歉并改正错误，对他更加敬重。从这个故事可以看出：一方面，越石父是一个自尊自重、刚正不阿、有骨气、有尊严的人；另一方面，晏婴也具有尊贤礼士、闻过则改的可贵品格。晏婴何过之有？晏婴之过就在于：为别人做了好事时，却自恃有功，傲慢无礼，更进一步地说，对越石父这个朋友并没有真诚相处，平等相待，由此使越石父感觉到人格受辱，并感到他们之间纯洁的友情遭到了亵渎。晏婴的过失不是自己发现的，而是通过越石父这面镜子照见的。所幸为人坦诚的越石父及时提醒了晏婴，而且内心坦荡的晏婴立即对自己的过失进行了反省和匡正。该成语故事让我们对友情有了新的理解，同时也带给我们不少启迪。第一，朋友是一面镜子，它能帮助你全方位地了解自己，照见自身的不足，正所谓"道义相砥，过失相规"；朋友更是一把尺子，它可以使你丈量自身的修养和境界。进而还可以说，朋友不仅能帮助人，还能吸引人，更能引领人、提升人。因此，要慎交友，交益友。要与可以充当你的镜子和尺子的人做朋友，同时若遇到这样的朋友，请一定珍惜。第二，友情贵在平等，贵在真诚。友情的天地里人人都是平等的，既不需要高高在上，也不应让自己低到尘埃里，而是要将心比心，以诚相见，互相尊重，平等相待，这样才能牢不可破，长期共存。记得有一首歌是这样唱的："千里难寻是朋友，朋友多了路好走，以诚相见，心诚则灵，让我们从此是朋友。"只有用心浇灌，用真诚之水呵护，友谊之树才能常青，友谊之花方能常开不败！

4. 白头如新

【出处】《史记·鲁仲连邹阳列传》（又见《狱中上书自明》）

【原文】"谚曰：'有白头如新，倾盖如故。'何则？知与不知也。"

【译文】"俗话说：'有的人相处到老，如同初识一般；有的人偶然相遇，却一见如故。'这是为什么呢？是因为相知和不相知的缘故。"

【释义】白头：白发，指年老，形容时间长。新：指初认识。相交时间虽久，但互不知心，还跟刚认识一样。意指彼此交情不深。

【拓展链接】

1. 典故拓展

邹阳是西汉时期的齐国人，初仕吴王刘濞，因刘濞阴谋叛乱，上书婉谏，吴王不听。他听说梁孝王礼贤下士，就到梁国来游学，并上书给梁孝王，纵谈天下大事，以展示自己的才华。梁孝王刘武是文帝窦皇后的小儿子，汉景帝的同母弟，有嗣位之意。邹阳力争以为不可，羊胜和公孙诡都是邹阳的朋友，也都是有才之人，但是羊胜等人妒忌邹阳，羊胜、公孙诡乘隙进谗，孝王很生气，下令将邹阳关进监牢，准备处死。邹阳十分激愤，他不甘心就这样被人陷害，就从牢狱里写信给孝王，慷慨陈词。信中列举事实说明：待人真诚就不会被人怀疑，纯粹是一句空话。他写道："荆轲冒死为燕太子丹去行刺秦始皇，为燕国报仇，可是太子丹还一度怀疑他胆小畏惧，不敢立即出发；卞和将宝玉献给楚王，可是楚王硬说他犯了欺君之罪，下令砍掉他的双脚；李斯尽力辅助秦始皇执政，使秦国富强，结果被秦二世处死。俗话说：'有白头如新，倾盖如故。'"意思是：双方互不了解，即使交往一辈子，头发都白了，也还是像刚认识一样；真正相互了解，即使是初交，也会像老朋友一样。相知与否，不在于相处时间的长短。这封信进献给孝王，孝王读了邹阳的信后，颇为感动，立即派人把邹阳从牢狱中放出来，并尊为上宾。以上便是成语"白头如新"的由来。

2. 人物链接——邹阳其人

邹阳（约前206年—前129年），齐国人，是西汉时期很著名的文学家、散文家。活动于汉文帝、景帝时期。文帝时，为吴王刘濞门客，以文辩著称于世。邹阳有文七篇，现存两篇，即《上书吴王》《于狱中上书自明》。司马迁赞邹阳"抗直不挠"；班固评邹阳"有智略，慷慨不苟合"。《汉书·艺文志第十》把邹阳列入纵横家。邹阳死后，归葬故里临淄。清朝咸丰元年（1851年）正月，临淄知县邹崇孟立汉邹阳故里碑。《临淄县志》有记载："邹阳故里，在辛店庄，有碑尚存。"碑文曰："大清咸丰元年正月，'汉邹阳故里'，临淄县知县邹崇孟。"后人有诗曰："招贤纳士汉梁王，善辩邹阳是智囊；总有小人羊胜妒，一腔血泪著华章。"

3. 成语链接——倾盖如故

在该典故中，还有另一个成语倾盖如故。倾盖：原意为古人外出乘车时，车顶的伞盖靠在一起，即路上偶遇，停下车子，揭开车盖交谈。比喻认识时间很短。后指初次相逢或订交。该成语意指初次相逢，便一见如故。该成语与白首如新放在一起使用，意指双方互不了解，即使交往一辈子，头发白了，也还像刚认识一样；真正相互了解，即使是初交，也会像老朋友一样。比喻感情的厚薄不以时间的长短来衡量。

【今读新得】白首如新，倾盖如故。前一句道尽了友情的苍凉与无奈，后一句又给人以希冀，让人憧憬。有的人，携手一生，却宛如初识；有的人，萍水相逢，却产生"相逢情便深，恨不相逢早"的奇妙感觉。该成语揭示了一个朴素的真理：两个人之间的友谊，无关乎地位，无关乎年龄，更无关乎时间。相知与否，不能以相处时间的长短来衡量。人生本是一场盛大的遇见，人的一生会遇见各种各样的人，朋友之间的遇见是一种难得的缘分。走进大学，你的遇见内涵更加丰富，范围更加广泛，意义也更为深远。你会遇见室友、同学、老乡、老师等等，他们会似走马灯一样地在你眼前闪现，如果你把握好了，他们会成为你的好朋友，甚至会与你相扶一生。否则只能与你擦肩而过，成为路人。不管怎样，人生的相逢仿佛都是缘分天空中的一片云。对待缘分，我们既要拥有缘来不拒、缘去不惊的达观心态，更要懂得珍惜之，及时把握之，并积极呵护之，以使我们的人生更加无憾和多彩。

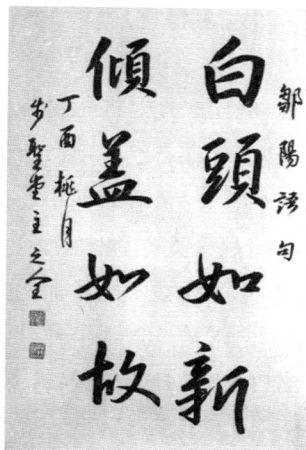

白头如新 倾盖如故 郭阳谚句
丁酉桃月 圣龛主之全
（王之全作）

5. 布衣之交

【出处】《战国策·齐策三》

【原文】"居期年，君召爱夫人者而谓之曰：'子与文游久矣，大官未可得，小官公又弗欲。卫君与文布衣交，请具车马皮币，愿君以此从卫君游。'于卫甚重。"

【译文】"过了一年，孟尝君召见那个与小妾有私情的人，对他说：'您和我交往，已经有很长时间了，大官得不到，小官又不愿做。卫嗣君和我交情很好。我给您准备车马、皮裘、缯帛等礼物，希望您去同卫嗣君交朋友。'那人到了卫国后，卫嗣君果然很器重他。"

【释义】布衣：指平民。贫贱者之间的交往。也指显贵者与没有官职的人交往。也作布衣交。

【拓展链接】

1. 典故拓展

战国时期，齐国贵族孟尝君为笼络人心，招揽了许多有才能的人。孟尝君让他们住在自己家里，给他们优厚的待遇，这些人被称为门客。在他的门客中，有一个人对孟尝君的小妾产生了爱慕之情。有人把这件事告诉了孟尝君，并且说："那个人吃着你的饭，住着你的房子，却喜欢上你的小妾，真是太不够义气了，你为什么不杀了他呢？"孟尝君说："见了美貌的人，产生爱慕之心，这也是人之常情，这件事你就不要再提了。"一年以后，孟尝君召见了那个与小妾有私情的人，并对他说："您和我交往，已经有很长时间了，大官得不到，小官又不愿做。卫嗣君和我交情很好。我给您准备车马、皮裘、缯帛等礼物，希望您去同卫嗣君交朋友。"那人到了卫国后，卫嗣君果然很器重他。

后来，齐国和卫国关系恶化，卫国想联合其他诸侯国攻打齐国，这时被孟尝君推荐到卫国任职的那个门客站了出来。为了报答孟尝君的恩情，他决定劝说卫国国君打消进攻齐国的念头。在该门客的极力劝阻下，卫国国君放弃了进攻齐国的计划，由此避免了一场战争。齐国人民听说了这件事，非常感慨，赞叹道："孟尝君真是一个会办事的人啊！由于他的宽容与仁慈，坏事变成了好事。"以上便是成语"布衣之交"的由来。

2. 人物链接——孟尝君其人

孟尝君（？—前279年），妫姓，田氏，名文，"战国四公子"之一，战国时期齐国贵族，齐威王田因齐之孙，靖郭君田婴之子，齐宣王田辟疆之侄。因封袭其父爵于薛（今山东省滕州市官桥镇），又称薛公，号孟尝君。孟尝君依仗父亲留下的丰厚资产，在封地薛邑广招各国人才，门下有食客数千。秦昭王求贤若渴，听说孟尝君的名气，便想将他招揽到秦国来，封为丞相，不久逃归。后为齐闵王相国。曾联合韩、魏击败楚、秦。齐闵王七年（前294年），孟尝君因贵族田甲叛乱事，为闵王所疑，谢病归薛，不久出奔至魏，任相国。曾西合秦、赵与燕共伐破齐。齐襄王立，孟尝君遂保持中立，不久复与莫联合相秦。孟尝君死后诸子争立，领地薛为齐、魏两国共同攻灭。

【今读新得】"战国四公子"之一的孟尝君善养门客，由于他的宽容大度，因此网罗了像冯谖这样足智多谋之人。他不但对门客提供了优厚的物质待遇，而且还以包容之心、欣赏之心对待每一个门客，由此也铸就了鸡鸣狗盗、狡兔三窟等传奇故事。布衣之交这个成语再次让人们看到了孟尝君宽容大度的君子之风。他没有杀一个与他的小妾有染的门客，而是表现出了非凡的大度：给那个门客准备了许多礼物，把他推荐给卫国国君，这使得那位门客非常感动，并在关键时刻舍命劝阻卫国国君，使卫国放弃了攻打齐国的企图。可以说，正是孟尝君的宽宏大量化解了这场危机。由此再次证明：人生道路上，宽容具有一种无坚不摧的魔力。宽容是一种润滑剂，可以消除人与人之间的摩擦；宽容是一束阳光，可以消除彼此之间的猜疑；宽容更是一座桥梁，能实现彼此之间的心灵沟通。朋友之间学会宽容，将会带来双赢的结果，带给彼此更多更大的空间。推而广之，人非圣贤，孰能无过。每个人都是优缺点并存的共同体。责人不如帮人，如果对别人的错误一味挑剔、苛责，非但令人反感，还可能激起逆反心，一错再错。所

（孙维德作）

以，心有多大，快乐就有多少；包容越多，得到的也会越多。"海纳百川，有容乃大。"只有当你具备了容人之量，才能使朋友由衷地归附和尊敬你，他才能为你所向披靡。更进一步地说，宽容大度能包容人世间的喜怒哀乐，只有做到宽容大度地看待人生，体谅他人，才能生活在欢乐与友爱之中，使人生达到一个新境界。所以，宽容不仅是一种力量，是一种境界，更是一种充满智慧的处世之道，是你通向成功的奠基石。俗话说得好："退一步海阔天空，让几分心平气和。"世界这么大，让他三尺又何妨？青年学子们，面对生活中的一些小矛盾，面对家人、朋友、同学的缺点与过失，如果能像孟尝君那样，少一点挑剔和苛求，多一份宽容与忍让，你就会发现，生活是如此的和谐与美好。

6. 膑庞之交

【出处】《史记·孙子吴起列传》

【原典】"孙膑尝与庞涓俱学兵法。庞涓既事魏，得为惠王将军，而自以为能不及孙膑，乃阴使召孙膑。膑至，庞涓恐其贤于己，疾之，则以法刑断其两

足而黥之,欲隐勿见。"

【译文】"孙膑曾经和庞涓一起学习兵法。庞涓在魏国做事以后,当上了魏惠王的将军,但自认为才能比不上孙膑,便暗中派人把孙膑召来。孙膑到了魏国,庞涓害怕他比自己贤能,忌恨他,就假借罪名砍去他的双脚并施以墨刑,想使他埋没于世,不为人知。"

【释义】膑:即孙膑;庞:即庞涓。意指孙膑和庞涓之间的朋友关系。形容无情背弃同窗或朋友情谊,各逞计谋较量高下、生死搏斗的关系。

【拓展链接】

孙膑是战国时期齐国人,他曾和庞涓一道,拜谋圣鬼谷子先生为师一起学习兵法。同学期间,两人情谊甚笃,并结拜为兄弟,孙膑稍年长,为兄,庞涓为弟。有一年,魏国国君以优厚待遇招求天下贤才,当庞涓听到这一消息后,再也耐不住深山学艺的艰苦与寂寞,决定下山,谋求功名与富贵。孙膑则觉得自己学业尚未精熟,还想进一步深造;另外,也舍不得离开老师,就表示先不出山。庞涓在魏国做事以后,当上了魏惠王的将军,但自认为才能比不上孙膑,便暗中派人把孙膑找来。孙膑到了魏国,庞涓害怕他比自己贤能,忌恨他,就假借罪名砍去他的双脚并施以墨刑,想使他埋没于世,不为人知。又骗他录写《孙子兵法》十三篇,打算写完以后杀害他。庞涓的家丁暗告孙膑。孙膑装疯,使庞涓不防,后得齐国大臣救助,逃出魏国。孙膑至齐,终得到齐威王的赏识,被拜为军师之职。第一次用围魏救赵之计,在桂陵击败了庞涓统率的魏军。第二次,孙膑用减灶之计,将庞涓诱入马陵道,用乱箭将他射死。以上便是典故"膑庞之交"的由来。

【今读新得】孙膑与庞涓出自同一师门,曾经情谊笃厚,并结拜为兄弟,后来却自相残害,反目为仇。这个故事与前几个友情故事相比,显得有些另类,品读之余令人唏嘘不已,亦让人感到分外沉重。庞涓无情背弃同窗情谊的丑行从反面给我们不少启示。第一,交友要谨慎,要多交益友,远离损友,提防毒友。友谊是我们每个人一生的宝贵财富,每个人一生中肯定会有朋友,且会在不同的阶段遇到不同的朋友。特别是步入大学校门以后,随着人际交往范围的扩大,肯定会遇到形形色色的人,而且不少学子涉世不深,辨别能力欠缺,因此有必要提醒学子们:须谨慎交友,应择善而从,应多交益友,远离损友,提防毒友。藏族有一句谚语:益友百人少,损友一人多。益友是指品德高尚、志同道合,有益于自己进步的朋友。损友是指会对自己产生不良影响的朋友。结交益友，你会潜移默化地受到好的影响，让你受益终生；结交损友，则会不知不觉受到侵蚀，甚至可能会毁了一生。毒友是指那些用语言或行为给人带来困扰，让人感到精疲力尽、灰心丧气，最终破坏自己的心情和生活的朋友。毒友不仅会消耗你，更会腐蚀你、毁掉你。所以，要交友一定要谨慎而为，不能盲目、泛滥，还要定期盘点并清理你的朋友圈，应尽可能多结交益友，远离损友，同时还应提防毒友。第二，对朋友要宽容、欣赏，不要嫉妒和诋毁。在孙膑和庞涓的交往中，庞涓之所以陷害损害，主要还是他过于争强好胜，虚荣心过强，嫉妒心太重。嫉妒是心灵的毒瘤，是人生进取中最大的敌人。因为有嫉妒心理的人一般比较自大、自私，总用仇视的眼光看待人，动辄攻击别人，因而人际关系一般都较紧张，而且也往往难以品尝到友情的快乐，体会不到人生的乐趣，其身心也不健康。真正的友谊不包含嫉妒。所以，在交友时，一方面，在与嫉妒心强的人交往时要格外谨慎，不能硬碰硬，要注意技巧，并尽量不要和嫉妒心重的人交友。另一方面，对待朋友要以诚相待，敞开心扉，心胸宽阔，要多一份理解和体谅，多一份欣赏与赞美。此外，应及时反省自己，学会正视自己，正确看待别人的进步，正确看待荣誉，树立自信，抛开自我中心的心理，及时赶走嫉妒心魔，让内心回归健康与平和。第三，知识和能力固然重要，但人品比它们更重要。庞涓不可谓没有能力，但却成为千古笑柄，主要源于他心术不正，嫉贤妒能，薄情寡义，背叛并残害朋友，这说明他人品不端。由此可见，人品是一个人能力施展的基础，是其真正的最高学历，更是其美好人生的通行证。青年学子们，立业先立德，做事先做人。愿我们每个人都以史为鉴，将人品锤炼作为一生的功课，让好人品成为成功人生的坚实根基。

7. 杀妻求将

【出处】《史记·孙子吴起列传》（又见《韩非子·外储说右上》）

【原典】"齐人攻鲁，鲁欲起吴起。吴起取齐女为妻，而鲁疑之。吴起欲就名，遂杀妻以明不与齐也。鲁卒以为将。将攻齐，大破之。"

【译文】"齐国的军队攻打鲁国，鲁君想任用吴起为将军，而吴起娶的妻子却是齐国人，因而鲁君怀疑他。当时，吴起一心想成名，就杀了自己的妻子，用来表明他不亲附齐国。鲁君终于任命他做了将军，率领军队攻打齐国，把齐军打得大败。"

【释义】杀掉妻子求取将帅的职位。比喻为追求功名而不惜一切。

【拓展链接】

1. 典故拓展

该成语说的就是吴起在鲁国时,齐国派遣军队攻打鲁国。吴起请求担任将军率军出征,有人就提出,吴起的妻子是齐国人,把鲁国的军队交给吴起不放心。吴起为了表明心志,回家把卧病在床的妻子杀死,取得了鲁国君王的信赖。鲁国君王终于把兵权交给吴起,吴起率领军队成功击退了齐军。吴起杀妻求将之事,未能唤起人们对他的尊敬,反而招致更多非议。其时,有人又向鲁国君王说吴起曾跟过一代宗师曾参学习,说他百行以孝为先,必要时会影响他的战事职责。鉴此种种,吴起听在耳里,记在心上,至吴母去世,吴起拒不奔丧。引起曾参对他的所作所为极之不满,认为吴起是一个无德无义之人。许多人也抨击吴起杀妻求将,是纯粹的名利之徒,士大夫也对其群起而攻之,吴起只能逃到了魏国。在魏国,魏文侯比较赏识吴起,不顾流言任用吴起,一时之间魏国称霸中原。可是魏文侯死了之后,又有人借题发挥,吴起只能躲到楚国。楚国又很多人对吴起有微词,幸亏楚王开明,让吴起推行改革,结果楚国国富民强,诸侯皆患之。但吴起变法如同商鞅变法一样,损害了不少宗室贵戚的利益。楚悼王一死,宗室大臣作乱,进攻吴起,吴起避走至王尸旁伏匿。叛军以箭向吴起乱射,连悼王尸体也中箭。太子即位后,诛杀射死吴起及中悼王尸体者,因此灭族至七十余家。

2. 人物链接——吴起其人

吴起(前 440 年—前 381 年),卫国左氏(今山东省定陶县,一说山东省曹县东北)人,战国初期军事家、政治家、改革家,兵家代表人物。与被尊为"兵圣"的孙子齐名,世称孙吴。吴起曾经拜鲁国曾子为师,学习儒术。吴起一生历仕鲁、魏、楚三国,通晓兵家、法家、儒家三家思想,在内政、军事上都有极高成就。吴起在军事上与孙子齐名,治兵有术,长于战略;又勇于改革。他曾得鲁国国君的赏识,旋受魏文侯重用,后来又在楚国担任令尹(宰相),实行变法,史称"吴起变法"。前 381 年,楚悼王去世,楚国贵族趁机发动兵变,攻杀吴起。后世把他和孙子并称为"孙吴",他所著的《吴子》与《孙子》又合称《孙吴兵法》,在中国古代军事典籍中占有重要地位。

吴起一生,非常复杂。为了富贵,不恤妻母。但他在魏国时,则又向魏文侯进忠言云：一个国家的长治久安，在君王立德，不在山川险固。他领军为将，能与士卒最下者同衣食。卧不设席，行不骑乘。亲自带着粮食，与士卒同甘共苦。有一个士卒患了脓疮，吴起竟亲自用口将其脓疮吸了出来。这个士兵的母亲听说此事后，不由号啼痛哭。有人就对她说："你的儿子不过是一个下等士兵，将军能亲自替您的儿子吸吮脓疮，是他的荣幸，你干吗要哭呢？"这位母亲回答说："往年孩子的父亲患了脓疮，吴将军就亲口为他将脓疮吸出来，他的父亲为报将军恩德，战死在了疆场。今天吴将军又为我的儿子吸脓疮，我的儿子肯定又要死在战场上了。我孤身一人，将来依靠谁呢？我是为了这个原因才痛哭啊！"吴起因为能善待士卒，很得军心，所以他率领的军队，作战能力也非常强，常打胜仗。

但也就是这个吴起，在鲁国时杀妻求将；在楚国时，又以刻暴少恩而致灭亡。以才能而得富贵功名，以不善而致败死。司马迁在《史记》评论道："能行之者未必能言，能言之者未必能行。"就是对吴起的最好写照。

【今读新得】在该典故中，吴起为了成就自己的功名利禄，残忍杀害自己的妻子，这种做法实在不足取。也显示了其灵魂中丑陋的一面。追求富贵安乐和功名利禄，无可厚非，关键是以何种手段达到目的。换言之，追求名利应采取正当手段，应以利己又利人为终极追求，以利己不损人，不伤天害理，甚至不灭绝人性为基本底线，不能不择手段、不惜任何代价地谋求成功。杀妻求将的故事看似离我们比较遥远，但是如果推而广之，在现实生活中，我们依稀还能看到这种人的影子。该典故也昭示现代人尤其是青年学子：树立远大抱负，及早确立人生目标，制定好人生规划，固然重要，但是目标确定以后如何实现更为关键，不能为了实现理想和目标而不择手段。为此要不断加强自我修养，坚持原则，有责任，有担当，端正心态，严守道德底线和法律底线，多做惠及天下之事，切勿为追求利益、实现个人目标而不择手段，进而做出危害他人、出卖朋友、贻害天下之事。要知道：道德常常能弥补智慧的缺陷，而智慧却永远填补不了道德的空白。人生之路漫长，愿我们彼此温暖和照亮！

8. 齐大非偶

【出处】《左传·桓公六年》（又见《史记·齐太公世家》）

【原典】"齐侯欲以文姜妻郑大子忽。大子忽辞，人问其故，大子曰：'人各有耦，齐大，非吾耦也。'"

【译文】"齐僖公想把女儿文姜嫁给郑国太子忽，却被太子忽婉言拒绝了，别人问其原因，他说：'每个人都有适合自己的配偶。齐国是大国，（文姜）不是我适合的配偶。'"

【释义】偶：配偶。齐国强大，（齐国国君的女儿）不是我合适的配偶。比喻婚姻不是门当户对，不敢高攀。

【拓展链接】春秋时期，齐国的国君齐僖公有个小女儿，名叫文姜，生得非常美丽。由于父亲的宠爱，文姜从小就娇生惯养，行为放荡，谁都不敢惹她。齐太子诸儿，和文姜不是同母所生。他见文姜漂亮绝顶，竟然起了邪念，多次有意去勾引她。文姜并不推拒，很快就和诸儿打得火热。兄妹两人的这种暧昧关系，渐渐传遍了宫中，只瞒着僖公一个人。有一天，僖公忽然想到文姜已经到了应该婚嫁的年龄，就派了几名使者到各国去了解情况，准备替女儿物色一位称心如意的配偶。不久，去郑国的使者回来报告说：郑太子姬忽不但品貌出众，而且能文能武，年龄也和文姜相当，是一位非常合适的人选。僖公听了喜出望外，马上再派他专程去郑国求婚。使者到了郑国，向国君郑庄公送上礼品，说明了来意。齐、郑两国的关系一向很好，现在僖公又主动派人前来求婚，郑庄公感到十分高兴。他一面设宴招待齐国使者，一面就叫人去把太子姬忽请来。姬忽来到大殿上见过父亲。郑庄公把齐国求婚的事情告诉了他，满以为姬忽一定会当着使者的面答应下来。谁知姬忽沉吟了片刻，回答说："这门亲事，孩儿不能从命。"齐国使者听了，感到有点不可理解，问道："太子不愿和我国通婚，不知是什么原因？"姬忽说："每个人都需要合适的配偶。齐是大国，郑是小国，这样的婚姻怎么相称呢？"使者见他不肯允婚，便不再勉强，告辞回齐国去了。郑庄公送走齐国使者后，对姬忽说："和齐国结成亲家，将来万一有事就可以得到它的帮助，你为什么不愿意呢？"姬忽说："孩儿认为，要得到幸福，只能靠自己，用不着去依赖大国。"郑庄公听了，觉得他很有志气，就不再说什么了。齐使回到齐国都城临淄，向僖公汇报了姬忽辞婚的经过。僖公虽然感到十分惋惜，但也无可奈何，只好作罢。以上便是典故齐大非偶的由来。

后来，齐僖公听说鲁桓公即位不久，还没有娶妻，就马上派人前去说合，把文姜嫁给了鲁桓公。文姜嫁到鲁国，开始还比较安分，日子一长就渐渐按捺不住了。前698年，僖公去世，诸儿即位做了国君，史称齐襄公。文姜勾起旧情，一再向鲁桓公提出，要回到齐国去看望哥哥襄公。鲁桓公根本不了解其中的奥妙，因此答应了文姜的请求。于是，桓公带着文姜前往临淄，襄公在内殿大摆酒宴款待了他们。宴罢，襄公就把文姜接进宫去，只说是和女宾们相见叙旧，请鲁桓公回宾馆休息。鲁桓公在宾馆等到深夜，还不见文姜回来，不由起了疑心。第二天早上，他就派了一名侍臣到宫门附近去打听消息。侍臣买通了宫门禁卫，从几个宫女的口中打听到文姜住在襄公那里，同时又了解到襄公和文姜过去的一些丑闻，就回来向鲁桓公报告。桓公听了，不由怒火中烧，但他考虑到自己身在齐国，因此不敢马上发作。到了中午时分，文姜坐着宫车回到宾馆。鲁桓公心里正没好气，就冲着她盘问起来，讲了不少挖苦的话。文姜感到事情已经败露，不敢当面争辩。过了一会，她趁鲁桓公午睡的时候，急忙跑到宫中告诉了襄公。过了几天，鲁桓公准备带着文姜回国。襄公在宫中为他置酒饯行，灌得他酩酊大醉，然后襄公派力士彭生乘车护送他回宾馆。半路上，彭生打断了鲁桓公的肋骨，把他杀害在车中。

鲁桓公的悲惨结局，本来是可能落到郑太子姬忽身上的。由于他以"齐大非偶"为理由，拒绝了僖公请婚的要求，因而避免了一场杀身之祸。《左传》对太子姬忽的评价，仅四个字——"善自为谋"。这即是成语善自为谋的由来，意思是说公子姬忽很会为自己打算。这个成语应是齐大非偶的姊妹篇。它们不仅源于同一事件，还存在一定的因果关系。

【今读新得】太子忽身为郑国太子，虽因援助友邦齐国屡建功勋，但却不居功自傲。尤其在婚姻问题上，他明白以自己以及自己国家的实力，与强大的齐国相去甚远。因此，这是一桩不对等的婚姻。强攀这门亲事，无论对于他本人，还是对于他的国家，都不会有益。太子姬忽很清楚这一点，因此，面对美色的诱惑，还有一位将会充当靠山的准岳父的支持，太子姬忽却表现出超乎寻常的冷静，态度是那样的斩钉截铁，言辞是那样的铿锵有力，不由令人赞叹。这说明太子姬忽是一个能拎得清自己的人。而且从文姜以后的种种作为来看，太子姬忽的选择无疑是理性的、正确的。太子姬忽对待婚姻的态度及其择偶观无疑值得我们每一个人，尤其是青年学子反思和借鉴。他的择偶观简而言之即四个字——门当户对。它也是备受我国古代家庭推崇的传统婚配观念，意指男女双方的社会地位和经济情况相当，很适合结亲，而且门当户对的婚姻也相对更为稳固。这一择偶观在今天仍具借鉴意义。婚姻虽然必须以感情作为基础，但是受门第影响的家庭教育、生活背景、成长环境、文化修养、风俗习惯等因素也是影响婚姻幸福的重要因素。如果男女在以上方面差距过大，则很容易造成双方在人生观、行为习惯等方面的巨大落差，进而影响到婚后生活的和谐和家庭的幸福。由此可见，门当户对对于婚后生活是否幸福的作用不可小觑。婚姻不仅是一个爱情的升华过程，更是一个需要双方不断"磨合"的过程。如果双方家庭条件相当，这一磨合过程可能会更加顺利，婚姻生活也可能会更加和谐稳固。概而言之，婚姻需要两情相悦，更需要门当户对，需要两人的人格和灵魂对等。太子姬忽对待婚姻理性、慎重的态度值得每个人学习，其择偶观更值得我们每个人，特别是一些梦想着逆袭的青年学子参考与借鉴。

9. 东食西宿

【出处】《风俗通》

【原典】"曰：'欲东家食，而西家宿。'此为两袒者也。"

【译文】"（女儿）说：'想在东家吃饭，在西家住宿。'这就是所谓两袒啊。"

【释义】去东家吃饭，去西家住宿。比喻唯利是图，贪得无厌。

【拓展链接】

1. 典故拓展

齐国有户人家有个女儿，有两家人来求婚。东家的男子长得丑陋，但是家境富裕，西家的男子容貌美，但是家里很贫穷。父母犹豫不能决定，就询问他们的女儿，要她自己决定想要嫁的人家说："你要是难于亲口指明，不用指明表白，就将一只胳膊袒露出来，让我们知道你的意思。"女儿于是就袒露出两只胳膊。父母亲感到很奇怪，就问她原因。女儿说："我想在东家吃饭，在西家住宿。"这就是所谓两袒啊！以上便是典故"东食西宿"的由来。

2. 典籍链接——《风俗通》

《风俗通》，又名《风俗通义》，东汉学者应劭著，汉代民俗著作。原书三十卷、附录一卷，今仅存十卷。该书考论典礼类《白虎通》，纠正流俗类《论衡》，记录了大量的神话异闻，具有很高的史料价值，但作者加上了自己的评议，从而成为研究汉代风俗和鬼神崇拜的重要文献。

【今读新得】该则成语故事中的这位齐女想要同时吸收两家各自的优点，看似幼稚可笑，实则为天方夜谭，也折射出其内心的贪婪。若推而广之，该则成语是对那些贪得无厌之人的莫大嘲讽。世上哪有东食西宿的好事，凡事都不是两全其美的，都是利弊兼而有之。如若两祖，只会贻笑大方。该成语启示我们：一是要学会权衡和取舍。古人云："鱼和熊掌不可兼得。"我们不可能同时拥有春花和秋月，亦不可能同时拥有夏荷和冬雪。人生漫漫，选择多多。在这些林林总总的选择面前，我们既不要焦虑慌张，也不可跟着感觉走，率性而为，而应叩问内心，冷静谨慎，学会权衡，做出适合自己的选择。同时也要学会取舍，看淡得失，体味人生真谛。二是学会知足与惜福。该成语故事中的那位齐女之所以做出两祖的选择，归根结底还是太过贪婪。贪婪是人性之毒瘤，它足以毁掉一个人。老子曾说："祸莫大于不知足，咎莫大于欲得。故知足之足，常足。"在老子看来，天下最大的祸患莫过于不知足，最大的罪过莫过于贪得无厌。在现实生活中，我们常常发现：一个人之所以不快乐，往往不是因为拥有的东西太少，而是计较的太多，太过贪心。而贪心就好比一个套结，把人的心越套越紧，让人难以自拔。而只有懂得知足，生活才会有快乐相伴！杨绛先生说过：我和谁都不争，和谁争都不屑。我们都应以齐女为戒，学习杨绛的人生境界，摒弃东西兼占的不良奢望，以一种知足、惜福的心态看周围的世界和自己的人生，由此我们的内心将变得更加喜悦且有力量，也才能获得持久的富足与快乐。

征引参考文献

1. 论语．四书集注本．长沙：岳麓书社，1985

2. 孟子．四书集注本．长沙：岳麓书社，1985

3. 荀子．北京：中国书店，1992

4. 管子．北京：中国书店，1994

5. 晏子春秋．北京：中华书局，1962

6. 易经．长沙：岳麓书社，1988

7. 史记．北京：中华书局，1982

8. 左传．北京：中华书局，1981

9. 战国策．上海：上海古籍出版社，1985

10. 赵守正．管子注译．南宁：广西人民出版社，1987

11. 资治通鉴．北京：中华书局，2009.5

12. 汉书．北京：中华书局，1982

13. 孙子兵法．北京：文物出版社，1976

14. 吕氏春秋．北京：学林出版社，1984

15. 韩非子．北京：中国书店，1994

16. 礼记．上海：上海古籍出版社，1988

17. 说苑．上海：上海古籍出版社，1990

18. 列子．上海：上海古籍出版社，1986

19. 淮南子．贵阳：贵州人民出版社，1980

20. 列女传．哈尔滨：哈尔滨出版社，2009

21. 东周列国志．北京：中华书局，1980

22. 冀昀主编．左传．北京：线装书局，2007

23. 冀昀主编．吕氏春秋．北京：线装书局，2007

24. 冀昀主编. 庄子. 北京：线装书局，2007

25. 李山译注. 管子. 北京：中华书局，2009

26. 汤化译注. 晏子春秋. 北京：中华书局，2015

27. 陆玖译注. 吕氏春秋. 北京：中华书局，2015

28. 陆玖译注. 吕氏春秋. 北京：中华书局，2015

29. 许富宏译注. 鬼谷子. 北京：中华书局，2015

30. 陈曦译注. 孙子兵法. 北京：中华书局，2015

31. 缪文远、缪伟、罗永莲译注. 战国策. 北京：中华书局，2015

32. 孙中原著. 管子解读. 北京：中国人民大学出版社，2015

33. 宣兆琦、张士友主编. 齐国智谋经典. 济南：山东人民出版社，1996

34. 宣兆琦、杨宏伟主编. 齐国史话. 兰州：兰州大学出版社，1997

35. 宣兆琦、李金海主编. 齐文化通论. 北京：新华出版社，2000

36. 王本昌编著. 齐国成语典故故事. 北京：中国文联出版社，2002

37. 张小木著. 管子解说. 北京：华夏出版社，2009

38. 宣兆琦、张士友、朱于静主编. 齐鲁文化与素质教育. 青岛：中国海洋大学出版社，2005

39. 宣兆琦著. 齐文化与山东文化大省建设研究. 青岛：中国海洋大学出版社，2007

40. 王勇、王全成编著. 齐鲁文化. 北京：时事出版社，2008

41. 刘池水主编. 齐文化廉政名言集锦. 北京：中国方正出版社，2006

42. 岳长志主编. 齐文化名言集锦. 北京：中国言实出版社，2008

43. 邱文山著. 齐文化与中华文明. 济南：齐鲁书社，2006

44. 墨樱注. 管子启示录. 北京：京华出版社，2009

45. 宣兆琦编著. 图说齐文化. 青岛：青岛出版社，2010

46. 许嘉璐著. 中国古代衣食住行. 北京：北京出版社，2011

47. 临淄成语典故编纂委员会. 临淄成语典故. 济南：齐鲁书社，2011

48. 孙激波、邱文山著. 尊贤重士——齐国为官用人之道解析. 济南：齐鲁书社，2011

49. 宣兆琦著. 齐学漫步. 北京：中国文联出版社，2012

50. 李任飞著. 向管仲学管理. 北京：阳光出版社，2012

51. 张越、张要登著. 齐国艺术研究. 济南：齐鲁书社，2013

52. 彭林著. 中国古代礼仪文明. 北京：中华书局，2013

53. 易中天著. 易中天中华史. 杭州：浙江文艺出版社，2014

54. 宋玉顺、王方诗. 德润临淄·齐文化道德丛书. 济南：黄河出版社，2015

55. 王立群著. 王立群智解成语. 郑州：大象出版社，2014

56. 周游著. 稷风齐韵. 北京：团结出版社，201657. 王书敬著. 多视角的齐文化旅游研究. 西安：西安交通大学出版社，2016

58. 陈家金、郭利民主编. 淄博文学史. 济南：齐鲁书社，2016

59. 宋玉顺主编. 临淄稷下人物丛书. 济南：济南出版社，2016

60. 岳长志主编. 淄博文化通史. 济南：山东人民出版社，2017

61. 宋永培. 汉语成语词典. 成语：四川辞书出版社，2001

62. 新华成语词典. 北京：商务印书馆，2002

后　记

当我着手写后记的时候，夏已至，夜已深，皎洁的月光洒满整个阳台，茉莉花的馨香阵阵袭来，内心顿时有一种如释重负、风轻云淡之感，同时不禁心生感喟。回顾本书大半年的写作历程，尽管食不甘味、彻夜难眠曾经是常态，但是现在回想起来，那段时光虽艰辛、枯燥，却也感到非常快乐和幸福，因为我也是在做一件身为文化工作者和教育工作者应该做的力所能及之事。

快乐和欣慰之余，难以言尽的感激之情又涌动于心。因为本书从构思到写作、修改到最终的尘埃落定，都得到了来自领导、同事和朋友的关心、支持与鼓励。

首先，在本书的构思与撰写过程中，得到了淄博职业学院党委书记张爱民等学院领导的鞭策、关怀与帮助。

其次，本书从构思到最终成书，几易其稿，历经数月，都得到了淄博职业学院稷下研究院特聘院长、我省齐文化研究首席专家宣兆琦教授的悉心指导和热情帮助。宣教授不辞劳苦，不仅对本书提纲提出了宝贵建议，还对书稿进行细致的指导与修改，更欣然为本书作序。同时，稷下研究院执行副院长王书敬教授以及杜国建教授和张红梅、姜淑红老师都自始至终给予了无私帮助。

再次，在本书的写作、修改、出版过程中，还得到了诸多朋友、同学、同事的鼎力相助。著名书法家曹子玉老师拨冗关心和鼓励我，多次过问本书的进展情况，不仅为本书书名的最终确定、书稿的修改提出了宝贵建议，还欣然挥毫，为本书题写书名，并书写典故一则；著名书法家吴贵玉老师，本人大学同窗、西安碑林博物馆研究员、著名文物鉴定专家陈根远，桓台报社成国栋老师，我院原副院长王厚利，工贸中专原党委书记孙维德，我院原工会副主席付学勤，我院王之全教授，我院宣传统战部刘清香部长、王旭晖老师，思政部陈刚主任，我院李宁老师、杨检修主任，以及本人好友李晓艳、薛涵、寇亮，我院学生李岳峰、尚国良、吴晓谕、耿延奎等人，也都对我提供了很多无私的关心与帮助。

此外，在我忘我写作以及联系出版事宜时，我的其他好友以及我的家人都分别以不同的方式给予了关心、支持与理解。

总之，各位领导、好友、同事的支持与帮助不断感染和鼓舞着我，成为我完成本书的最大动力，并成为我一如既往地关注、研究和普及齐文化的有力支撑。因此，对各位的感激之情难以言尽。谨此一并表示最诚挚的谢意！

路漫漫其修远兮，吾将上下而求索。教书育人将是我的毕生追求，而齐文化的研究和普及也任重而道远。在中国传统文化复兴大潮渐行渐近之时，我欣慰地看到，已经有越来越多的人与我携手同行。相信明天会更加美好！

最后我想说的是，本人虽已尽绵薄之力，但由于水平有限，本书必然存在这样那样的缺陷和问题，在此恳请方家善言赐正。

郭丽

2017 年夏于淄博